Susie Orbach

Intime Beziehungen,

schwierige Gefühle

Susie Orbach

Intime Beziehungen, schwierige Gefühle

Was passiert wirklich in der Therapie

aus dem Englischen
von Hilke Schlaeger

Frauenoffensive

Für Sara Baerwald, Caroline Pick und Gillian Slovo.

1. Auflage, 2001
© Susie Orbach, 1999
Die englische Ausgabe erschien bei
Allen Lane, The Penguin Press, London 1999
Originaltitel: The Impossibility of Sex
© deutsche Übersetzung: Verlag Frauenoffensive, 2000
(Metzstr. 14 c, 81667 München)

ISBN 3-88104-335-7

Druck: Clausen & Bosse, Leck
Umschlaggestaltung: Erasmi & Stein, München

Dieses Buch ist gedruckt auf Papier aus chlorfrei gebleichtem Zellstoff.

Inhalt

Vorbemerkung

In diesem Buch habe ich mit bestimmten Wörtern gerungen, ohne eine befriedigende Lösung zu finden. Keines der Wörter, die die Person beschreiben sollen, die ein therapeutisches Sprechzimmer aufsucht, macht mich glücklich. Ist sie oder er eine Patientin? Manchmal ja. Einige mögen das Wort, denn es beinhaltet für sie, daß etwas nicht in Ordnung, eine emotionale Krankheit ist. Ist sie oder er eine Klientin? Manchmal auch dies. Einige mögen dieses Wort, weil darin eine Art beratender Prozeß mitklingt. Ist sie oder er eine Analysandin? Manche mögen dieses Wort, weil es etwas über den therapeutischen Prozeß vermittelt und eine Symmetrie hat: Analytikerin – Analysandin. Für mich fängt jedes dieser Wörter etwas über Therapie und den therapeutischen Prozeß ein, aber keines ist ideal. Ich werde sie daher im Wechsel benutzen, ebenso wie die Wörter Psychotherapeutin, Therapeutin und Analytikerin.

In den kursiv gesetzten Kommentaren im Text beziehe ich mich auf die erste Bezugsperson im Leben eines Menschen in der Regel als Mutter. Ich weiß, daß das nicht immer der Fall ist.

Es gibt Väter, die von der Geburt an für ihre Kinder verantwortlich sind, Verwandte und Kindermädchen, die diese Rolle übernehmen. In meinen klinischen Erfahrungen mit Erwachsenen kam es ganz selten vor, daß zwei Menschen sich die Rolle geteilt haben, wie das heute bei manchen Paaren mit Kindern schon der Fall ist.

Was gemeinsame Kinderbetreuung für die psychische Entwicklung des Kindes bedeutet, müssen wir erst herausfinden; deswegen habe ich die Idee einer Mutter oder Ersatzmutter beibehalten, eine Vorstellung, die überprüft und erweitert werden muß, wenn die Generationen, die jetzt Kinder aufziehen, neue Absprachen miteinander treffen.

Der Einfachheit halber werde ich als Personalpronomen durchweg „sie" benutzen statt des umständlichen „sie oder er". (Das bedeutet konsequenterweise, in der deutschen Übersetzung Patient*in*, Therapeut*in* etc. zu schreiben und Patienten und Therapeuten als mitgedacht zu implizieren. A.d.Ü.)

Zimmer mit Aussicht

An jedem Werktag kommen Menschen in mein Sprechzimmer, um zu reden. Und obwohl in der Regel Depression, Enttäuschung, Furcht, Schrecken, Qual und Angst die Suche nach einer Therapie ausgelöst haben, wird aus dem Gespräch schnell ein vertrauensvoller Austausch, zu dem auch Hoffnung, Begehren und Verlangen gehören.

Therapie ist in ihrem Kern eine intime Beziehung, die einige der wichtigsten Fragen erforscht, die Menschen erfahren. Wie Vertrauen entsteht, wie Enttäuschung die Psyche quält, wie Liebe und Haß zusammenhängen, was Sexualität für das Individuum bedeutet, wie Verrat uns von anderen trennt und wie wir wagen können, uns wieder zu öffnen – all dies wird in der therapeutischen Beziehung thematisiert.

Therapie nimmt sich dieser entscheidenden Fragen auf zwei Arten an: Zum einen, wie nicht anders zu erwarten, untersucht sie, wie bestimmte Themen sich im Leben einer Patientin entwickeln. Zum anderen erforscht sie, wie Begriffe wie Vertrauen, Verrat, Enttäuschung, Liebe, Haß, Sexualität und so weiter in der Beziehung zwischen Therapeutin und Patientin auftreten und sie formen. Die Beziehung im Sprechzimmer ist teilnehmendes Zeugnis, aber auch Bühne eines einzigartigen menschlichen Dramas.

Seit mehr als zwanzig Jahren habe ich mit Anteilnahme Frauen und Männern, Paaren und Gruppen zugehört, die immerhin so weit beunruhigt waren, daß sie begreifen wollten, warum. Erfolgreiche Frauen und Männer, gebildet, wortgewandt, in anspruchsvollen Berufen, aber auch Studierende und Arbeitslose, Junge und Alte, Menschen mit unterschiedlicher ethnischer, nationaler, religiöser und Klassenzugehörigkeit kamen in mein Sprechzimmer, um darüber zu reden, wonach sie sich trotz aller Hindernisse und Widrigkeiten in ihrem Leben sehnen.

Als Psychotherapeutin Menschen zuhörend, mit ihnen redend, ihnen Teilnahme entgegenbringend, habe ich gesehen, wie sich das Leben einzelner und ganzer Familien verwandelte. Ich habe gesehen, und es hat mich beflügelt, wie Menschen in der Lage sind, ihr Leben zu ändern, sich in sich selbst so neu zu positionieren, daß ihre kreativen, intellektuellen und emotionalen Fähigkeiten sich entfalten können. Als Zuschauerin habe ich an den Siegen, den seelischen Kämpfen, den Leistungen und Stärken teilgenommen, mit denen sie ihrem Leben Ziel und Wert gaben. Ihre Kämpfe haben sie gezwungen, sich den großen Fragen über das Wesen des Menschen zu stellen: Was ist menschliche Integrität, was bedeuten menschliche Beziehungen, was macht uns lachen, weinen, trauern, hassen, verletzen, heilen, umarmen?

Die Psychotherapeutin hat von ihrem Zimmer eine spezielle Aussicht. Weil sie in die Welt ihrer Patientinnen gezogen wird und gelernt hat, sich einerseits deren Drama auszusetzen und sich doch so weit herauszuhalten, daß sie die verletzenden Muster erkennt, wird die Therapeutin von dem emotionalen Aufruhr, der den Grund menschlichen Wesens bildet, hin und her gerissen. Die Therapeutin hat eine ganz besondere Möglichkeit, an den emotionalen Erfahrungen anderer teilzunehmen. Dabei bleibt sie Gast, der Schmerz ihrer Patienten berührt und bewegt sie, aber anders als diese ist sie in deren Emotionen nicht gefangen.

Daß Menschen an Psychotherapie und Psychoanalyse interessiert, davon geradezu fasziniert sind, hat mich ermutigt, über die Erfahrung der Psychotherapie aus der Sicht der Psychotherapeutin zu schreiben. Abhandlungen über psychologische Theorien, die Entwicklung der Psychologie, über technische Fragen der therapeutischen Beziehung zu verfassen, ist nichts Besonderes.[1] Im Folgenden versuche ich etwas anderes. Indem ich zeige, wie psychotherapeutische Praxis sich aus der Sicht der Psychotherapeutin darstellt, möchte ich ganz bestimmte Herausforderungen ihres Tuns vermitteln: die intellektuellen und ethischen Probleme, denen die Therapeutin gegenübersteht, das *Gefühl* der Beziehung, die sich zwischen Therapeutin und Patientin entwickelt.

Nicht zuletzt beeinflußt durch Romane und Filme, ist das Bild der Therapeutin in der Öffentlichkeit das einer schweigenden, unbeeindruckten Zuhörerin, der auch die schockierendsten Enthüllungen nichts anhaben können. Wir rechnen mit der Neutralität der Therapeutin, ihrer durch nichts zu erschütternden Aufmerksamkeit, aber uns ist vermutlich nicht bewußt, wie dieser Gleichmut entsteht. In den folgenden Geschichten will ich die Erfahrungen beschreiben, die eine Therapeutin im Verlauf einer Therapie durchmacht, und zeigen, daß erst die genaue Prüfung, wie sie von ihren Patienten beeinflußt und bewegt wird, sie befähigt, ihre professionelle Verantwortung wahrzunehmen.

Ich habe mich entschlossen, dies durch Geschichten zwischen erfundenen Patienten und einer fiktionalisierten Therapeutin zu tun, erzählt aus der Sicht der Therapeutin. Ich hoffe, so einerseits ein Gefühl für die Reise der Therapeutin durch unterschiedlichste Themen zu vermitteln und andererseits zu erklären, welche Art Denken und Theorie Therapeutinnen einsetzen, um zu verstehen, was in ihren Patientinnen und im Sprechzimmer abläuft.

Die Geschichten, die ich im Lauf der Jahre in diesem Zimmer gehört habe, sind so ungewöhnlich, so wenig vorhersehbar und oft so unwahrscheinlich, daß der Roman, der sie nacherzählte, als blühende Fantasie oder Schreckenskabinett beiseite gelegt würde. Die Geschichten, die ich erfunden habe, sind sehr viel weniger aufregend, sehr viel normaler. Hätte ich sie so komplex und dramatisch angelegt, wie sie im realen Leben nun einmal sind, würde sie vermutlich niemand glauben. Ich habe versucht, trotzdem ein Gespür für die Risiken des Sprechzimmers zu vermitteln, für die Erregung und die emotionalen Wahrheiten, die sich dort offenbaren. Meine fiktionalen Personen befinden sich in ihrem Leben und in der Therapie in Situationen, die sich *emotional* an die Probleme meiner wirklichen Patientinnen *annähern.*

Jede Patientin erzeugt in der Therapeutin andere Antworten, deswegen hat jede Geschichte ihre eigene Form. Manche Patientinnen wecken das Bedürfnis, ihre Erfahrungen theoretisch zu betrachten, um sie zu verstehen, andere nicht. Deshalb enthalten einige Geschichten mehr theoretisierende Kommentare oder abschweifende Überlegungen als andere. Diese Überlegungen sollen nicht psychologische Theorien vorführen, sondern illustrieren, wie bestimmte Themen in meiner fiktiven Therapeutin während der Arbeit den psychotherapeutischen Denkprozeß in Gang setzen. Um sie schnell zu erkennen, sind diese Abschnitte kursiv gesetzt.

Psychotherapeutinnen gelten immer noch als Detektive, die aus dem Material, das die Patientin liefert, eine plausible Geschichte schneidern, die die Wege und Irrwege der Seelenreise offenlegt. Die Detektivgeschichte, deren großer Meister Freud war, ist eine Möglichkeit, von einer Therapie zu berichten, aber es ist nicht meine Methode. Therapie besteht heute nicht mehr so sehr im Zusammensetzen von Details, um das kathartische *Aha* zu erzeugen, sondern im Erforschen der Entwicklung der therapeutischen Beziehung und der winzigen Bewegungen innerhalb des Individuums und zwischen den beiden Menschen, die an der Therapie beteiligt sind. Vielleicht ist Freuds dramatischer Moment der Einsicht in der modernen Therapie verlorengegangen. Analysen bestehen heute nicht mehr aus einer Erkenntnis, Einsicht oder Interpretation, die die Erde beben läßt, sondern aus dem allmählichen Herstellen der Bedingungen, die es der Patientin möglich machen, sich selbst zu verstehen und eine Beziehung zur Therapeutin aufzubauen, in der sie sich akzeptiert und verstanden fühlt. Obwohl es also auch in diesen Geschichten dramatische Augenblicke gibt, ist in den meisten Fällen das, was die Therapeutin und die Patientin für seismisch bedeutend halten, von anderer Art. Das können die kleinen Momente emotionaler Klärung sein, wenn etwas, das bisher am falschen Platz saß oder nicht unterzubringen war, seinen Ort in der Psyche der einzelnen findet. Es kann der Moment sein, wenn zwischen Therapeutin und Patientin etwas geschieht, das die Patientin aus ihren Gewohnheitsantworten aufrüttelt und sie statt eines alten Musters eine neue Chance erfährt. Ich habe mich bemüht zu vermitteln, wie Veränderungen, die Außenstehende unter Umständen gar nicht bemerken, für die Person von allergrößter Bedeutung sein können.

In diesem Zusammenhang bin ich als Autorin mit verschiedenen Problemen konfrontiert. Wenn ich meine Sicht des Kerns und der Substanz der klinischen Situation zu Papier bringen will, stehe ich vor der Schwierigkeit, aus einer Ästhetik in eine andere übersetzen zu müssen. Das therapeutische Gespräch besitzt seine eigene Schönheit, seinen eigenen Charme. Zusammengehalten durch eine spinnwebzarte Struktur, die aus äußeren Terminen und den inneren Verantwortlichkeiten beider Parteien für die Begegnung besteht, hat die therapeutische Konversation eine ganz besondere Gestalt und Sinnlichkeit. Diese Ästhetik ist auf vielen, vielen Stunden zielgerichteten Gesprächs aufgebaut. Dieser doppelte Bogen einer Therapie – was ihr zugrundeliegt und wovon sie ausgeht – beschreibt eine Form, die nicht ohne weiteres in die Schriftform übertragen werden kann. So wie eine Skulptur einem Gefühl greifbare Gestalt verleiht oder ein Gedicht eine bestimmte Stimmung transportiert, so ist Therapie der Prozeß einer tiefen intersubjektiven, interpersonellen Begegnung. Wie jede andere ästhetische Form verliert sie bei der Übersetzung. Und doch habe ich es immer der Mühe wert gefunden, etwas von der *Erfahrung*, die die Psychotherapeutin macht, wenn sie innerhalb oder außerhalb ihres Sprechzimmers über ihre Patientin reflektiert, in die Schriftform zu übertragen.

Für das psychotherapeutische Paar – Therapeutin und Patientin, Analytikerin und Analysandin – ist ein Teil dessen, was eine erfolgreiche Therapie ausmacht, der kollaborative Charakter des Unternehmens. Zwei Menschen arbeiten daran, gemeinsam das Leben und die Schwierigkeiten der Patientin zu verstehen. Die Therapeutin hat bestimmte Kenntnisse und Erfahrung, das Therapeutische einer Therapie aber ist die gemeinsame Erkundung, selbst wenn der zeitliche Aufwand nicht gleichmäßig verteilt ist. Die Therapeutin mag das Gefühl haben, sogar sicher sein, etwas Wichtiges zu wissen, das sie der Patientin zeigen muß, aber die Patientin muß selber herausfinden, was für sie wichtig ist. Die therapeutische Beziehung wird zu dem Ort, an dem die Enthüllung stattfindet, wo diskutiert, verifiziert und assimiliert werden kann. Das Wissen der Therapeutin entstammt ihrem Verständnis für psychische Prozesse und einer ausgeprägten Sensibilität dafür, was gesagt werden muß und wie – und wann es angebracht ist, nichts zu sagen.

In jahrelanger Praxis entwickelt eine Therapeutin die Sicherheit, wie sie sich zu einem bestimmten Zeitpunkt engagiert. Theorie und Erfahrung sind – wie jedes handwerkliche Können – hinreichend gut integriert, um automatisch handeln zu können und gleichzeitig auf Ausnahmen vorbereitet zu sein. Das Vertrauen in das, was sie weiß, befähigt die Therapeutin zu zweifeln, zu fragen und sich den Problemen zu stellen, wenn sie nicht weiß und noch nicht begreift, was ihrer Patientin geschieht. Zu den Gemeinplätzen vieler Berufe gehört, daß nur Newcomer und alte Hasen es aushalten, nicht alles zu wissen, ohne davon erschüttert zu werden. Die zwischen diesen beiden Polen kleben oft an der Theorie und an den Modellen, was zu tun ist und wie es getan werden muß, die sie aus der eigenen Therapie, von ihren Supervisoren und Lehrern beziehen. Oft können sie mit ihrer Unwissenheit erst viel später gelassener umgehen.

Adam, Belle, Joanna, Edgar, Jenny und Carol und Maria spiegeln nicht die vielfältigen Hintergründe der Menschen, die zu mir in Therapie gekommen sind (oder deren Therapie ich supervisiert habe). Sie sollen auch nicht einen repräsentativen Eindruck von meiner Praxis geben. Sie sind einfach sieben imaginäre klinische Charaktere, die ich geschaffen habe. Warum ich ausgerechnet diese Geschichten erfand, wäre gewiß auch eine Analyse wert. Ohne die Arbeit, die mehr als zwanzig Jahre auszuüben ich das Privileg hatte, ohne die vielen Beratungen, die Zusammenarbeit mit Auszubildenden und mit PsychotherapeutInnen in aller Welt hätte ich nicht die Basis, von der aus ich den Versuch zu schreiben unternehmen könnte. Ich danke allen, die all die Jahre über mit mir über sich oder über ihre klinische Praxis gesprochen haben.

Vampir-Casanova

Ich fühlte in meiner Vagina angenehme Kontraktionen. Es war ein sonniger Frühlingssonntagmorgen, zwei Jahre hatte ich Adam nicht gesehen. Ich hackte gerade Fenchel, als er – nein, nicht mir in den Sinn kam, sondern mich anfaßte, wie er es während der fünfjährigen Therapie so oft getan hatte.

Adam war Küchenchef, und manchmal, wenn ich in der Küche stand und Essen zubereitete, tauchte er auf, und ich spürte geradezu körperlich die Atmosphäre unserer gemeinsamen Therapiezeit.

Adam war ein Hurenbock, ein Sexprotz; ein Mann, dessen Alltag von sexuellen Wünschen und sexuellen Eroberungen bestimmt war, einer Spirale aus Betörung, Verführung, Unterwerfung und Bezwingung. Weniger als eine Hauptliebesgeschichte und mindestens zwei „Flammen" kamen nicht vor, nicht gerechnet die früheren Eroberungen, die sich mit ihm verabredeten, wenn sie in der Stadt waren oder gerade keinen Lover hatten.

Ein Jahr bevor er sich auf die Therapie einließ, entwickelte der damals Sechsunddreißigjährige ein Problem, das seine Selbstwahrnehmung in Frage stellte. Er fing an, zu früh zu ejakulieren. In dem verzweifelten Wunsch, dies abzustellen, kam er in die Therapie. „Zu früh für wen?" fragte ich. „Für mich. Zu früh, um es ihr richtig zu besorgen. Sie ganz besonders zu ficken. Wie niemand sonst. Sie an Orte mitzunehmen, an denen sie nie vorher war."

Seine zwanghafte Sexualität, sein potenter Penis faszinierten mich. Es war so präsent und insistierend, daß ich mich zwanzig Jahre zurückversetzt fühlte, in die Zeit, bevor meine Generation den Feminismus wiederentdeckt und geglaubt hatte, die sexuellen Beziehungen im Bett und außerhalb erneuert zu haben.

Was bedeutete zu früh zu kommen für ihn? Daß es nicht vollendet war? Daß sein Orgasmus ein Fehlschlag und keine Erlösung und Verbindung war? Hatte er Angst? Mußte er sich zu sehr darauf konzentrieren, die Frau zu befriedigen? War er unsicher?

15

„Alles zusammen, natürlich", sagte er in der ersten Sitzung. „Sie müssen verstehen, ich liebe Frauen, wirklich." Er machte eine Pause, als er merkte, daß er schluchzte. „Nehmen Sie Sarah, mit der ich letzte Woche zusammen war. Sie ist etwas ganz Besonderes. Während ich sie anschwärmte, habe ich jedenfalls geglaubt, daß ich sie liebe."

Bevor die Selbstreflexion einsetzen konnte, bevor er überhaupt wahrnehmen konnte, daß sich zuzuhören eine neue Erfahrung war, entzog er sich seinem Schmerz und benannte, womit wir uns die nächsten Jahre beschäftigen würden.

„Ich bin ein physisch leidenschaftlicher Mann", sagte er und sah mir tief in die Augen, nach dem Muster: ich Tarzan, du Jane. „Es ist meine Natur. Aber etwas kommt mir in die Quere. Also finden Sie es heraus. Ohne Ficken hat alles andere keinen Sinn. Ficken ist mein Leben."

Die ungeschminkte Sprache und der Sprung von Förmlichkeit zu Grobheit paßten nicht zu seinem sonst sanften Wesen. Ich war erstaunt über den Widerspruch.

Adam begann seine Geschichte zu erzählen. Obwohl kaum Gefühle auftauchten, hatte die Form, die er anfangs seinem Leben gab, eine eigene Logik. Er wurde kurz vor dem Ende des zweiten Weltkriegs im Arbeiterviertel Huntington Station auf Long Island, New York, geboren. Seine Eltern waren, was man eine Sandkastenliebe nennt, seine Mutter wurde schwanger, bevor sein Vater als Soldat nach Europa ging. Die Fotos, die Adam von seinem Vater in Uniform hatte, und die Geschichten, die seine Mutter von ihm erzählte, zeigten einen wißbegierigen, wenn auch etwas naiven jungen Mann, der seinem Land dienen und ein bißchen von der Welt sehen wollte. Der Krieg war eher etwas Romantisches und nicht die Realität von Bomben, Hunger, Tod und Kälte. Während seiner Stationierung in England hatte Adams Vater ein Verhältnis mit einer Frau aus Yorkshire, die ebenfalls schwanger wurde. Er hatte versprochen, sie mit in die Staaten zu nehmen, und Adam dachte oft darüber nach, ob sein Vater sie unter Vorspiegelung falscher Tatsachen geheiratet hatte. Nach seiner Rückkehr wohnte er für ein Jahr bei Adam und seiner Mutter, als aber herauskam, daß er ein weiteres Kind gezeugt hatte, gab es schrecklichen Streit, und er ging nach Kalifornien. Ein paar Jahre hielt er noch sporadischen Kontakt zu Adam, kam sogar für einige Monate zurück, als Adam sechs war, aber gleich nach seinem achten Geburtstag verschwand er aus Adams Leben, aus dem Heldengatten und -vater war ein übler Bigamist geworden.

Adam wuchs in großer Nähe zu seiner Mutter auf. Er war ihr Gefährte, ihr kleiner Mann. Mit zwölf traf er Entscheidungen für zwei, verwahrte das Geld, das sie als Kosmetikerin verdiente, und sagte ihr, wieviel sie ausgeben konnten. Sie zogen häufig um, von New York nach Florida und dort von einem Ort zum nächsten, teils den Männern nach, die sie kennenlernte, teils wegen Jobs, die sich dann nicht auszahlten. Er lernte, schnell Freundschaften zu schließen und sie auch leicht wieder zu lösen. Von dem Schmerz, den der ständige Ortswechsel auslöste, wurde er abgelenkt durch die zahlreichen Dramen, die seine Mutter in sein Leben brachte.

Nachdem er mit siebzehn die Highschool in Vero Beach, Florida, abgeschlossen hatte, ging Adam zurück nach New York, versuchte sich zunächst als Schlachter wie sein Vater, dann als Schauspieler und schließlich als Kunsthändler und Koch für besondere Gelegenheiten. Er reüssierte in der Szene und entdeckte seine Wirkung auf vernachlässigte Ehefrauen. Sie genossen seine Aufmerksamkeit, er wußte, wonach sie verlangten, kurz: Adam war extrem begehrenswert. 1972, mit siebenundzwanzig, heiratete er Elizabeth, eine wohlhabende, geschiedene Frau.

Elizabeth legte Adams Werben als Liebe aus (was es zu Anfang auch war) und ertrug seine Affären nicht. Sie ließ sich schnell wieder scheiden und gab ihm genügend Geld, um ein Restaurant aufzumachen. Von einem Freund eingerichtet, vollgehängt mit den Leihgaben befreundeter Künstler, gepriesen als New Yorks coolstes Lokal zu einem Zeitpunkt, als Essen und alles Drumherum zum Freizeitvergnügen der New Yorker Mittelschicht wurde, hob sein Restaurant schnell ab. Er wurde ein renommierter Küchenchef und Gastronom. In dieser Zeit starb seine Mutter, die nach einer fehlgeschlagenen Liebesgeschichte nach New York gezogen war, um ihrem Sohn näher zu sein, im Alter von 55 an Krebs.

Bevor Adam zu mir kam, war sein Leben von zwei Beschäftigungen bestimmt: ein berühmter Koch zu sein – er eilte von einem Wettbewerb zum nächsten, trat als Gast in anderen Restaurants auf, verfaßte mit seinem Assistenten gemeinsam ein Kochbuch, arrangierte für anderer Leute Kochbücher die Abbildungen – und Geliebte zu haben, dutzendweise. Er genoß die Aufmerksamkeit, die dem Liebhaber und dem Mitglied einer glamourösen Szene galt. Es war höchst aufregend.

Immerzu war er mitten in einem Mini-Drama, oft von ihm selbst erfunden, wenn eine der Frauen, mit denen er schlief, herausfinden wollte, wer die übrigen waren. Geheimhaltung und die Angst vor Entdeckung regten ihn enorm an. Mir fiel Winnicotts Beobachtung ein: „Es ist ein Vergnügen, sich zu verstecken, aber schrecklich, nicht gefunden zu werden", und ich fragte mich, was es für die Therapie hieß, wenn jemand entdeckt werden wollte. Die Klemmen, in die Adam sich selbst brachte, und die Anspannung durch seine Arbeitsverpflichtungen verschafften ihm das Gefühl der Wertschätzung. Ganz offensichtlich brauchten die anderen ihn. Wenn nicht dieses Problem vorzeitiger Ejakulation aufgetaucht wäre, wäre er nie auf die Idee gekommen, mich aufzusuchen, versicherte er. „Zum Teufel, ich würde doch nicht hier herumsitzen, ich würde mit Ihnen schlafen." Sogar in diesem spielerischen Scherz ging von ihm enorme Intensität aus; ich spürte, wie unwiderstehlich seine Aufmerksamkeit auf Frauen wirkte.

Es war ihm ausgesprochen unangenehm, von einer Frau Hilfe zu erwarten, nachdem er jahrelang hinter Frauen her gewesen war. Es fiel ihm schwer, sich zu offenbaren, seine Verwundbarkeit zu zeigen, nicht der starke Mann zu sein, der stets das Sagen hat. Trotzdem fand er sich gut in die Therapie hinein. Er war erleichtert, über sein Leben sprechen zu können, die Einzelheiten seiner Affären und die Muster, nach denen sie funktionierten. Je besser wir uns kennenlernten, um so mehr Details über Sex und Liebe kamen ans Licht. Er war jetzt auf der Suche nach einem Sex, der sich am Rande von SM und Vergewaltigung bewegte. Seine Fantasien hatten angefangen, sich in diese Richtung zu bewegen, seit er vorzeitig ejakulierte, und er hatte herausgefunden, daß er beim Masturbieren durch Gewaltfantasien zu einem befriedigenden Orgasmus kommen konnte. Wenn er mit einer Frau zusammen war, funktionierte das nicht. Wie heftig er sie auch begehrte, er fühlte sich unsicher und hatte Angst, daß er „zu früh käme".

Adam war in der Tat ein sinnlicher Mann. Ich spürte es schon bei der Begrüßung. Als ich bei unserem ersten Treffen die Hand ausstreckte, um seine zu schütteln, spürte ich seine Hand noch eine ganze Weile. Nachdem er das Sprechzimmer verlassen hatte, hatte ich seinen Geruch in der Nase. Wenn er sich anschickte zu gehen, war es, als leerte sich der Raum. Wenn er über Frauen sprach, merkte ich seine Liebe. Klischeehafte Wörter, über die ich bei einem anderen gelacht hätte, klangen bei ihm bedeutungsvoll und reich. Frauen waren für ihn geheimnisvoll, schön, sexy, köstlich und einladend; ihre Bewegungen, ihre Düfte, ihre Dessous, die die Natur zärtlich bedeckten. Seine unverhüllte Wertschätzung und Freude verschafften mir einen neuen Blickwinkel auf die Sexualität meines Geschlechts, fast sah auch ich Frauen aus seiner Perspektive als wunderbar, sinnlich, zauberhaft und voller Geheimnisse, die zu ergründen jede Mühe wert war.

Wenn er nicht Liebhaber war, war er nichts, sagte er. Er brauchte es, zu verfolgen, zu befriedigen, sich in der Freude einer Frau an seinen sexuellen Fähigkeiten zu spiegeln. Er wollte das Herz der Frauen erreichen, emotional und sexuell, seine Berührung sollte sie auf immer verändern. Und so war es. Seine Intensität, sein Interesse, seine sexuelle Gewißheit machten es seinen Geliebten möglich, sich zu öffnen, ihre Sexualität als erwachsene Frauen zu entdecken, und „an Orte zu kommen, an denen sie vorher noch nie gewesen waren". Aber ungeachtet seiner und ihrer offensichtlichen Befriedigung und Freude war Adam ständig auf dem Sprung zur nächsten Begegnung, zur nächsten Frau, die ihn bestätigte, ihm das Gefühl gab, er existiere, indem sie Beine und Herz für ihn öffnete. Bis dieses Problem auftrat.

Das sexuelle Problem, das Adam so bestürzte, stoppte seine übliche Art, das Leben anzugehen, sein Verständnis von sich, seine Art, mit einer Frau zusammenzusein, Liebe zu geben und zu empfangen und sich gut zu fühlen. Alles, was er von sich wußte, war plötzlich in Frage gestellt. Indem er eine psychoanalytische Therapie wählte, machte er sich auf eine Reise, die der Art, wie er sein emotionales und sexuelles Leben organisierte, einen Sinn geben sollte, herausfinden sollte, was ihn motivierte, warum sein Penis ihn im Stich ließ – er hätte wahrscheinlich gesagt, um wieder Anschluß an seinen emotionalen Herzschlag zu finden.

Während Adam sich verzweifelt bemühte, seinen Penis wieder für sich arbeiten zu lassen, und Ärzte um technischen Rat gefragt hatte, wie sich ein Orgasmus hinauszögern ließ, war er seltsam erleichtert, als ich andeutete, sein „vorzeitiges Kommen" könnte auf bestimmte Seiten bei ihm weisen, die er bis jetzt nicht zur Kenntnis genommen hatte.

Das Thema Symptomerleichterung ist für die Psychoanalyse immer heikel gewesen. Bei Freud war es das Symptom, vor allem das hysterische, nicht-organische Symptom, das das Individuum auf viele verschiedene Arten behinderte. Anna Os gepeinigte Gliedmaßen, Cäcilie Ms Paralyse und das verbreitete Phänomen der physischen Schmerzunempfindlichkeit waren für Freud und Breuer die Grundlage für ihre Studien über Hysterie. *Seitdem hat die Psychoanalyse zwischen der Behandlung von Symptomen und ihrer Interpretation als Metaphern, als Manifestationen unbewußter Prozesse gependelt. Manchmal erleichtert es Patienten, im analytischen Raum über alles reden zu können, das ihnen in den Sinn kommt, und was ihnen widerfährt, nicht in den engen Grenzen ihres Symptoms unterbringen zu müssen. Manchmal beunruhigt es sie, daß trotz sorgfältiger Analyse ihr Symptom unverändert bleibt. Kliniker wandeln auf einem schmalen Grat, indem sie einerseits den Raum schaffen, in dem die Person über das Symptom und wie es sich ausdrückt, behindert, befähigt und bestimmte Seiten des Individuums verdeutlicht, sprechen kann, und gleichzeitig die Möglichkeit aufzeigen, daß es andere Arten des Verstehens geben könnte, die die Patientin sich bisher nur noch nicht zugesteht.*

Adam war sehr daran interessiert zu erfahren, welche Geschichten er für sich selbst über seinen magischen Phallus erfunden hatte und warum diese Kräfte, wenn sie denn so magisch waren, ihn nun verlassen hatten. Er begriff sofort, daß sein Selbstverständnis als Liebhaber die Linse war, durch die all seine Erfahrungen gesehen wurden, und obwohl ein Teil von ihm danach verlangte, von der sexuellen Angst befreit zum Status quo zurückzukehren, faszinierte ihn der Gedanke, daß hinter seinem Symptom und vielleicht auch hinter seiner Sexualität noch etwas anderes sein könnte.

Es dauerte nicht lange, bis Adam registrierte, daß ich eine Frau war. Sein Repertoire bei Frauen bestand darin, für sie zu sorgen oder mit ihnen zu schlafen, deshalb führte seine Entdeckung ihn in ein Dilemma. Ich sollte zwar die Person im weißen Kittel sein, die ihm half, sein Leben zu überprüfen, aber er konnte mich in dieser Kategorie nicht unterbringen. Er mußte flirten.

Es würde die Sache nicht treffen, zu sagen, er flirtete, um etwas zu überspielen oder über jene verlegenen Augenblicke hinwegzuhelfen, die nun mal zwischen Frauen und Männern vorkommen. Eine solche Beschreibung würde Adams Wesen verfehlen. Adam war der personifizierte Flirt. Er konnte gar nicht anders als flirten. Als wir uns kennenlernten, äußerte sich dies als Charme, aber im Verlauf der Therapie richtete er seine ganze Verführung auf mich, und dies zu analysieren, einschließlich seiner aktiven Jagd auf mich, wurde ein zentrales Thema der Therapie.

Einige Monate erforschten Adam und ich das Leben seines hochgeschätzten Penis. Durch diesen Teil von sich fühlte er sich befähigt, Liebe zu geben und zu empfangen, Frauen dazu zu bringen, ihn zu begehren und zu brauchen. Er hatte das Gefühl, sein Penis vermittele einer Frau, er, Adam, wäre emotional und sexuell an ihr interessiert wie keiner zuvor. Die Intensität seiner Anziehung, das Versprechen, sie spirituell und sexuell zu berühren und zu bewegen, wurden unwiderstehlich. Eine Frau, die auch nur andeutungsweise sein Interesse erwiderte, erlebte einen emotionalen Überfall, nach dem sie nicht nur ihn ersehnen würde, sondern das Gefühl hätte, ohne ihn verloren zu sein.

Während ich der Liste seiner Eroberungen zuhörte, empfand ich akute Besorgnis um Adam in seiner wütenden Suche nach Bindung. Ich machte mir ebenso Sorgen um die Frau, hinter der er gerade her war. Ich hätte nicht in ihrer Lage sein wollen. Mein Gefühl war, er gabelte die Frauen auf, wirbelte sie herum und stülpte ihr Innerstes nach außen, so daß sie, wenn sie fallengelassen wurden, durch eine emotionale Revolution gegangen waren, von der sie immer noch schwankten, während sie die Reste ihres Prä-Adam-Selbsts zusammensuchten. Auch wenn er es als Spiel nahm – Spiel, Satz und Sieg –, die Frauen wurden von ihm außer Gefecht gesetzt. Er dagegen konnte zur nächsten Eroberung weitergehen, zur nächsten Frau, die ihm zeigte, wie sehr sie ihn begehrte.

In der Jagd nach einer Frau lebte Adam auf. Obwohl ihm bewußt war, daß seine Beziehungen nach einem voraussagbaren

Muster von Verfolgung, Verführung und Fallenlassen verliefen, arbeitete die Jagd für ihn. Adams Wohlbefinden, sein Selbstgefühl, sein Lebenssinn brauchten die sexuelle Suche, die Herausforderung, das Herz einer Frau solange zu bestürmen und zu umschmeicheln, bis es sich öffnete und er sie nehmen konnte. Wenn er die Frau hatte, nach der er verlangte, gab es einen Moment – manchmal einen langen, bevor sein Interesse erlosch –, in dem Adam sich geliebt und akzeptiert fühlte. Er wußte, daß er sexuell anziehend war. Zu früh zu kommen, bestürzte und demütigte ihn. Es demütigte ihn, daß er zu mir hatte kommen müssen. Durch sein Flirten brachte er in die Therapie etwas ein, von dem er glaubte, es sei das Beste an ihm, ich war eingeladen, von den Seiten, die er an sich selbst gut fand, bezaubert zu sein, so daß er, wenn wir zu den nicht ganz so netten Dingen kamen, sicher sein konnte, daß ich seinen Charme kannte und ihn akzeptierte.

Zuerst war ich durch sein Flirten angenehm erregt, so wie vielleicht eine Lehrerin empfindet, die sich an der vorhersagbaren Entfaltung und Entwicklung einer Schülerin erfreut. In meinem Sprechzimmer hatten vorher schon andere mit mir geflirtet. Ich konnte davon ausgehen, daß etwas von Adams Flirten in unsere Beziehung eingehen würde, und entsprechend Freuds Hinweis, die Liebe, die eine Patientin bekannte, zu analysieren statt sie persönlich zu nehmen, war ich über den Einfall des Erotischen in den therapeutischen Raum nicht sonderlich besorgt. Freud war ja nicht der Meinung, die Ansinnen der Patientin wären erfunden oder wertlos, sondern wir würden viel mehr über die Patientin erfahren, wenn wir uns mit ihren Bitten beschäftigten. Freud verweist darauf, solche Verführungen seien unverdient, eine Übertragungsliebe (von einem Elternteil auf die Analytikerin), die verhülle, was aufgedeckt werden müsse, wenn die Psychoanalyse von Erfolg sein solle, und er warnt, der Analytiker solle weder geschmeichelt sein noch sich einlassen oder hereinfallen auf die sexuellen Angebote und Liebesbekundungen seiner Patientinnen; es gäbe keine Veranlassung, auf solche „Eroberungen" auch noch stolz zu sein.

Ich war also nicht weiter überrascht, als Adam energisch auftrat. Er war fähig gewesen, mir zu sagen, daß er sich ausgehöhlt, geradezu nicht-existent vorkam, wenn er nicht hinter einer Frau her war. Ich konnte mir vorstellen, daß an einem bestimmten Punkt der Therapie ich das Objekt seiner Begierde werden würde. Und daß ich an dieser Stelle ihm klar machen würde, wie sein Begehren uns dahin bringen könnte, zu begreifen, was es verbarg. Trotzdem überraschte mich, wie stark und direkt sein Appell an mich war. „Ich muß mit Ihnen schlafen", sagte er. „Ich brauche *Sie* mehr als eine Therapie. Es bringt mich um, eine Sitzung nach der anderen hierherzukommen und von Ihnen zu träumen, an Sie zu denken, Sie zu riechen – Ihren Körpergeruch und Ihr Parfüm." An dieser Stelle drehte er richtig auf. „Ich stelle mir vor, Sie zu streicheln. Meine Hände zwischen Ihren seidigen Beinen, mein Körper vor Verlangen schmerzend. Ich weiß, daß Sie das auch spüren. Ich weiß, daß Sie mich begehren. Ich weiß, daß Sie sich nur zurückhalten, weil Sie meine Therapeutin sind. Ich weiß es."

Nein, Adam, ganz so ist es nicht, dachte ich, aber während er sein Begehren erklärte und ich meine Antwort formulierte, fühlte ich, wie mein Körper prickelte, Freuds Verbot hin oder her.

„Sie glauben mir nicht, weil ich Ihnen von all den anderen Frauen erzählt habe. Aber diesmal ist es anders. Sie wissen es. Sie fühlen es. Ich weiß, daß Sie es fühlen. Uns beiden würde etwas fehlen, das wir nie hatten, wenn wir jetzt nein sagten. Dies ist etwas Großes. Etwas, das es so nur einmal gibt."

Ich sagte nichts. Ich dachte an Adam und seine Mutter und wie verwirrend es für ihn gewesen sein mußte, ihr kleiner Mann zu sein. Ich dachte, wie schwer es für ihn gewesen sein mußte, auf sein kindliches sexuelles Verlangen nach ihr zu verzichten, wenn sie ihn mehr als ihren Partner denn als ihren Sohn behandelte. Die Nähe, nach der er sich sehnte, das Berührtwerden und Berühren, das der Refrain seiner Frauenbeziehungen war, mochten für ihn zu quälend gewesen sein. Wieviel an Verführung, an sexuellem Spiel mochte die Mutter auf den Sohn gerichtet haben, um die Lücken in ihrem sexuellen und emotionalen Leben zu überbrücken?

Meine Gedanken sollten genauso dazu dienen, mich zu beruhigen wie die Situation zu analysieren. Es ging nicht um einen kleinen Flirt, Adam nahm mich regelrecht in die Mangel.

Mein Problem war, daß ich nicht unberührt blieb. Ich fand Adams Avancen attraktiv. Ich versuchte die emotionale Dampfwalze, die da auf mich zukam, aufzuhalten.

„Noch nie habe ich mich so geöffnet", machte er einen neuen Anlauf. „Nie hat mich etwas so berührt. Noch nie hat eine mich so mich selbst finden lassen."

„Vielleicht sind Sie erleichtert, daß es möglich ist, Verständnis zu finden, ohne ständig, nur eines kurzen magischen Augenblicks wegen, die Beziehung wechseln zu müssen", sagte ich und hoffte, durch einen verbindlichen Kommentar Zeit zu gewinnen und die Situation zu entschärfen.

Adam war nicht aufzuhalten.

„Ich weiß, Sie denken, ich zöge meine Nummer ab, aber Sie müssen mir glauben. Ich habe mich noch nie so vor jemandem entblößt. Alle Ehrlichkeit vorher war geschissen. Meine Schutzlosigkeit war vorgetäuscht." Er verfiel immer mehr in sein Südstaatengehabe. „Ich glaubte, ich gebe mich der anderen Person hin, aber es war Täuschung. Hören Sie mir zu. Analysieren Sie nicht alles zu Tode. Ich meine es ernst. Wirklich ernst. Ich will, ich muß mit Ihnen schlafen."

Adams Insistenz, seine Leidenschaft, sein Begehren waren mit Händen zu greifen. Ich war seine Beute. Ich sah es vor meinen Augen geschehen, nur war ich es, der es geschah. Ich würde es damit nicht leicht haben. Wenn ich es nicht ernst nahm, war die Therapie ruiniert, und wenn ich es zu ernst nahm, ebenso. Ich mußte den schmalen Grat dazwischen finden. Bestand wirklich die Gefahr, daß er mich wie seine anderen Frauen hochhob, durcheinanderwirbelte und dann fallen ließ?

Ich spürte förmlich, wie er mir unter die Haut ging. Ich versuchte das Geschehen zu analysieren, zu verstehen und mich zu beruhigen. Dies ist nicht grundsätzlich anders, sagte ich mir, als das, was ich mit anderen Patientinnen erlebt habe, es unterscheidet sich nur qualitativ, weil es um Sex und Erotik geht. Es macht mir Angst, aber wenn ich nicht begreife, was es für ihn bedeutet, wenn ich meine Erfahrung nicht als Resonanzboden nutze – eine Variante dessen, was er fühlt, braucht oder empfunden hat –, enttäusche ich ihn als Therapeutin.

Ich hoffte, dadurch daß ich es so formulierte, mir meinen klaren Blick zu erhalten. Ich würde spüren, was seine Attraktivität ausmachte, was ihn antrieb und was Frauen veranlaßte, ihm zu Willen zu sein. Wenn ich nicht mehr daran glaubte, daß dies dabei

herauskommen würde, während er mich mit seiner Verführungskunst betrunken machte, hätte ich aufhören müssen, seine Therapeutin zu sein. Und obwohl ich diese Option mit bedachte, war es
naiv und medizinisch unverantwortlich. Adam tat, was er tun
mußte, er konnte gar nicht anders. Wenn er sich in der Therapie
nicht wie im richtigen Leben aufführen und so sein Benehmen begreifen konnte, dann gab es kaum Hoffnung, das, was ihn beküm-
merte, in den Griff zu kriegen.

Die Authentizität seiner Anziehung wirkte auf mich wie auf die
Hunderte von Frauen, denen er vor mir den Kopf verdreht hatte.
Während fast meine ganze Aufmerksamkeit von seinen Bemühungen gefesselt war, blieb ein Beobachtungskanal geöffnet. Während
er mich mit seinem Charme einwickelte, faszinierte mich, wie
unglaublich ernst und echt sich das anfühlte. Er strahlte etwas
absolut Einnehmendes aus. Ich sah und spürte, daß ich ihn lieben
wollte. Der Grat zwischen dem Gedanken und dem, was passieren könnte, war hauchdünn. Er zog mich geradezu unwiderstehlich an. Der opportunistische Casanova, für den ich ihn bisher
gehalten hatte, war verschwunden. Statt dessen saß vor mir eine
betörende Mischung aus einem erwartungsvollen jungfräulichen
Herzen und einem selbstsicheren Liebhaber. Das also war es, was
die Frauen an seiner Angel hielt, dachte ich.

An dem Abend ging ich voll von Adam ins Bett. Er blieb die
Nacht über bei mir, und als ich erwachte, wußte ich nicht, in wel-
chem Bett ich war oder wer in meinem Bett war. Meine Sinne
waren geschärft, wie sie es oft mitten in einer Vernarrtheit sind.
Während ich so prosaische Aufgaben wie frische Blumen ins
Sprechzimmer stellen, die Post lesen und Nachrichten bearbeiten
erledigte, dachte ich, wie wunderbar das Leben sein kann. Eine
Freundin rief an, die sich mit mir für den Abend verabreden woll-
te, und hörte den ungewohnten Schwung in meiner Acht-Uhr-
Morgen-Stimme; als sie sich nach dem Grund für meine gute
Laune erkundigte, versuchte ich mich wieder in die Gewalt zu
bekommen. Woher bloß kam dieses Singen in mir? Ließ ich die
Gegenübertragung – die Gefühle der Therapeutin gegenüber der
Patientin – ein wenig unbesonnen zu?

Ich mußte kichern. Ich hatte nicht vor, die guten Gefühle so
schnell aufzugeben. Die Psychotherapeutin verbringt viel Zeit an

schmerzlichen Orten, bearbeitet Ängste und die Schläge von Sorge, Wut, Verwirrung und Schrecken, die die Patientinnen ihr ins Haus bringen. Ich ging unter die Dusche, und als das Wasser meinen Körper hinabrann, fühlte ich mit Vergnügen seine Seidigkeit und das sinnliche Pulsieren des Wassers auf meinem Körper. Plötzlich verwandelte sich das Bild eines übergroßen Duschkopfs, den ich vor Jahren im Badezimmer eines Claridge-Hotels gesehen hatte, in ein Bild von Adam und mir, wie wir Liebe machten. Er versuchte einen erotischen Teil von mir zu berühren, der noch nie erweckt worden war. Ich mußte lächeln und wurde sogar rot, als ich wahrnahm, wie außergewöhnlich, aber auch wie lächerlich das war. Ich befand mich im Zustand sexueller Träumerei, daran konnte kein Zweifel bestehen. Konnte ich darauf bauen, daß es dabei blieb? Jede Therapie ist ein Abenteuer, sagte ich mir.

Zehn Prozent aller Patientinnen sind anfällig für sexuelle Avancen ihrer Therapeuten. Nicht nur daß Therapeuten sich auf ihre Patientinnen stürzen, macht das Bild so furchterregend, sondern auch die von Freud unterstrichene Gefahr, daß eine erotische Übertragung einen Therapeuten ermutigt, erotische Gefühle auszuleben, statt sie zu analysieren, was zu einem Mißbrauch der therapeutischen Situation führen kann. Um die Patientinnen zu schützen, haben Therapeuten bis vor kurzem ihre Erregung geleugnet oder sind ihr ausgewichen, und wenn sie nicht verging, sind sie selbst in Therapie gegangen, um in der Supervision die Einzelheiten des Falls zu entwirren, in dem sie sich unprofessionell zu verstricken drohten.

Dieses zweifellos hilfreiche Protokoll ist Pflicht für Therapeuten, für die sexuelle Erregung während einer Therapie nicht ein einmaliges Vorkommnis, sondern Gewohnheit ist. Parallel zu diesem minimalen Schutz für die Patientin hat sich in den letzten zehn Jahren die Theorie herausgebildet, daß eine Therapeutin ihrer Patientin am besten hilft, wenn sexuelle Erregung sie nicht mit Angst erfüllt und sie sich dieser Gedanken lange genug bewußt bleibt, um sie zu bedenken, statt sie vorzeitig zu verdrängen. Michael Tansey sagt, daß gerade die Angst der Analytiker vor ihren sexuellen Gefühlen gegenüber ihren Patientinnen angesprochen

werden muß, um die erotische Übertragung zu untersuchen.[1]
Wenn Analytiker ihre Gefühle nicht akzeptieren können, sondern
unterdrücken, leugnen oder von bewußter Wahrnehmung tren-
nen, ist die Chance, daß unangebrachte Sexualität in die Therapie
hineingetragen wird, weitaus größer. Die Gefahr wird kleiner,
wenn Analytiker über erotische Gefühle für eine Patientin (und
was sie bedeuten) ohne Angst vor Zensur nachdenken können.

Obwohl also ein Teil von mir professionellen Tadel für meine Gedanken für möglich hielt, wußte ein anderer Teil, daß ich mit der
Exploration fortfahren und meine Gefühle als Teil der Behandlung
sehen mußte. Körperliche Empfindungen waren genauso gültig
und nützlich wie andere. Es hing nur davon ab, wie lange ich die
Eigenheiten dieser Erregung aushalten konnte und wie genau ich
mir ihrer bewußt war, damit ich die Anteile, die zu mir gehörten,
und die, die von Adam kamen oder zwischen Adam und mir entstanden, unterscheiden konnte. Wichtig ist, sagte ich zu mir, als ich
aus der Dusche kam, jenen Teil meines Begehrens zu erkennen,
mit dem ich die Situation für meine eigenen sexuellen Zwecke
ausnutzen könnte. War so begehrt zu werden, ein Signal für eine
Frau in einer dauerhaften Beziehung, an große Intensität gewohnt,
aber ohne den Nachdruck erster sexueller Leidenschaft? Wenn das
der Fall war, und ich wußte, daß ich mich das ganz ehrlich fragen
mußte, ermutigte ich damit unbewußt den Flirt mit Adam? Brauchte ich Adam, um einen Aspekt meines Begehrtwerdens zu bestätigen?

Uff. Dieser Gedanke gefiel mir gar nicht. Wollte ich begehrenswert gefunden werden? Wenn das stimmte, würde ich aufpassen
müssen, welche Botschaft ich Adam sandte. Ich hatte heute keinen
Termin mit ihm. Ich hatte also Zeit, über mich nachzudenken. Für
den Moment konzentrierte ich mich auf das, was ich glaubte von
Adam zu wissen.

In bestimmter Weise hatte Adam sich in mir eingenistet, wie er
es mit anderen getan hatte. Ich akzeptierte, daß dies seine Art der
Verbundenheit war. Ich merkte, daß ich, wenn ich mich seinem
Flirten überließ, seine Sprache übernahm. Es war eine Möglichkeit,
Anteil zu nehmen. So würde er sich mir einprägen, wie andere
Patientinnen mit einer anderen seelischen Grammatik sich mir auf

ihre Weise einprägten. Als mir das bewußt wurde, konnte ich sein Flirten aushalten. Wenn das seine Art war, sich bei mir seelisch zu Hause zu fühlen, dann sollte es so sein.

Dankbar für alles, bei dem mein Engagement direkter sein konnte, absolvierte ich meine Termine. Am Abend stellte ich eine Liste der unerwarteten emotionalen Reisen auf, die ich in verschiedenen Therapien durchgemacht hatte, Reisen voller schwieriger, mächtiger, unangenehmer Gefühle. Ich erinnerte mich an Zeiten, in denen ich mich gehaßt gefühlt hatte. Weil ich der Patientin nicht geben konnte, was sie von mir erwartet hatte, weil ich die Schrecken der Vergangenheit nicht bannen konnte, mischte sich ihr Haß auf ihre Eltern mit ihrem Haß auf mich, ich wurde zum nutzlosen, nichtswürdigen Punchingball. Das damit verbundene Unbehagen war genauso schwer zu ertragen wie die Male, als ich das Gefühl hatte, fallengelassen, herumgestoßen oder intensiv gebraucht zu werden.

Ich erinnerte mich an Zeiten, als ich in die psychische Welt einer anderen Person taumelte und nicht sicher sein konnte, mich und mein seelisches Standing wiederzufinden, mit wenig mehr, um mich daran festzuhalten, als dem vagen Wissen von der Notwendigkeit und Unausweichlichkeit all dessen. Ich sagte mir, das Los der Therapeutin sei, sowohl da zu sein, wo die Patientin sie erwartet, als auch sich selbst immer wiederzufinden. Ich wußte, ich mußte betroffen und bestürzt sein und den psychischen Zustand der Patientin nachempfinden können.

Ich hatte mich immer wiedergefunden, und ich hatte gelernt, daß es leichter ist, den Druck wahrzunehmen, der in der therapeutischen Beziehung auf mich ausgeübt wird, als ihn zurückzuweisen. Damit mußte ich nur einen emotionalen Angriff zur Zeit beantworten. Hätte Widerstand das überlagert, wäre meine Verwirrung eine doppelte gewesen.

Wenigstens, tröstete ich mich, hatte ich eine ungefähre Vorstellung, was diese emotionale Reise mit sich bringen könnte. Adam war so offen über seinen Umgang mit Frauen gewesen, ich hatte ein so plastisches Bild von der Art, wie er sie aufnahm und ausspie, daß ich vorgewarnt war. Wenn ich diesen Warnungen folgte, nicht wörtlich, sondern in mir selbst, wußte ich, worauf ich mich einließ. Es war absolut kein Geheimnis dabei.

In der folgenden Sitzung zog Adam alle Register. Er hatte am Wochenende mit Laura geschlafen und dabei an mich gedacht. Soviel dazu, dachte ich spöttisch, da hat dich dein Eigendünkel wohl verführt. Aber bevor ich noch meinen Kopf aus der Schlinge ziehen konnte, nahm Adams Verführungskunst eine seltsame Wendung.

„Die Sache ist nämlich – ich weiß, Sie werden mir nicht glauben, daß ich in den Slip einer anderen fasse, wenn ich Sie wirklich so liebe – die Sache ist die: Hören Sie bitte zu, es ist nämlich sehr merkwürdig. Ich kam im richtigen Augenblick und blieb so lange in ihr, wie es nötig war, weil zwischen Ihnen und mir etwas ist."

Für den Fall, daß ich langsam von Begriff war, wiederholte er seine Aussage und schmückte sie aus. „Ich rede davon, wie Sie mir geholfen haben. Sex war so, wie er sein sollte. Nur daß ich nicht mit Laura schlief, sondern mit Ihnen."

Im Geist übersetzte ich. Doch, natürlich, das machte Sinn. Die Bindung an seine Mutter mit ihrem sexuellen Tabu hatte ihn einigermaßen beschützt. Er konnte seine Mutter lieben und mit anderen Frauen schlafen. Es war zwar nicht hundertprozentig befriedigend, aber es überforderte ihn auch nicht. Er mußte sich nicht mit seinen erotischen Gefühlen für seine Mutter (oder ihren für ihn) auseinandersetzen. Emotional konnte er ihr gegenüber loyal bleiben, mußte sie nicht verlassen, weil er eine andere geliebt hatte. Mit ihrem Tod war dieser Kompromiß zusammengebrochen. Er mußte die Erotik abtrennen, um nicht zu ersticken. Und nun war ich der Ersatz für seine Mutter. Seine Bindung an mich ahmte Aspekte seiner Gefühle für sie nach, nur daß er mit mir der Erforschung des Sexuellen einen Schritt näher kam.

Ich sagte Adam, was sich meiner Meinung nach abspielte. Ich war mir nicht klar, ob ich auf etwas für ihn Wichtiges gestoßen oder ganz einfach nur erleichtert war über die Klarheit (und sei es nur eine befristete), die es mir verschaffte. Wenigstens hatten meine sexuellen Gefühle sich aufgelöst, ich hatte wieder Boden unter den Füßen.

Adam lehnte meine Überlegungen ab. Genauer: Er nahm sie als Zurückweisung, warf seinen Sexualmotor an und kübelte mir den ganzen Krempel noch einmal über.

„Vorsicht! Verstecken Sie sich nicht hinter diesem Freud-Kram. Ich habe gesagt, daß Sie mir wirklich helfen. Unsere Liebe tut mir gut." Er machte eine körperliche Annäherung. „Hübsche Stiefel. Sie sehen heute fabelhaft aus."

Der Gedanke, wie ich den Rest der fünfzig Minuten versuchen würde, dahinterzukommen, was sich hinter seinem Werben um mich verbarg, seiner Konzentration darauf, was eine Frau bewegen oder betreffen könnte, strengte mich ungemein an.

„Ihre Aufmerksamkeit, mein Aussehen betreffend, was ich anhabe und wie hilfreich ich angeblich bin, ist wirklich intensiv. Als wollten Sie herausfinden, was mich berührt, und mich dann an sich ziehen."

„Genauso ist es. Das bedeutet doch Liebe. Haben Sie damit Probleme? Sie sind eine schöne Frau, und ich will Sie."

Irgend etwas an seiner Sprache widerte mich an. Ich war dankbar dafür und kehrte zu den mühseligen Versuchen zurück, mit ihm über sein Wochenende mit Laura und seine Fixierung auf mich zu reden. Ich war nicht besonders erfolgreich, denn solange ich mich weigerte, in seiner Sprache zu sprechen, wuchs der Graben zwischen uns. Ich spürte, daß Adam diesen Raum zwischen uns zwar bald empfinden, aber nicht damit umgehen können würde. Die Leere zu ertragen, war zu schwierig. Eher würde er eine Balgerei mit mir anfangen und weiterhin versuchen, dem Gespräch einen sexuellen Anstrich zu geben.

So vergingen mehrere Sitzungen. Er zog in die eine Richtung und ich in die andere. Er machte eine schmeichelnde Bemerkung über mein Äußeres oder die Art, wie ich Dinge formulierte. Ich versuchte, hinter oder unter dem Gesagten herauszufinden, was er wirklich sagen wollte. Wütend, weil ich das, was er sagte, nicht für real nahm, erklärte er, der einzige Grund, weshalb er weiterhin zu den Sitzungen käme, sei, mir den Hof zu machen, und dann würden wir auch nicht mehr reden müssen.

Zehn Monate lang stand die Therapie auf der Kippe, balancierte zwischen seinen hartnäckigen Verführungsversuchen und meiner ebenso hartnäckigen Einstellung, wir müßten verstehen, was ihn an mich fesselte, was er empfände, wenn es anders wäre, was wir in der Therapie bearbeiten könnten, wenn er mit mir zusammensein könnte, ohne unsere Begegnung zu sexualisieren.

Indem ich die sexuelle Natur seines Interesses und seiner Bindung an mich in Frage stellte, hatte er das Gefühl, ich leugnete sein wahres Wesen. Während er kämpfte, um mich zu verführen, kämpfte ich darum, daß er dem Nichts ins Gesicht sah. Ich kam mir grausam vor, geradezu gefühllos in meinem Bemühen, ihn dazu zu bringen, was er meiner Meinung nach tun mußte. Natürlich diskutierte ich endlos, warum Adam sich so abhängig von mir fühlte. Natürlich versuchte ich herauszufinden, worauf er mit seiner „Verknalltheit in mich" so panisch reagierte. Natürlich analysierte ich immer wieder, was meiner Meinung nach ablief.

Einen Großteil der Zeit aber sagte ich gar nichts. Ich mußte darüber nachdenken, was er sagte, was ich ihm zu sagen versuchte und was ich fühlte. Mein Gefühl sagte mir, daß jeder nicht sexualisierte Kontakt mit einer Frau ihm Angst machte, ihn verwundbar machte, daß er sich abhängig und deshalb wütend und überwältigt fühlte und daß dies der eigentliche Kern der Schwierigkeit war, die er in die Therapie eingebracht hatte. Ich wollte nicht desexualisieren und reduzieren, was er an infantilen Sehnsüchten zum Ausdruck brachte, aber ich empfand stark, daß wir, wenn er nur an diese Gefühle heankäme, statt sich mit erotischen Spielereien abzulenken, die Schwierigkeiten seines Erwachsenwerdens ansprechen und das Erbe, das sie ihm hinterlassen hatten, transformieren könnten – ein Erbe, das es ihm unmöglich machte, seine Wut und seinen Haß auf Frauen, seine Angst, von ihnen abhängig zu sein und vereinnahmt zu werden, zuzugeben.

Ich hatte in Umrissen eine Vorstellung, wie die Therapie fortschreiten könnte, wenn ich sie nur auf den richtigen Weg bringen würde. Ich jonglierte zwischen dieser Vorstellung und meinem Versuch, offen zu bleiben für die Entwicklung, die sie in Wirklichkeit nahm. Ich empfand, daß Widerstand gegen sein Beharren, daß wir uns auf erotischem Gebiet bewegten, seinen Sinn hatte, aber ich merkte, daß sogar unser Tauziehen, wohin das alles führen sollte, einen erotischen Anstrich anzunehmen begann. In meinem Zurückweisen seiner Sexualität kam ich, so fürchtete ich, hart an die Grenze zum Sadismus. Ich erinnerte mich an sein kürzlich geäußertes Interesse an sado-masochistischem Sex und überlegte, ob alles, was ich ihm anbot, in die sexualisierte Sprache rückübersetzt würde, in der er sich sicher fühlte.

So ging die Therapie weiter. Ich wollte einen Weg finden, sein emotionales Repertoire zu erweitern, so daß andere Kontaktformen ihn erreichten. Insgeheim interpretierte ich für mich, was sein Verhalten vielleicht bedeuten mochte. Wenn ich es für sinnvoll hielte, würde ich ihm meine Interpretationen sagen. Die meiste Zeit versuchte ich schweigend, bei ihm zu sein, mich von seinen Versuchen, mich sexuell zu ködern, nicht nervös machen zu lassen und ihn nicht zurückzustoßen. Ich war gewissermaßen gefesselt, denn was ich für ihn tun konnte, war genau das, was ihn wütend machte – seine sexuelle Sprache in eine zu übersetzen, mit der ich arbeiten konnte. Ich hoffte, wenn ich ihm zeigte, daß die Angst, die sich hinter seiner Sexualität verbarg, zu überleben war, würde er soviel Vertrauen finden, daß er sich dieser Angst stellen konnte. Ich kam mir vor wie eine müde gewordene ältere Lehrerin, die darauf besteht, daß die zappeligen Kinder auf ihren Stühlen sitzen bleiben und nicht im Klassenzimmer herumrennen. Hartnäckig bestand ich auf einer Grenze, die nicht überschritten werden durfte. Aber wie bei den Schulkindern war alles, was ich ihm anbieten konnte, von zweifelhaftem Wert. Herumrennen war einfach viel lustiger.

Die Spielverderberin in mir fragte weiter. War ich bloß eine langweilige Frau in mittleren Jahren, die nicht mitspielen wollte? War ich besonders steif? War ich eine von diesen Therapeutinnen, die es ablehnen, die Welt ihrer Patientin zu betreten und die Person sich selbst überlassen, während sie sich selbstzufrieden auf ihre Theorie verlassen? Vielleicht hatte Adam ja recht. Das Leben war todlangweilig ohne Leidenschaft und *crises de coeur*. Noch vor wenigen Monaten hatte ich das Prickeln zwischen uns genossen. Warum betonte ich den Reichtum gewöhnlicher Beziehung, wenn sie im Vergleich doch so mickrig war? Gab ich mich mit emotionaler Beständigkeit zufrieden statt das Leben zu umarmen?

Früher war mein Leben sehr viel schwungvoller gewesen, ich hatte nach emotionalen Abenteuern Ausschau gehalten und Lust auf Risiko. War ich wirklich so sicher, daß meine Existenz, so wie sie jetzt war, mir gefiel, oder rationalisierte ich nur ihre Gesetztheit? War ich einfach vertrocknet, hatte ich mich selbst abgetötet und mein Verständnis von psychischen Prozessen defensiv nur dazu benutzt, mich an einem bestimmten Platz festzunageln?

Blickte ich wehmütig auf Frauen meines Alters, die immer noch auf Abenteuer aus waren, und beruhigte mich dann schnell mit einer Dosis blasierter Reife? Diese Konfrontation mit mir selbst gefiel mir nicht. Ich wollte nicht auf diese Art von Adam beunruhigt werden. Die Herausforderung, die er darstellte, mochte ich nicht. Ich wußte, daß er mich herausfordern und standhaft finden mußte. Ich wußte aber auch: Wenn ich wirklich begreifen wollte, was hinter seiner Sexualisierung unserer Beziehung steckte, mußte ich erfahren und erforschen, was sein erotisches Spiel und meine Antwort darauf über mich sagten.

An einem Wochenende fühlte ich mich krank und legte mich nachmittags mit Fieber ins Bett. Meine Familie wollte mich nicht stören und ging aus dem Haus. In der ungewohnten Stille begann ich mir ein anderes Leben vorzustellen, ein Leben, in dem weder meine Familie noch meine Arbeit mich festhielt, ein Leben voller Spontaneität. Ich dachte an Adam und die Dusche im Claridge-Hotel. Ich stellte mir vor, wie ich der Familie erklärte, am kommenden Wochenende würde ich nicht da sein, und wie ich dieses Wochenende mit Adam verbrachte.

Meine Gedanken erschreckten mich. Ich rief eine befreundete Kollegin an, denn mir schien ein bißchen Supervision nötig. Worin unterschied meine Fantasie sich von den Vorstellungen, die ich von einer anderen Patientin hatte – sie in eine Decke zu hüllen und nach Hause zu bringen? Bestand ich deshalb darauf, daß Adams erotisches Spiel uns von wichtigeren Themen abhielt, weil ich fürchtete, hineingezogen zu werden?

Ich rief mir ins Gedächtnis, daß sich der psychischen Anziehung einer Patientin zu überlassen, paradoxerweise den Drang zu gesunden stärkt. Aus Erfahrung wußte ich, je weniger ich mich dem widersetzte, was in mir geschah, desto schneller würde ich mich „wiederfinden" und Adam etwas Nützliches zurückgeben können, das aus meiner emotionalen „Kapitulation" erwuchs. Selbst wenn ich Adams Verführung nicht widerstehen könnte, wäre da immer noch ein wachsames Auge, das über meine Erfahrung in einer für ihn fruchtbaren Weise nachdenken würde.

Am folgenden Montag gab es eine Änderung in der Sitzung. Adam war nicht besonders an mir interessiert. Er war höflich und bemüht, aber seine Energie war nicht ausschließlich darauf gerichtet, mir das Gefühl zu vermitteln, in diesem Augenblick sei ich die einzige Person, die für ihn existierte. Obwohl mich diese Veränderung an ihm maßlos interessierte, war ich doch aus der Fassung gebracht, vor allem weil ich nach der zehnmonatigen Belagerung schließlich zugelassen hatte, daß er so von mir Besitz ergriff, wie er sagte, daß er es wollte. Gab es etwa einen Zusammenhang zwischen meinem ihn sexuell zur Kenntnis Nehmen und seinem mich nicht mehr Brauchen? War es das, was immer wieder mit seinen Geliebten passierte? Er verlor sein Interesse, wenn er ihres vollständig gefangen genommen hatte. Wenn eine Frau sich ihm hingab, verschwand sein Begehren. Die Eroberung war es, was ihn am Laufen hielt.

Der beobachtende Teil in mir lächelte. Es passiert oft, wenn eine Therapeutin ihre Gefühle in bezug auf eine Patientin begriffen oder zugelassen hat, daß die Atmosphäre sich wortlos, wie durch Zauberhand verändert.[2] Der Teil von mir, der die Affäre zugelassen hatte, ließ Adam los. Seit klar war, daß er willkommen war, konnte er gehen. Weil ich ihn wollte, war etwas von mir in ihm. Für den Augenblick war seine Verzweiflung gestillt. Sein dringendster Wunsch, begehrt werden zu wollen, mich psychisch erobern zu müssen, war erfüllt. Was ich empfand, war eine ganz wesentliche Einsicht in Adams Innenleben, ein Teil von ihm, der verborgen war oder abgespalten und auf sein Opfer projiziert.

Es beruhigte mich, daß Adams Rückzug auch das sexuelle Verlangen stoppte, das er bei mir ausgelöst hatte. Es blieb ein leises Gefühl von Verlust, aber das dominante Gefühl war Erleichterung. Ich hatte Lust auf das neue Tempo, das die Therapie und unsere Beziehung hoffentlich annehmen würden.

Mein Gefühl eines Durchbruchs war leider voreilig. Während mein sexuelles Begehren erlosch, wurde seines im Lauf der nächsten Sitzungen neu belebt. Ich überlegte, ob ich nicht einem gespenstischen Spiel auf den Leim ging, in dem ich immer dann zu ihm hingezogen wurde, wenn er bei mir sexuell nicht erfolgreich war. Ich war wütend. Er flirtete inzwischen die ganze Sitzung hindurch. Ich konnte nicht einordnen, was ich empfand. Es war irgendwie eigentümlich, mehrmals in der Woche für fünfzig Minuten sexuell umgarnt und dafür auch noch bezahlt zu werden.

Daran war auch etwas sehr Störendes. Noch ärgerlicher war die Tatsache, daß ich im Lauf der nächsten Wochen wieder Fantasievorstellungen hatte.

Nachdem ich schon einmal soweit gewesen war, überlegte ich, ob es sich um eine Wiederholung des bereits Geschehenen handelte. Verflüchtigte sich sein sexuelles Angebot, sobald ich es ernst nahm? Würde er, sobald er meinen Rückzug merkte, wieder von vorn anfangen? Wie viele Runden würden wir kämpfen müssen, Schläge austeilen und abwehren?

Als ich mir zugestand, mir Adam als Liebhaber vorzustellen, spürte ich seine Kraft, seine Stärke und seine Verzweiflung. Ich spürte auch, daß an eine Beziehung mit ihm nicht zu denken war. Hinter all der Aufmerksamkeit steckte etwas anderes: Ich sollte seinen Hunger, seine Verzweiflung übernehmen, mich öffnen, um von ihm benutzt zu werden. Mich schauderte. Theoretisch hatte ich das längst formuliert, aber praktisch bis zu diesem Augenblick nicht wirklich gewußt oder gefühlt. Ich hatte einen Blick darauf geworfen, wie er seine Frauen auflas, leerte und schüttelte und selber Abstand hielt. Obwohl er präsent, sexuell attraktiv und begehrend schien, war da, wo Verbundenheit hätte sein sollen, eine Abwesenheit, die frösteln machte. War es das, was er bei seiner Mutter gefühlt hatte? Hatte er sich benutzt und als Spielzeug mißbraucht gefühlt, statt verbunden zu sein?

Obwohl ich die Art, wie er sich in mich hineinbohrte, zu analysieren vermochte und spürte, wie unangenehm das war, war ich auch angezogen, fasziniert. Während ich mich der Fantasie und der daraus entstehenden Verzweiflung überließ, spürte ich auch die Kälte am Grund seiner Verführung. Mein Wunsch war geweckt, ihn emotional zu berühren und das, was sich wie eine stählerne Säule in seinem Kern ausnahm, zu verwandeln.

Inzwischen war es Frühling, und Adam ging für zwei Wochen nach Frankreich, wo er als Tester bei Kochwettbewerben fungierte. In dieser Zeit behielt ich ein warmes Gefühl für ihn, er fehlte mir. Ich dachte, daß ich etwas von dem Schrecken und der Isolation seiner Störung begriffen hatte, was es möglich machen würde, die Arbeit fortzusetzen. Ich freute mich auf seine Rückkehr.

Als er wiederkam, war er unglaublich locker. Wie vorauszusehen, war sein Interesse an mir erloschen. Nicht nur war ich erregt gewesen – was er sicher unbewußt mitbekommen hatte –, so daß er keinen Anlaß hatte, hinter mir her zu sein; wichtiger war, wie er während seiner Abwesenheit mit seiner Bindung an mich umging. Solange ich nicht da war, diese Bindung zu repräsentieren und buchstäblich zu verkörpern, hatte sie für ihn auch keinen Wert. Weil er seine Bedürfnisse so überwältigend und so schwer zu ertragen fand, suchte er ständig nach jemand, mit dem er sie verknüpfen konnte. Da er sich auf unsere Bindung (und jede andere) nicht verlassen konnte, würde er sein Verlangen dahin übertragen, wo er das Gefühl hätte, nicht ausgebeutet zu werden, sondern Antwort zu erhalten. Ich war sicher, und er bestätigte, daß er während seiner Abwesenheit zig Affären gehabt hatte.

Theoretisch überraschten mich meine Neugier und meine Gefühle über diese Affären keineswegs. Aber emotional fühlte ich mich betrogen. Während ich mich immerhin so sehr gebunden fühlte, daß ich die Jämmerlichkeit seiner inneren Erfahrung spüren konnte, seine verzweifelte Not, seine Unfähigkeit zu wirklicher Liebe und meine Hoffnung, diese Wahrheit in den Sitzungen festhalten zu können, verschwand er einfach.

Es war, als hätte man mich fallengelassen, ausgeleert, benutzt. Mein Inneres war aufgewühlt und wußte nicht wohin. Ich erkannte mich in den Beschreibungen meiner Patientinnen, die auf der empfangenden Seite eines Adam gewesen waren. Ich fühlte mich absolut leer. Nun fühlte auch ich, daß ich etwas von Adam wollte, das ich vorher nicht gebraucht hatte, etwas, von dem er versprochen hatte, es würde passieren, und das er nun zurückzog. Ich fühlte mich krank, närrisch, lächerlich.

Glücklicherweise hatte ich den Rahmen der Therapie, um mich zu stabilisieren. Ich konzentrierte meine Energien darauf, meine Erfahrung zu überdenken. Ich hatte ein Bild von ihm, wie er in mich hineinkletterte, mitten in meinem Zentrum eine Höhle grub und mit den Fäusten gegen mein Skelett hämmerte. Ich kam mir kolonisiert vor, als würde er mich aufessen. In den Sitzungen hatte sein Flirten, mit all seinem bezaubernden Charme, dominiert. Nun kam er mir eher wie ein Aasgeier vor, der auf mich herabstürzte.

Ich fühlte mich krank, aber auch klarer über die Arbeit. Ich mußte eine Möglichkeit finden, einige der Gefühle nach außen zu bringen, die ich mit ihm erlebt hatte, um zu sehen, ob sie ein

Abbild des Schreckens waren, dem er ständig zu entkommen suchte. Ich hatte den Verdacht gehabt, daß in ihm eine schreckliche Leere war. Nicht klar war mir, woher das Blutsaugerische kam.

Dies Verhalten war bei ihm so ausgefeilt, so intensiv war sein Aussaugen der Frauen, auf und in denen er gelandet war, daß ich das Gefühl hatte, er wollte damit etwas beheben, das ihm bereits früh wiederholt geschehen und zur wichtigsten emotionalen Erfahrung geworden war. Ich vermutete, daß er versuchte, die Erfahrung, daß über ihn hergefallen wurde, dadurch zu beherrschen, daß er Täter und nicht mehr Opfer des Herabstoßens wurde.

Als mein Verstehen mein sexuelles Begehren stoppte, begann Adam wieder zu flirten. Aber der Ekel vor dem, was beim letztenmal geschehen war, schützte mich. Ich lenkte das Gespräch auf die Leere hinter seinem Beharren und auf das Dilemma, Kontakt zu suchen, aber nicht nutzen zu können, wenn er angeboten wurde. Er versuchte weiter von mir zu erhalten, was so schwer für ihn zu fassen war. Ich widerstand seinen Verführungen und kam mir grausam und gefühllos vor. Aber ich spürte, daß ich diese Leere zwischen uns deutlich machen mußte, bevor sich für ihn etwas fundamental ändern konnte. Wenn ich sie dämpfte oder zudeckte, wäre die Chance, seine schlechten Gefühle zu konfrontieren, vorbei, und wir wären wieder in seinem ewigen Zirkel von Suchen und Zerstören. Als ich darauf bestand, daß wir darüber redeten oder über gar nichts, hatte ich das Gefühl, ihm etwas zu versagen.

Ich sah, daß er großen, fast unerträglichen Schmerz empfand. Obwohl ich Mitleid mit ihm hatte, fühlte ich mich ziemlich weit von ihm entfernt. Ich hatte von ihm ein Bild schrecklicher Isolation, nach Berührung zu verlangen und eingesperrt zu sein. Er erzählte mehrere Träume, die dieses Thema spiegelten. Er war in einem Banktresor hinter doppelten Stahltüren; er war in Lappland außerhalb der Iglus; er suchte in der russischen Steppe nach seinem Vater.

Trotz aller Fürsorge seiner Mutter entstand vor mir das Bild ihres Rückzugs von ihm, vielleicht als sein Vater aus Europa zurückkam. Wir wußten, daß seine Mutter verstört gewesen war, als ihr Mann verschwand, aber nun fragte ich mich, ob sie nicht tief deprimiert gewesen war und Adam und seine kindliche Kraft ausgeplündert hatte, um am Leben zu bleiben. Als ich diese Möglichkeit äußerte, schien sie bei ihm anzukommen.

Er beschrieb, wie er in ein schwarzes Loch fiel, das ihn verschlingen würde. Diese physikalische Metapher interessierte mich: Schwarze Löcher saugen alles in sich hinein. Schwarze Löcher strahlen kein Licht aus, sondern absorbieren alles. Schwarze Löcher erzeugen gar nichts. Meine Erfahrung mit Adams Versuchen, mich zu kolonisieren, entsprach seiner Metapher. Er nahm und überwältigte, was ihm emotional über den Weg lief, aber nichts füllte ihn aus. Im emotionalen Kern seiner Erfahrung war er einsam, bedeutungslos, erschreckt und ängstlich.

Die Begegnung mit solchen Gefühlen von Desintegration ließ Adam unfreiwillig erzittern. Das vorzeitige Kommen, nun die Erschütterungen und überwältigenden Gefühle der Leere entsprachen psychisch dem Einstürzen eines Hochhauses. Überall lagen Schutt, Gesteinsbrocken, manche wiederverwendbar, andere nicht, und eine Menge Staub. Kein Wunder, daß Adam jedesmal, wenn er diesen Ort in sich spürte, eine neue Liebesgeschichte anfing. Kein Wunder, daß er sich traute, die privaten Orte anderer aufzubrechen. Geradezu verzweifelt suchte er nach Nahrung, nach Verbindung, nach einem Zuhause fern von seiner inneren Wüste.

So war es unausweichlich, daß Adam wieder mit mir flirten mußte. Er suchte Erleichterung, und bevor etwas Neues entstehen konnte, würde Adam versuchen, durch die Rückkehr zu seinem gewohnten Beziehungsverhalten seine Depression zu überwinden. Aber die Versuche wurden lahmer und waren jetzt von großer Traurigkeit begleitet. Wir blickten in das Leben, das er sich zurechtgelegt hatte, und konfrontierten seine Gefühle von Leere.

Den ganzen Sommer war ich nicht sicher, wohin das führen würde. Würde Adam den Mut haben, die Kälte zu ertragen? Konnte er mit der Panik vor der Leere leben? Konnte er lange genug die Gefühle der Isolation tolerieren, in dem Wissen, daß ich ihm beistand, ohne meine Gegenwart als Übergriff zu empfinden? Wenn er das schaffte, wußte ich, war er aus dem Schlimmsten heraus. Er würde einigem von dem, was er fürchtete, ins Gesicht gesehen haben. Er konnte dann von innen her wachsen. Seine liebenswürdigen Eigenschaften und Qualitäten, die er bis jetzt auf eine Weise benutzt hatte, die andere verletzte und ihn nicht heilte, würden ihm fruchtbar und produktiv erscheinen und nicht mehr als Waffen aus dem Arsenal, mit dem er die Welt attackierte. Der Herbst kam, mein Respekt vor Adam wuchs. Er schien verstanden zu haben, was verlangt wurde. Er begriff, daß sich in mich oder eine andere zu verlieben im Augenblick eine Ablenkung war. Er wechselte von Abenteuer und Angst zu einer langen, kalten Depression. Seine Leere stumpfte ihn ab. Er arbeitete wie immer, aber ohne eine Frau zu umwerben war es Routine und bedeutungslos. Nichts ergab irgend etwas. Es gab keine Höhen, nicht einmal kleine Hügel, nur Schmerz und Angst. Wenn er in seiner Küche arbeitete, beobachteten seine Freunde seine Aufmerksamkeit für Details anstelle des früheren Überschwangs. Es war eine traurige Zeit.

Obwohl er schreckliche Qual empfand und seiner selbst nicht sicher war, schien er zu wissen, daß er sich auf mich verlassen konnte. Endlich waren wir aufeinander bezogen. Seine Qual berührte mich, und er spürte mein Berührtsein. Er war allein und fürchtete sich, aber er war nicht einsam. Er war berührt.

Adams Gefühle der Leere und Depression dauerten mehrere Monate. Er steckte in einer Klemme, aber so hart das auch für ihn war, es war gut so. Es leugnete nicht, sondern drückte aus, was er lange empfunden hatte. Ohne die verzweifelten Überfälle auf andere, mit denen er sich abgelenkt hatte, lernte er seine Leere zu ertragen. Als er seinen Zustand zu begreifen und zu akzeptieren begann, ging er in eine Stille über, aus der mit der Zeit Stabilität entstehen würde.

Schrittweise kristalisierte sich die Authentizität unserer Beziehung in etwas für ihn Sinnvolles. Er konnte aufnehmen, daß ich ihn in seiner Nacktheit sah, und mein Interesse und meine Aufmerksamkeit berührten ihn. Ganz allmählich entstand Beziehung statt Verführung zwischen uns und zwischen ihm und anderen. Er wurde aufmerksam und nachdenklich. Er machte die Erfahrung, mit einer älteren Frau zusammenzusein, ohne etwas leisten oder „geben" zu müssen. Er fing an, sich mit seiner Angst vor Verlust, seinem Haß auf Frauen, seinem Bedürfnis, Macht über sie zu haben, und der Art, wie er sie ausgeübt hatte, auseinanderzusetzen. Alle diese Themen wurden zwischen uns ausgetragen, aber nie so dramatisch wie die erotischen Fantasien, die unsere Beziehung durchdrungen hatten. Es fiel mir leicht, seinen Haß auf mich zu akzeptieren, seine Angst, ich könnte ihn hinauswerfen, seinen Wunsch, mich zu beherrschen. Das alles war zu ertragen. Das tägliche Brot einer Therapie. Nur im Zusammenhang mit der Erotik hatte ich so dramatisch meinen Gefühlen ins Gesicht sehen und herausfinden müssen, warum seine Verführungskunst so unwiderstehlich war. Er hatte immer noch Sex im Kopf, Frauen zogen ihn immer noch an, aber nun wurde es Teil seines Lebens und nicht mehr dessen Grundlage.

Es war keineswegs einfach. Er hatte Sorge, daß der Charme, mit dem er seine Umgebung betört hatte, ihn verlassen könnte. Ihm war noch nicht klar, wie die Person, die er gewesen war, und die, die er langsam kennenlernte, zu einer werden könnten. Ein Riß ging durch ihn, und er wußte nicht, wie die beiden Seiten zusammenpassen würden.

Für mich schien es klarer. Adam entwickelte sich von innen heraus und nahm dabei ein paar seiner alten Fähigkeiten mit. Ich sah, wie unsicher er war, soviel über Bord geworfen zu haben, ohne bereits darauf vertrauen zu können, daß das Neue vergleichbar gut sein würde und in absehbarer Zeit mit Teilen seines alten Selbst zusammengehen könnte. Mir gefiel, wie er über sich dachte, es war um so vieles beweglicher. Als er nicht mehr nur daran dachte, andere zu bezaubern und ihr Leben mit Beschlag zu belegen, trat an die Stelle der Jagd nach Frauen das Nachdenken über die Vielfalt seiner Bedürfnisse und was ihn tatsächlich berührte.

Im folgenden Frühjahr lernte Adam Karen kennen, eine vierunddreißig Jahre alte Fernsehproduzentin. Zum erstenmal, seit ich ihn kannte, hatte er eine Frau gewählt, die auf ihn angemessen reagierte. Adam wollte sofort mit ihr zusammenziehen, Händchen halten, beieinander sein. Ein derart direktes Gefühl war er nicht gewöhnt; ihm waren Drama, Verführung, Komplikation, Überschreitung vertraut. Was ihm Angst machte, war das Unschuldige und Hoffnungsvolle an ihrer Beziehung.

„Kann ich mir selbst trauen? Werde ich auch morgen noch so fühlen? Und übermorgen?"

Seine Sorge um seine Fähigkeit, liebende Gefühle ohne Intrige und das Hin und Her, das sein Kennzeichen war, auszuhalten, war beeindruckend. Ich fühlte mich ermutigt. Zwischen dem Kennen der Schwierigkeiten und ihrer Neuverhandlung liegt ein weiter Weg.

Karen paßte gut zu ihm. Sie hatte keine Angst vor Intimität wie er, und sie hatte einen langen Atem. Ihr Mann, mit dem sie eine gute Beziehung gehabt hatte, war vor zwei Jahren gestorben. Sie und ihre sechsjährige Tochter versuchten trotz ihres Kummers weiterzuleben, Verwandte und Freunde unterstützten sie dabei. Adam war für sie eine Überraschung. Sie hatte nicht gedacht, daß sie für einen neuen Mann bereit sei, und vielleicht war es gerade ihre Fähigkeit, interessiert zu sein, aber ihn nicht unbedingt zu brauchen, die es Adam möglich machte, auf eine neue Art zu antworten. Sie mußten sich nicht zwanghaft aufeinander einlassen. Er hatte nicht das Bedürfnis, sie emotional zu vergewaltigen, er wollte bei ihr liegen, mit ihr sprechen, mit ihr und ihrer Tochter Familie spielen. Sie schliefen miteinander, wie er es bisher nicht gekannt hatte. Statt der seelischen und körperlichen Turnübungen, mit deren Hilfe er früher Frauen eroberte, konnten er und Karen sich ganz unangestrengt aufeinander einlassen. Er mußte sie nicht ficken, wie sie nie vorher gefickt worden war. Der bloße Gedanke daran war ihm unangenehm. Er war bei ihr, zufrieden, sicher in sich selbst, sicher mit ihr und sicher in ihr.

Sie hatten ein wunderbares gemeinsames halbes Jahr. Dann erlitt Karens Tochter Jessie einen Unfall. Es war ein ganz normaler Vom-Fahrrad-Fallen-Unfall, aber Karen war untröstlich und während Jessies Krankenhausaufenthalts und der anschließenden Physiotherapie extrem besorgt. Die Unsicherheit des Lebens, die ihr dabei wieder bewußt wurde, machte ihr Angst. Zuerst der Verlust des Mannes, dann der Unfall ihrer Tochter: Ihr Schmerz nahm kein Ende.

Sie stützte sich auf Adam, der mit Herz und Schulter bereit stand. Aber er vermochte ihr nicht zu helfen, und ich sah, wie sehr ihn das verstörte. Er hatte seinen eigenen Kampf ausgefochten, als Karen ihm einen Teil ihrer Aufmerksamkeit entzogen und Jessie zugewandt hatte. Bei aller Zuneigung zu den beiden fühlte er sich verlassen. Als Karen ihre Zeit im Krankenhaus verbrachte, erwischte er sich dabei, wie er in der Bar seines Restaurants Frauen anmachte und seinen Charme anknipste wie ein Talent, das er eine Weile nicht benutzt hatte. Wie mit dem Autopiloten war er auf dem Weg zu alter Tröstung. Aber schon nach einer halben Stunde fühlte er sich elend. Er führte Bewegungen aus, die ihn nicht mehr dahin brachten, wo er sein wollte. Er entdeckte, daß es besser war, den Verlust Karens zu spüren, als sich eine Ablenkung auszudenken.

Zwischen zwei Sitzungen träumte Adam, daß Karen ihn verließ. Im Traum ging sie in sein Restaurant, räumte seine Vorräte aus und stahl seine Rezepte. Er litt Höllenqualen. Warum raubte sie ihn aus? Es ergab keinen Sinn. Der Traum endete damit, daß sie seine Rezepte kochte und eine Tante von ihm fütterte, die Krebs hatte. Die Tante erholte sich. Karen sagte, sie würde bleiben.

Der Traum beunruhigte Adam. Diese Karen stimmte so wenig mit der wirklichen überein, daß er den Traum als eine Botschaft seines Unbewußten begriff. Warum sah er sie als Plündernde? Warum war es ihr möglich, bei ihm zu bleiben, nachdem sie seine Tante geheilt hatte?

Der Traum half uns zu verstehen, was er emotional bisher nicht greifen konnte. Unser Verdacht wurde bestätigt, daß er als Junge vorzeitig in einen kleinen Mann verwandelt worden war, der seiner Mutter das Leben erleichtern sollte, indem er ihre Probleme löste. Seine Energie und jugendliche Kraft waren entführt worden, um sie am Leben zu erhalten, aber sie war nicht in der Lage gewesen, seine Vorräte wieder aufzufüllen. In seinem Versuch, seinen Weg zu finden, war er jemand geworden, der versorgen und bezaubern konnte. Aber dieses Selbst war instabil, denn es hatte wenige Ressourcen. Zum Auftanken plünderte er andere, so wie seine Mutter ihn geplündert hatte. Er machte sich unersetzlich, so daß er gebraucht und begehrt wurde. Daß er Karen nicht trösten konnte und sich von ihr verlassen fühlte, brachte ihn aus dem Konzept. In seinem Traum hatte er die Qual seiner Kindheit wiedergesehen und die Beziehungsmuster zwischen ihm und seiner Mutter. Aber er hatte auch herausgefunden, daß Karen heilende Kräfte hatte, sie war eben nicht die Diebin, die so lange sein Unbewußtes bevölkert hatte.

Diese Erkenntnis erschütterte ihn. Er hatte eine Frau gefunden, die ihn ernährte und die er nicht aufgeben würde. Daneben war er frustriert, daß er für Karen nichts tun konnte. Es war demütigend und hart für ihn. Die Illusion, daß er die Dinge für sie wenden könnte, gab er nur ungern auf. Dabei erwartete Karen das gar nicht von ihm. Sie war vernünftig und wußte, daß er es nicht konnte. Sie lebte mit ihrer Verletzung und erwartete nicht mehr als seine Unterstützung.

Ihr Bedürfnis nach Unterstützung empfand er zuerst als Forderung, und zu einem Teil war es das auch, wenn auch anders als gewohnt. Karen brauchte seine Geduld und Präsenz, während sie mit den Grenzen der eigenen Fürsorglichkeit kämpfte. Sie war nicht so verfügbar für ihn wie zuvor. Aber sie klinkte sich auch nicht aus der Beziehung aus. Adam hatte zu Beginn diese schwierige Situation in die Sprache übersetzt, die er kannte, weil in ihr sein frühes Verlassenwerden durch Vater und Mutter nachhallte. Als er sich alleingelassen fühlte, versuchte er seine Angst durch Ausbeuten der Frauen in seiner Bar zu stillen. Aber es funktionierte nicht. Er fühlte sich danach nur schlechter. Er kehrte zu sich zurück und stand zu dem, was er fühlte, um mit der Beunruhigung, die Karens Hinwendung zu ihrer Tochter in ihm geweckt hatte, umzugehen.

Seine Sensibilität gegenüber dem Traum und den Veränderungen in ihm half ihm, auch das letzte Stück unserer gemeinsamen Arbeit zu tun. Er lernte beizustehen, wenn eine andere Person Schmerz empfand, sie ohne die Angst, benutzt zu werden, zu begleiten. Das machte es ihm und Karen möglich, zusammenzubleiben. Es paßte ihm zwar nicht, daß er die Situation für sie nicht heilen konnte, aber er mußte deshalb nicht vor ihr oder vor sich fliehen. Er lebte sein Leben und war durchaus imstande, mit den realen Problemen, die ihm begegneten, fertigzuwerden.

Zufrieden lächelnd kehrte ich zum Fenchelhacken zurück. Mit welchem Wirbelwind unsere Reise begonnen hatte! Wie nebensächlich all das erotische Fantasieren geworden und wie wichtig es doch gewesen war, dem nachgegangen zu sein, was Adam in mir wachgerufen hatte. Erst in meiner Beschäftigung mit dem, was er damals als „das Beste an ihm" ansah, kam ich dazu, seine Trostlosigkeit zu begreifen. Nur so bekam ich einen Blick dafür, wo seine Schwierigkeiten lagen.

Ich wußte, wie ich es oft während unserer gemeinsamen Arbeit gefühlt hatte, wenn seine Therapie mittendrin abgebrochen worden wäre, wenn ich zuviel Angst vor meinen eigenen erotischen

Gefühlen gehabt hätte, wenn er im Gefühl, mißverstanden zu sein, gegangen wäre, wäre Adam wie so viele andere Männer – einige habe ich in meiner Praxis gesehen, von vielen habe ich durch meine Patientinnen erfahren – ein Mann ohne Selbst geblieben. Einer von den Männern, die ihre Inhaltslosigkeit dazu bringt, Psychoterroristen zu werden, Männer, die die Verfolgung und Eroberung anderer endlos wiederholen müssen. Adam war nicht länger an dieses Schicksal gebunden. Indem er der Kälte seiner Leere ins Gesicht sah, riskierte er mehr. Sein Penis hatte ihn aus einem Leben, das nicht mehr funktionierte, in ein neues geführt, in dem er alle Möglichkeiten hatte.

Belle

Sie war schüchtern und zurückhaltend, als sie am Telefon um einen Termin bat. Ich hatte nichts frei. Aber etwas an ihr veranlaßte mich, für den kommenden Freitag ein Treffen auszumachen.

„Danke, danke", sagte eine zierliche, etwas verwahrlost wirkende Anfangdreißigerin, als ich die Tür öffnete. „Ich bin verzweifelt", fuhr sie fort, noch bevor sie sich gesetzt hatte. „Nichts funktioniert mehr. Ich stehe vor einem Chaos. Mein Leben hat keinen Sinn."

Ihre riesigen türkisblauen Augen unter einem dunkel glänzenden Pony flehten, sich auf sie einzulassen. Das tat ich.

„Genaugenommen ist es noch viel schlimmer. Ich drehe mich im Kreis. Ich bin in einer Sackgasse. Ich muß etwas unternehmen."

Sie war zweiunddreißig. Sie hatte sich treiben lassen, seit sie aus der Schule war. Sie hatte ihre Familie verlassen, war mit siebzehn nach London gekommen, hatte als Kindermädchen gearbeitet, war zufällig in die Musikszene geraten, hatte ein paar nicht sehr gut bezahlte Auftritte bei Modenschauen und ein bißchen in einer Mädchenband mitgesungen. Es war in Ordnung. Sogar gut. Beziehungen mit sehr viel älteren Männern hielten sie ökonomisch über Wasser. Drogen, Sex und Rock 'n' Roll verhinderten, daß sie an die Zukunft dachte. Aber wer denkt mit zwanzig an die Zukunft? Nur die, die es nötig haben: Trottel und Spießer. Von denen hielt sie sich sowieso so fern wie möglich. Ihr zerbrechliches Aussehen und die anfängliche Schüchternheit am Telefon paßten nicht zu der jungen Frau, die zuviel von der falschen Seite des Lebens gesehen hatte.

Belle war geboren und aufgewachsen in der Nähe der Hafenstadt Dunedin an der Südostküste von South Island, Neuseeland. Sie war die zweite von drei Töchtern eines schottischen Vaters und einer englischen Mutter. Dunedin war tödlich, Dad war Manager und glänzte in der Familie durch Abwesenheit, Mum war verbittert, sie hatte London verlassen, als ihr Mann die Leitung der neuseeländischen Filiale einer britischen Firma übernahm. Als die Kinder kamen, hatte sie den Schuldienst aufgegeben und nie den Weg zu etwas, das sie gern getan hätte, zurückgefunden. In Dunedin war sie eine Außenseiterin, London fehlte ihr. Belle und ihre ältere Schwester rebellierten und hingen in den wenigen Cafés und Discos herum, die Dunedin zu bieten hatte, dann zog es sie in die „Metropolen" Wellington und Auckland, bis Neuseeland insgesamt zu klein wurde.

„Also ich erzähle Ihnen das alles, weil es für Psychologen wichtig ist und weil es vielleicht das ist, wo es mit mir nicht stimmt, aber um die Wahrheit zu sagen, meine Familie ist für mich weit weg, und an Mum und Dad denke ich so gut wie nie. Meine große Schwester ist auch hier, und mit Marie, der Kleinen, bin ich nie klargekommen."

Belle hatte Schwung, aber kein Gefühl für die Richtung. Für eine, die so zerbrechlich wirkte, hatte sie sich in Situationen gebracht, in denen eine konventionellere junge Frau sich halbtot gefürchtet hätte. Die Schrammen waren dementsprechend. So wie Belle von einer Krise in die nächste taumelte, hielten die Kratzer sie zusammen. Sie lebte, indem sie überlebte.

Katastrophen passierten ihr in allen Lebensbereichen. Sie war mehr als einmal unbeabsichtigt schwanger; sie hatte mehrmals die Wohnung verloren; Freunde hatten sie immer wieder sitzenlassen. Immer war sie in irgendwelche Notfälle verwickelt und warf ihre seelenvollen türkisfarbenen Augen auf jeden, der nahe genug war, um sie herauszuholen. Als sie das erstemal zu mir kam, hatte sie sich zuerst verfahren und dann ihre Wagenschlüssel verloren, so daß wir, als sie gut dreißig Minuten zu spät kam, gleich mit einer Notlage zu tun hatten.

Belle ging davon aus, daß ich ihr helfen würde. Die Erwartung war logisch. Aber die Regeln der therapeutischen Verpflichtung unterscheiden sich von denen gewöhnlicher sozialer Begegnungen. Wenn ich, nachdem ich die Kurzfassung ihres Lebens und ihrer Krisen angehört hatte, Belles Angebot folgen und ihr helfen würde, indem ich mit ihr die Autoschlüssel suchte oder ihr meine Automobilclub-Mitgliedskarte gab, hätte ich der Absicht von Therapie widersprochen. Ich wäre auf ihre Art, sich retten zu lassen, eingestiegen, hätte die Exploration dessen, was sich hinter ihren Notfällen verbarg, unmöglich gemacht, noch bevor wir für unsere Beziehung eine Basis geschaffen hätten.

Es war verführerisch. Belles offensichtliche Hilflosigkeit weckte in mir den Wunsch, dieses neueste Chaos für sie aufzuräumen.[1] Aber nachdem ich gehört hatte, daß sie immerzu von einer Katastrophe zur nächsten wanderte, war die eigentliche Herausforderung, mit ihr zusammen herauszufinden, was sie da schuf, statt es wegzubügeln, als wäre es nie gewesen. Dieses Vorgehen enthielt allerdings das Risiko, ihr eine Frustration aufzuerlegen, die sie nicht gewohnt war, so daß sie vielleicht eine zweite Verabredung nicht einhalten würde.

Der Vorteil eines solchen Vorgehens, wenn es denn klappte, wäre, daß sie eine Ahnung bekam, was therapeutisches Engagement bedeutete. Vielleicht war es für sie besser zu spüren, wie unbequem verlorene Schlüssel sein können. Von meiner Seite war das kein Akt der Grausamkeit, sondern die Ahnung, daß an ihrem Taumeln von einem dramatischen Notfall in den nächsten etwas war, das wir zu fassen bekommen mußten. Wie es aussah, schienen diese Notfälle ihr Wesen auszumachen. Es war viel zu früh, eine Theorie zu entwickeln, aber diese Katastrophen, erklärte ich, waren ihre Art, sich zu vergewissern, wie sie die Splitter ihres Lebens zusammenklammerte, ihr Dahintreiben verankerte.

Die verlorenen Schlüssel lagen also zwischen uns. Daß die Sitzung verkürzt war, erhöhte den Druck auf mich. Ich spürte ihre Frustration und ihren Unglauben, daß ich mich nicht ihren Erwartungen entsprechend verhielt. Die Leute halfen ihr sonst immer, und ich, von Berufs wegen verpflichtet zu helfen, übersah den Notfall vor uns.

Ich hätte versuchen können zu verstehen, was die verlorenen Schlüssel bedeuten sollten (ihre Ambivalenz, das Kommen betreffend? Verlorengehen als Metapher? Hilfe brauchen, den Schlüssel zu finden, der freigibt, wer sie ist? und so weiter). Obwohl das ein vernünftiger Weg gewesen wäre, interessierte mich mehr, wie ihre Krisen als Unterstreichung, Selbstbezogenheit und Momente des Kontakts mit anderen funktionierten. Ich hatte das Gefühl, daß wir mehr lernen konnten, wenn wir nicht interpretierten.

Außenstehende werden denken, daß ich die Sache überinterpretiere. Was, wenn ich aufgehört hätte, so affektiert und therapeutisch skrupulös zu sein, und einfach zum Telefon gegriffen hätte? Aber zu dem, was ich abwägen mußte, gehörte auch, ob Belles Antworten auf Krisen sich wiederholten, ritualisiert waren oder ob sie, wenn es die Chance gab, sich anpassen konnte. Was würde passieren, wenn ich sie nicht auf der Stelle rettete? Wenn meine Reaktion nicht dem entsprach, was sie erwartete, würde sie dann eine neue Reaktion finden? Wie flexibel war sie psychisch? Brauchte sie es, daß ihre Krisen in einer bestimmten Weise abliefen? Würde es sie interessieren und neugierig machen, wenn die Reaktion unerwartet war? Würde sie das ablehnen und wegwerfen? Oder würde sie sich entsprechend verhalten?

Wenn die Therapeutin eine Person zum erstenmal trifft, hört sie zu, fühlt, spürt, wägt ab, befragt und untersucht ihre Reaktionen. Es gehört zu unserer Ausbildung, auf verschiedenen Erfahrungsebenen gleichzeitig zu schauen – dem Intrapsychischen, der Abwehr, der Art des Affekts, dem Ausdrucksspektrum, der Fähigkeit zu reflektieren – und uns einzustellen, wie Freud es beschrieb, als wären wir ein Radioempfänger, mit dem wir die Signale dekodieren, die wir aufnehmen. Die Erzählung der Person mit ihrer Biografie und ihrer Selbstdarstellung zur Deckung zu bringen und eine vorläufige Landkarte ihrer Innenwelt zu zeichnen, sind die Äquivalente der Therapeutin zu Stethoskop, Blutdruckmesser und Urinanalyse der Mediziner. Sie sind die vergleichbar groben, aber wesentlichen ersten Markierungen im Prozeß des Kennenlernens, der sich unter Umständen über mehrere Jahre erstreckt. Da die subjektive Erfahrung der Patientin für den Behandlungsprozeß ausschlaggebend ist, sucht die Therapeutin abzuschätzen, wie flexibel oder starr die verhaltensmäßigen Antworten der Patientin sind. Nicht daß Flexibilität oder Starrheit per se und getrennt von anderen Faktoren etwas bedeuten. Wir können daraus keine unveränderlichen Maßstäbe ableiten. Exzessive Anpassungsfähigkeit ist für die Praxis genauso störend wie Unbeweglichkeit. Dennoch ist es von Bedeutung, wie die Person mitmacht oder nicht, es ist eine der Achsen, um abzuwägen, ob eine Therapie sinnvoll ist.

Daher mein Wunsch, mit dem Verlust von Belles Schlüsseln auf eine Weise umzugehen, die für sie ungewohnt war. Therapie enthält viele mit besonderer Bedeutung aufgeladene Momente, in denen die Therapeutin der Patientin durch eine andere Art der Begegnung, durch eine Herausforderung des Erwarteten eine andere Möglichkeit anbietet, sich selbst zu erleben. In der ersten Sitzung ist das ein riskantes Spiel, aber ausgehend davon, daß Belle sich als ziellos beschrieben hatte, wollte ich möglich machen, daß sie sich als zielbewußt sah, und sehen, wie weit wir damit kämen. Aus ihrer Reaktion merkte ich, daß sie trotz des Eindrucks der Verwahrlosung sehr wohl in der Lage war, ihre Ressourcen zu ordnen. Als ihr klar wurde, daß ich ihr nicht helfen würde, nahm sie ihr Mobiltelefon aus der Tasche und rief die Polizei an: Sie sei überfallen worden, als sie aus dem Wagen stieg. Dabei seien die Schlüssel und ihre Handtasche geraubt worden. Als sie aufgelegt hatte, sah sie mich an und sagte ohne eine Spur von Schuldbewußtsein oder Selbstzweifel: „Die Tasche habe ich hinzugefügt, damit ich meine Versicherung in Anspruch nehmen kann."

Die Unvorhersagbarkeit des Geschehens im Sprechzimmer kann uns auf sehr unterschiedliche Weise auf Trab halten. Manchmal sind die Dinge, deren Zeugin wir werden, unangenehm oder ekelhaft. Die als Kind mißbrauchte Teenagerin, die sich mit ihrem Anus beschäftigt und die Exkremente unter dem Fingernagel aufißt, ist ein Extrem. Automatisches Kopfstoßen oder Schorfkratzen sind nicht ungewöhnlich. Daß eine Patientin den Ehepartner oder ein Kind verbal angegriffen oder herabgewürdigt hat, ist mit ein Grund, warum sie in Therapie gekommen ist.

Deshalb müssen wir auf unsere Reaktionen achten, auf das, was wir verstörend, erschreckend, abstoßend empfinden, in unserem Innern antworten und uns dann wieder voller Mitgefühl der Patientin zuwenden. Wir haben gelernt und sind dazu da, das, was vor uns ausgebreitet wird, zu akzeptieren und zu erforschen und nicht abzulehnen oder zu beurteilen. Diese Offenheit macht es möglich, daß das, was Verständnis und Konfrontation braucht, ans Licht kommt.

In diesem Zusammenhang hören wir immer wieder von der notwendigen Neutralität der Therapeutin. Die meisten Menschen betrachten die therapeutische Neutralität als Indifferenz, als ausdrückliches Verbot für die Therapeutin, der Patientin zu enthüllen,

*was sie empfindet. In der zeitgenössischen Psychoanalyse aber
wird Neutralität als Ausdruck der Empfänglichkeit und Neugier
gesehen – die reflektive Beobachtung der Antworten der Therapeutin auf das Verhalten der Patientin, die Bearbeitung der Antworten
und dann wieder die Zuwendung zur Patientin, um zu sehen, was
als nächstes kommt. Als hätten wir nie zuvor gesehen, wie aus
einer Kaulquappe ein Frosch wird.*

Wenn wir mit dieser Art Neutralität unsere Aufmerksamkeit der
Patientin zuwenden, sind wir offen für therapeutischen Austausch.
Die Sache, die uns erschüttert hat, ist wahrgenommen worden.
Nun folgen technische Überlegungen. Beziehen wir uns darauf,
legen wir es für zukünftigen Gebrauch zu den Akten, bitten wir
die Patientin um eine Erklärung, interpretieren wir es selbst? Oder
wie ich dachte, als die für die Konsultation angesetzte Zeit im Fall
Belles zu Ende ging, lehnen wir den Fall ab, weil er zuviel Ärger
verspricht?

*Gegen Ende jeder ersten Konsultation entsteht eine Pause, in der
die Therapeutin und die potentielle Patientin überlegen, ob sie zusammen arbeiten wollen. Für beide ist das kein trivialer Moment.
Wenn genügend Kontakt entstanden ist, wird die Therapie Suchen-
de weitermachen wollen. Vor allem will sie ihre Geschichte nicht
noch einmal einer anderen Person erzählen. Wenn das Verhältnis
zwischen Aufregung, Hoffnung, Vorsicht und Angst, die Termine
und das Honorar stimmen, ist die Patientin bereit, sich festzulegen.
Für die Therapeutin, die über den therapeutischen Prozeß sehr viel
mehr weiß als die Patientin in spe, hat die Entscheidung einen
anderen Charakter. Sie muß abschätzen, ob sie glaubt, der anderen nützlich zu sein.*

Neigung oder Abneigung müssen bei der Entscheidung, eine Patientin anzunehmen, berücksichtigt werden, allerdings anders als
üblich. Solche Wahrnehmungen gehören zu dem Bild, das die
Therapeutin entwirft. Die Person vor uns mag uns bezaubern,
bestürzen, anziehen, erregen, an- oder abstoßen. Belle hatte mich
bereits durch ihre Findigkeit überrascht. Sie hatte auf meine Wei-
gerung, ihr zu helfen, damit reagiert, daß sie die Polizei hineinzog

und die Krise zu ihrem Vorteil wendete, indem sie einen Versicherungsfall daraus machte. Gleichzeitig hatte mich ihre Art vorzugehen, abgestoßen. Irgendwie fand ich widerwärtig, daß ich bereits jetzt zur Komplizin ihrer Lügen gemacht worden war. Für mich war also die Frage, ob ich die Empathie aufbringen würde, mit ihr herauszufinden, warum sie, wenn sie in der Klemme saß, so schnell mit Lügen bei der Hand war.

Zu meiner Überlegung, ob ich Belles Therapie übernehmen wollte, gehörte auch, ob ich wirklich dekodieren und dekonstruieren wollte, was hinter diesem Lügen lag. Wo, fragte ich mich, würden wir uns wiederfinden? Würde daraus eine dieser ziellosen Therapien werden, die Sitzung auf Sitzung dahintreiben? Würde sie mich kontinuierlich anlügen, versuchen, mich in ihre Krisen hineinzuziehen? Oder konnte ich Mut aus der Tatsache ableiten, daß, so unerfreulich es auch war, Belle einige ihrer häßlicheren Möglichkeiten schon gezeigt hatte und wir, wenn wir sie zu fassen bekamen, die Anfangsarbeit bereits geleistet hatten?

Wenn ich ja sagen sollte, gab es drei Dinge, auf denen ich bestehen wollte, wenn ich mich mit ihr auf die Reise machen sollte. Erstens mußten wir erforschen, was der Zweck ihrer Krisen war. War meine Vermutung richtig, daß sie der Klebstoff waren, der sie zusammenhielt? Wenn es so war, was würde passieren, wenn der Leim sich lockerte? Wie könnten wir den Leim auflösen und für sie einen fundamentaleren Halt finden, der auf einem kontinuierlicheren Selbstgefühl aufbaute? Zweitens wollte ich herausfinden, welche – bewußten und unbewußten – Fantasien bei der Erschaffung der Krisen mithalfen. Was stellte Belle sich vor, würde passieren? War Desaster ein Ergebnis, das sie unwiderstehlich fand? Welche Bedeutung hatten andere Menschen bei der Lösung der Probleme? War es wichtig, von einer anderen Person gerettet zu werden? Brauchte Belle andere, damit sie ihr halfen oder damit sie erfuhren, was sie durchmachte, und auf diese Weise ihre innere emotionale Erfahrung außen repräsentierten? Drittens hatte sie in meinem Zimmer gelogen. Wie sollte ich das ansprechen? Denn ansprechen mußte ich es.

Als ich mich dazu überredete, die Zeit für Belle zu finden, empfand ich zu meiner Überraschung so etwas wie Begeisterung für unsere Zusammenarbeit. Belle hatte vor uns ausgebreitet, was wir zu tun hatten, sie hatte in dieser verkürzten Vorbesprechung etwas gezeigt, von dem ich fühlte, daß es für sie zentral war. Wir hatten genug, an dem wir eine Weile arbeiten konnten, wenn ich dafür sorgte, daß die Bewältigung der nächsten Krise und der übernächsten nicht unsere gesamte Energie verschlang. In gewisser Weise hatte sie uns einen Gefallen getan. Indem sie mich von Anfang an in ihr Lügen hineinzog, mußte ich nicht warten, bis es sich zwischen uns entfaltete. Es war da und konnte sofort angesprochen werden. Lügen in persönlichen Beziehungen sind unerfreulich. Wir entschuldigen vielleicht eine Notlüge, weil sie das Gesicht wahrt, aber den meisten Menschen ist angesichts eines Gewohnheits- oder Dauerlügners unwohl, denn Lügen sind eine Beleidigung. Sie packen uns ein Ei ins Nest, das wir nicht selbst gelegt haben. Lügen in einer Freundschaft oder in der Familie werden besonders abgelehnt, die Beleidigung wird beiseite geschoben, als sollte der Empfänger nicht auch befleckt werden. Im Geschäftsleben dagegen akzeptieren die beteiligten Parteien Verheimlichung, Betrug und Täuschung, sie gehören ganz selbstverständlich dazu.

Psychotherapie bewegt sich geschickt zwischen diesen Reaktionen. Die Therapeutin muß die Lüge als Teil des Rüstzeugs wahrnehmen, mit dem die Patientin umgeht, und darf nicht beleidigt sein, wie es in der Freundschaft vielleicht der Fall wäre. Gleichzeitig muß die Therapeutin das Lügen als Ausdruck von Engagement und Disengagement betrachten, auf den die Therapie präzise reagieren muß. Die Therapeutin fragt: Warum hat dieses Individuum es nötig zu lügen? Welche Tröstung und Erlösung findet sie in ihren Erfindungen?

Ich hatte gar nicht die Wahl, Therapie anzubieten oder nicht. Ich mußte auf die Lüge antworten, die ich miterlebt hatte. Ich empfand bereits Bewunderung für Belle, für ihre Erfindungsgabe und geistige Beweglichkeit, mit der sie ihren Vorteil in Situationen fand, die die meisten lieber vermieden hätten. Natürlich fanden wir bald heraus, daß seit vielen Jahren die direkte Lösung eines Problems für sie keine Option war. Sie konnte nicht die Schlüssel verlieren und den Schlosser rufen. Das bot keine Aussicht auf Abenteuer, keine Möglichkeit der Selbstdarstellung, mit der sie sich ihrer Begabungen und ihres Charmes vergewisserte, die sie nur so annehmen konnte. Die Lüge anzusprechen, war überaus wichtig, denn Therapie will dem Individuum helfen, seine inneren Begabungen und Reize zu entfalten.

Ich beschloß, damit sofort anzufangen.

„Wir könnten vielleicht mit der Lüge über den Raubüberfall und die gestohlene Tasche beginnen, Belle. Diese Ihre kreative Fiktion, so scheint mir, läßt Sie in die nächste Krise schlittern und verschafft Ihnen so etwas wie Daseinsberechtigung. Wenn wir herausfinden könnten, warum Sie diese Krisen zu brauchen scheinen, wäre das bestimmt hilfreich für Sie."

Belle schien etwas sagen zu wollen, schloß aber gleich wieder den Mund. Ihr Gesichtsausdruck wechselte von Selbstgerechtigkeit zu Schüchternheit. Ich glaubte sogar einen Anflug von Erleichterung in ihren Augen zu entdecken. Ich fragte mich, ob sie wiederkommen würde.

Am Dienstag kam sie und sah völlig anders aus. Elegant aufgemacht, das dunkle Haar hochgesteckt − vor mir stand keine fragile Streunerin, sondern eine Businessfrau. Sie kam gleich zur Sache.

„Am Freitag haben Sie mich nicht akzeptiert. Und ich werde mich nicht rechtfertigen. Ich glaube nicht, daß es falsch ist, den besten Ausweg aus einer Situation zu finden."

Sie sah nicht nur anders aus, sie verhielt sich auch anders. Ich war mir nicht sicher, ob ihre Bemerkungen Vorspiel oder Schlußfolgerung waren. Es schien, als rechnete sie mit einem Disput mit mir, mit einer Mini-Krise. Mein Schweigen ließ ihre Worte im Raum nachschwingen.

Sie schwieg ebenfalls, nicht aus Angst, sondern aus Interesse an dem, was sie gesagt hatte. Dann wechselte sie von der Selbstverteidigung zum Nachdenken über das Gesagte.

„Wissen Sie, Susie, ich bin mir nicht sicher, was ich denke." Ein leichtes Heben der Stimme am Satzende unterstrich die Selbstbefragung. „Merkwürdig", fuhr sie fort und schien selbst überrascht. „Ich habe sonst immer gewußt, was ich denke."

Im Raum knisterte es vor Lebendigkeit. Sie sah mich eine Weile an und kehrte dann zu ihren ersten drei Sätzen zurück.

Ich freute mich schrecklich für sie. Innezuhalten, um zu überlegen und nachzudenken, ist die Molekularaktivität, die psychische Veränderung begleitet. Sich selbst zu hören, ist eine neue

Wissensform. Daß sie sich die Wahrnehmung gestattete, nicht zu wissen, was sie dachte, war ermutigend. In gewisser Weise war das der signifikante Augenblick in dieser Sitzung.[2] Die Direktheit, die ich bei ihr festgestellt hatte, hatte sich in interessierte Selbstbefragung verwandelt. Sie näherte sich dem, was vor uns lag, wie eine Philosophiestudentin, bahnte sich ihren Weg durch Argumente, die bewiesen, wie gut es sei zu lügen. An einem bestimmten Punkt fragte sie, was ich dächte, aber bevor ich antworten konnte, sagte sie eilig: „Ach ja, richtig. Sie werden es nicht sagen, oder?" Sie lächelte.

Ihr Kommentar schien nicht so sehr darauf aus zu sein, daß sie der Therapeutin gefallen und sich an die therapeutischen Regeln halten wollte, die ich ihr bis jetzt ja auch noch nicht genannt hatte; er zeigte, daß sie gerade etwas Interessantes und Grundlegendes herausfand. Sie merkte schnell, daß Beratung nicht das war, was sie wollte. Sie fing an, sich um etwas anderes zu bemühen – die Möglichkeit, sich für sich selbst zu öffnen, zu reflektieren, zu verstehen. Etwas rastete ein und eröffnete neue Aussichten. Es war ein großartiger Augenblick.

Die Natur der Veränderung in der Therapie ist nicht reduzierbar. Es ist sogar schwierig zu beschreiben, was den Wandel ausmacht. Ist er subjektiv? Ja. Geht es darum, sich seiner selbst als Subjekt bewußt zu werden? Ja, die Fähigkeit zu (periodisch auftretendem) Ich-Bewußtsein ist ganz wichtig. Wie weit geht es um Gefühle? Ein ganzes Stück. In Belles Fall schien das Getöse, das sie um sich her erzeugte und das das Gefühl verstärkte, sie müsse etwas tun, im therapeutischen Raum zeitweise beruhigt zu werden. Anstelle des inneren Tumults entdeckte sie etwas in sich, das offenbar anders empfand, was zur Folge hatte, daß sie auf einer anderen Grundlage denken konnte.

Belle überlegte, ob ich sie wirklich abgelehnt hatte. Dann stellte sie sich die mutigere Frage: Lehnte sie selbst sich ab? Sie zeigte Begabung für Therapie. Ihre Neugier auf sich war bezaubernd. Bisher hatte ich nicht viel tun müssen außer mich an ihr zu freuen.

Sie befragte ihre Einstellung zu Selbstrechtfertigung. Es war, als kenne ihr Mut keine Grenzen. Abstrakt über Philosophie zu reden, ist eines, der eigenen Betrügerei und der dazugehörigen Selbstrechtfertigung ins Gesicht zu sehen, ist etwas ganz anderes und war in Belles Fall beeindruckend.

Als die fünfzig Minuten sich ihrem Ende näherten, glaubte ich, einen mentalen Marathonlauf absolviert zu haben. Ich fragte mich, ob Belles Interesse an Gewissensprüfung eine freundlichere Version der Art war, wie sie sich selbst fertigmachte, indem sie ihre Notfälle erst schuf und dann löste. Sie könnte diese Energie in eine neue Beziehung zu sich selbst verwandeln.

Während ich meine Notizen vervollständigte, sprang mir der Unterschied zwischen dem Ende der ersten Beratung und dem Ende dieser Sitzung ins Auge. Am Freitag hatte ich eine Frau in einem Wirbel von Krisen und Lügen kennengelernt. Daß ich mich beschmutzt und gekränkt fühlte, weil sie mich in ihren Betrug hineingezogen hatte, hatte mir die Lust genommen. Jetzt war ich von Belle sehr angetan. Der Schwung der Veränderung, der dramatische Wandel in ihrem Verhalten gab mir Zeit. Es wirkte nicht unaufrichtig, aber außergewöhnlich.

Ich beobachtete nicht den „Flug in die Gesundheit", den viele Patientinnen im Frühstadium einer Therapie erfahren, wenn plötzlich eine Seite der Person ins Spiel kommt, die ihr vorführt, was möglich sein könnte, und sie vor der schmerzhaften therapeutischen Arbeit durch das Gefühl schützt, es brauche nichts weiter als ein mit Sympathie zuhörendes Ohr.

Dies war etwas anderes. Entweder nahm ich teil an der Entfaltung einer Intelligenz, die in Belle lange Zeit blockiert gewesen war, oder ich war Opfer eines Betrugs. Vielleicht war es auch von beidem etwas.

Ich überdachte, was sie mir von ihrer Familie erzählt hatte, vielleicht enthielt das ja irgendeinen Hinweis. Sie hatte ziemlich vernichtend über ihren Vater gesprochen, einen mürrischen und distanzierten Mann, der die Familie zwar ernährte, aber sich nicht weiter auf sie einließ. Er hatte sich gern von seiner schottischen Familie verabschiedet, die er als halsstarrig beschrieb. Belle hatte über seine Ansicht gespottet, bis sie merkte, daß die Beschreibung auch auf ihn paßte. Sie verachtete sein graues Leben, das daraus bestand, zur Arbeit zu gehen, zum Abendessen nach Hause zu kommen, den Rasen zu mähen, fernzusehen, mit Mum Karten zu spielen, jeden Tag zu wissen, was er tun würde. Sein Traum war, sich auf die Nordinsel zurückzuziehen und Pferde zu züchten. Belle vermutete, daß er nicht genügend Elan dafür hatte. Ihre Mutter hatte sie als schwierig in Erinnerung: einen Tag liebevoll, den nächsten brutal streng. Die Mädchen wußten nie, womit sie zu rechnen hatten, und versuchten ihre Angst dadurch zu bezwingen, daß sie sie ignorierten. Das wiederum erboste ihre Mutter, die hinter ihnen herrannte und um Anerkennung und Vergebung bettelte. Wenn sie das nicht bekam, fing sie wieder an zu schreien. Was Belles Geschwister anging: Ihre ältere Schwester Jill arbeitete in London bei einer Bank. Sie war nicht verheiratet und hatte Unmengen Freunde und massenhaft Geld. Sie hatten kaum miteinander zu tun. Marie, die Jüngste, war nach Belles Worten das einzig „normale" Kind. Sie hatte einen Schafzüchter geheiratet und zwei Kinder mit ihm, und sie plante, ihren Beruf als Volksschullehrerin wieder aufzunehmen. Nichts von diesem Familienkram war wichtig, sagte Belle. Die Vergangenheit war vorbei. Zurückgelassen in Neuseeland, gottseidank.

Die nackten Fakten ihrer Erzählung gaben nicht viel her. Die Leblosigkeit, die sie in ihrer Familie empfand, und die fehlende Verläßlichkeit ihrer Mutter hatten vielleicht die Grundlage geschaffen, weshalb sie sich für sich nur ein Leben, das wesentlich ihre elgene Schopfung war (und nicht die einer liebevollen Familie), vorstellen konnte. Vielleicht hatte sie in der zweiten Sitzung ihre therapeutische Begabung nur demonstriert, um zu beteuern, daß sie ihre Wiederherstellung in der Therapie genauso schaffen würde, wie sie es geschafft hatte, aus eigener Kraft erwachsen zu werden. Ich würde darüber nachdenken müssen, was sich im Lauf der Zeit zwischen uns ereignete, und ob sie fähig war, mir zu erlauben, ihr bei ihrer Veränderung zu „helfen".

Seufzend überlegte ich, was ich von ihr halten würde, wenn ich sie außerhalb des Beratungszimmers kennengelernt hätte und meine Unruhe und darauf folgende Bewunderung nicht so gründlich hätte überdenken müssen. Ließ Belles Psychologie ihr gar nichts anderes übrig als Lügen und Betrügen? War Belles ganzes Leben ein Konstrukt? Ersetzten die Katastrophen und Betrügereien positivere Erfahrungen, die zuträglichere Eigenschaften in ihr hätten wachrufen können?

Ich hatte nicht das Gefühl, betrogen zu werden, und wenn, konnte ich nicht sehen, was außer dem Zwang, es zu tun, der Grund sein könnte. Die Sitzung hatte offen und aufregend gewirkt, ich würde die Fähigkeiten, die Belle uns präsentiert hatte, weiterhin aufmerksam beobachten. Es bestand die Gefahr, sie für bare Münze zu nehmen, es steckte aber mit Sicherheit mehr dahinter. Ich mußte sichergehen, daß ich nicht unfreiwillig Teil eines Tricks wurde, mit dem sie sich selbst vormachte, es sei alles ganz leicht, während ich doch eigentlich ihr helfen sollte, einen Weg in die vertrackten und chaotischen Einzelheiten zu finden, aus denen eine Therapie besteht.

Mehrere Sitzungen lang galoppierten Belles Einsichten über sich selbst dahin. Ich fing an, mich in einem guten Gefühl über sie und unsere gemeinsame Arbeit zu entspannen. Es war fast zu einfach. Ich mußte nur eine oder zwei Bemerkungen fallenlassen, und sie stieg darauf ein. Äußerlich betrachtet, schien ihr Leben mehr Gestalt anzunehmen. Sie hatte zeitweise in einer Bildagentur gearbeitet und überlegte nun, Fotoagentin zu werden. Sie dachte nicht daran, bei einer eingeführten Agentur in die Lehre zu gehen, aber sie knüpfte schon mal die Verbindungen, die nötig waren, wenn es ernst werden sollte.

Sie hatte viele Bekanntschaften, aber kaum intime Freunde. Ein gleichaltriger Mann war in sie verknallt, und sie war viel mit ihm zusammen, obwohl sie nicht aufhören konnte, ihn zu manipulieren. Ich hätte fast geglaubt, daß wir gute Fortschritte machten, wären da nicht ein paar Zweifel gewesen, die ich nicht einmal benennen konnte. Waren es ihr Eifer und ihr Geschick, sich zu verändern – ein Geschick, das ein zerbrechliches Kern-Selbst nahelegte? Konnte sie sich auf jede Herausforderung einlassen, weil es kein Selbst zu verteidigen gab? Erschien sie deshalb zu jeder Sitzung in anderer Verkleidung – als Model, als Geschäftsfrau, als Filmstar und so weiter? Ich empfand die physische Diskontinuität als höchst verwirrend. Es machte nicht den Eindruck, als handelte es sich wie bei anderen um die spielerische Inszenierung durchlässiger Gendergrenzen.[3] Dafür hatte es zuwenig Zusammenhang.

Ich hatte das Gefühl, daß Belle ablehnte, einen bestimmten Stil zu haben, als sei sie unsicher, wie sie sich planen oder kleiden sollte. Oft machte sie Anmerkungen zu meinen Schuhen, Jacken oder Pullovern, als wären die Kleidungsstücke einer fünfzehn Jahre älteren, ihrer Profession entsprechend angezogenen Frau für sie genau das Richtige. Ich merkte mir, was sie sagte, weil es so schien, als borgte sie sich physische Identitäten aus, als versuchte sie ihre innere Instabilität durch ihre physische Präsentation zu konkretisieren. Ihre Antennen waren ausgefahren, aber offensichtlich wußte sie nicht, was sie anziehen sollte, weil sie nicht wußte, wer sie war. Ein Cocktailkleid war so angemessen oder unangemessen wie ein Overall.

Ich mußte sehr vorsichtig sein, damit ich mich ihr nicht zu sehr aufdrängte, so daß sie in ihrem Versuch, sich zu verankern, mich imitierte, statt sich selbst zu entwickeln. Sie würde sich anstrengen müssen, die Instabilität, die ihr Körper ausdrückte, bewußt zu durchleben und wahrzunehmen.

Das labile Gefühl für ihr Äußeres deutete ich als Unsicherheit über ihren Körper. Was natürlich hieß, daß sie zu ihrem Körper eine ähnlich kritische Beziehung hatte wie zu ihrer Psyche. Ihr Körpergefühl ähnelte dem vieler Frauen, hinter deren Eßproblemen sich Körper versteckten, derer sie nie sicher sein konnten, um die sie sich aber ständig kümmern mußten, indem sie ihren Appetit durch Hungern, Diäten oder Abführmittel manipulierten.

Obwohl ein großer Teil unserer Arbeit darin besteht, die Integrität von Psyche und Körper zu sehen (Freuds früheste Arbeit mit Breuer, die Studien über Hysterie *von 1893, beschäftigte sich vor allem mit körperlichen Symptomen, für die es keine erkennbare organische Basis gab), ist die Deutung nicht-organischer und sogar organischer physischer Symptome als Symbole mentaler Not immer wichtiger geworden. Heute werden solche Symptome als Ersatz für das, wovon nicht gesprochen werden kann, oder als Ausdruck einer gestörten seelischen Entwicklung gesehen. Ich würde eher vorschlagen, sie als den physischen oder konkreten Ausdruck einer körperlichen Instabilität oder Unsicherheit zu verstehen, die aus den physischen Aspekten der Eltern-Kind-Beziehung stammt.*

Natürlich ist diese Einteilung partiell tautologisch. Wir sind ganz offensichtlich materielle und seelische Wesen, und der eine Aspekt kann nicht ohne den anderen gesehen werden. Aber ich habe der physischen Natur der therapeutischen Beziehung und den körperlichen Gefühlen, die in mir als Psychotherapeutin erregt werden, besondere Aufmerksamkeit gewidmet, um wieder ins Gleichgewicht zu bringen, was meiner Meinung nach zu oft von der Betrachtung ausgeschlossen wird. Solche Aufmerksamkeit kann wichtige Anhaltspunkte für die körperliche und emotionale Erfahrung und die Entwicklung des Individuums liefern [4] und uns Innovationen in der klinischen Praxis ermöglichen.

In Belles Fall hatte ich keine auffälligen physischen Reaktionen meines Körpers, so sehr ich auch über die Vielfalt ihrer äußeren Erscheinungen und die daraus entstehende Beunruhigung grübelte. Der Eindruck drängte sich mir auf, daß ihr Körper irgendwie nicht zu ihr gehörte. Emotional *und* körperlich unsicher, suchte sie nach einer Identität oder Identitäten, die dem Form geben konnten, was sie als sich selbst empfand. Die Lügen und die Eitelkeiten, die ihr Selbstgefühl strukturiert hatten, konnten als die Art und Weise verstanden werden, wie sie sich ein Leben zusammensetzte und eine Geschichte über sich erfand. Sie enthielten viel mehr, wie wir noch sehen werden, aber das Wesentliche war, daß es nicht einfach darum ging zu lügen, sondern Geschichten zu erfinden, durch die sie lebte. Ebenso gaben ihre Verkleidungen ihr das Gefühl, einen Körper und eine physische Personalität zu erfinden, durch die sie lebte. Kein Stil blieb hängen, denn da war wenig, woran er hängenbleiben konnte. Innerlich war sie weder Mädchen noch Karrierefrau, weder Künstlerin noch Sexsymbol. Alle Identitäten waren gleich nützlich oder nutzlos, denn keine bestätigte ein inneres Gefühl ihrer Körperlichkeit; sie waren nur Anhängsel eines unsicheren physischen und psychischen Selbst.

Dies konfrontierte mich mit einem der therapeutischen Ziele, die ich in unserer ersten Besprechung entwickelt hatte. Dem ersten hatte ich entsprochen: die Lüge über die verlorenen Schlüssel anzusprechen. Das zweite und dritte war zu versuchen, den Zweck ihrer Krisen zu verstehen. Meine Frage war, ob diese Krisen, die psychischen wie die körperlichen, von denen ich annahm, daß sie sie unbewußt anzettelte, um sie anschließend lösen zu können, das waren, was sie zusammenhielt. Diese Vermutung war natürlich befördert durch das, was bis jetzt in unseren Sitzungen sichtbar geworden war. Die immer wieder gespielte Grundmelodie war, einen Notfall zu erledigen, um ihn durch den nächsten zu ersetzen. Aber gleichzeitig wurde, sozusagen im Diskant, eine weitere Melodie hörbar: Belles intensiver und ernsthafter Versuch, sich mit sich selbst auseinanderzusetzen.

Der Kinderanalytiker Winnicott gibt uns ein paar Überlegungen an die Hand, wie die menschliche Entwicklung verläuft, wenn sie bekommt, was nötig ist, und wenn sie sich an weniger optimale Bedingungen anpassen muß. Aus seiner Untersuchung der Kindheit und der Mutter-Kind-Beziehung leitet er ab, daß Kinder, deren Angebote und Initiativen – er nennt es ihre Gesten – konstant von einem Elternteil nicht angenommen und geschätzt werden, einen anderen Weg wählen, Kontakt aufzunehmen, indem sie nämlich einen Aspekt von sich finden und ausbauen, den der Elternteil erkennt und achtet. Auf diese Weise, sagt Winnicott, entwickeln Kinder ein „falsches Selbst“, das die Entwicklung des eigentlichen und einzigartigen „wahren Selbst“[5] verhindern kann. Das „wahre Selbst“ bleibt nicht einfach unentwickelt. Es hüllt sich in Scham. Die Person empfindet, daß sie deshalb nicht wahrgenommen oder abgewiesen wird, weil etwas an ihr grundsätzlich falsch ist. Die multiplen „falschen Selbsts“, die dabei entstehen, sind niemals stabil, weil sie von der empfundenen Zurückweisung des „wahren Selbst“ getrennt oder abhängig sind. Obwohl sie ebenso wertvolle und authentische Aspekte der Persönlichkeit enthalten können, werden sie im schlimmsten Fall als gefährlich, im besten als unzuverlässig erfahren.

Das „falsche Selbst“ entsteht, weil die Mutter psychisch mit ihrem Kind nicht im Einklang war. Die Konsequenzen dieses psychischen Nicht-Zusammen-Passens, sagt Winnicott, sind vielfältig. Das Kind scheitert bei dem Versuch, sich in seiner Existenz sicher zu fühlen. Es empfindet zu leben, zu sein, als nicht garantiert. Statt dessen existiert es – wird es lebendig – auf der Basis von Reaktionen auf Störungen. Wenn es erheblich belästigt wird, was Winnicott „Übergriffe“ nennt, dann bringt es die psychische Energie auf, sich zu verteidigen. Winnicott geht davon aus, daß die Erholung von Übergriffen so überlebenswichtig werden kann, daß das Individuum Krisen herbeiführt, um ein Gefühl von Kontinuität zu haben.[6]

Belle war eine aufnahmefähige und aufgeschlossene Patientin. Sie tummelte sich in ihrer Therapie und in der Aufgabe der Selbstreflexion wie ein Fisch im Wasser. Sie war scharfsinnig in ihrer Selbsteinschätzung, produktiv in ihrem Verständnis, und was unsere Beziehung anging, gab sie mir ununterbrochen Hinweise, wie sehr sie unsere gemeinsame Zeit und Arbeit schätzte. Wenn unser Anfang anders gewesen wäre, wäre ich nichts als entzückt gewesen, wie die Therapie vorankam. Aber die Lüge der ersten Sitzung erinnerte mich beständig daran, daß es vermutlich Dinge gab, die verborgen blieben oder nicht besprochen werden konnten, oder daß in der einen oder anderen Weise mein Vergnügen an Belle und ihrem therapeutischen Fortschritt vielleicht eine Art geheimer Absprache verkörperte. Sie schien mir zu bereitwillig zu vertrauen, so daß ich das Gefühl hatte, ich müßte für die Vorstellung offen bleiben, daß wir nicht dahin kamen, wohin wir sollten. Daß ihr Bemühen, einen guten Eindruck auf mich zu machen, uns ermutigte, bestimmte Dinge zu übersehen.

Ich registrierte einen kaum hörbaren falschen Ton. Wenn andere Menschen Belle verließen, zum Beispiel indem sie heirateten oder wegzogen, schien das Ausmaß, in dem sie nachträglich ihre Bedeutung leugnete, eher merkwürdig. Im gleichen Maß zeigte sie Verständnis für meine Urlaubsabwesenheiten. Als könnte sie nicht ertragen, jemanden zu brauchen. Natürlich diskutierten wir über Abschied und Trennung. Aber während der Zeitraum zwischen einer Sitzung und der nächsten für sie manchmal quälend lang war, brachte das Reden über meine Urlaubsunterbrechungen keine Emotionen zutage. Belle interessierte, wohin ich fuhr und ob es mir dort gut ging. Anders als bei der Aussicht, drei Tage auf die nächste Sitzung mit mir warten zu müssen, gab es kein Gefühl von Verlassenheit oder Kummer über eine Trennung von vier oder sechs Wochen.

Die Abschiede ihrer Freunde waren ein wesentliches Thema für uns. Belle konnte die Person, die sie verlassen hatte, beweinen oder kritisieren, wenn ich nur überzeugende Verbindungen zwischen der Geschichte, die sie konstruierte, den Katastrophen, die sie erzeugte, und den Gefühlen, die sie über Verlassenwerden hatte, herstellte. Aber trotz des ganzen emotionalen Getues wurde niemandes Abreise oder Abschied wirklich empfunden. Auf eine fundamentale Weise konnte Belle sich nicht gestatten, sich mit anderen zu verbinden; sie ertrug es nicht, ihre Bedürfnisse und ihre Abhängigkeit von anderen zuzugeben; sie ertrug es nicht, daß jemand, auf den sie angewiesen war, für sie etwas bedeutete. Vielleicht konnte sie mir so bereitwillig „vertrauen", weil sie nirgendwo auf das Mißtrauen stieß, das eine Person doch verdiente, die andere leichthin belog und betrog.

Wie konnte ich das behaupten? Wie konnte ich die Qualität ihrer Trauer, ihre Fähigkeit zu vertrauen einschätzen und beurteilen, ob sie hinreichend fühlte, was sie fühlen sollte? Was gibt der Psychotherapeutin das Recht, Tiefe und Richtigkeit des emotionalen Lebens einer anderen zu bewerten? Welche Beweise haben wir? Welchen Maßstab legen wir an?

Diese in der Psychoanalyse umstrittene Frage wird selten befriedigend beantwortet, denn es gibt keine empirischen Daten, auf die wir zurückgreifen könnten. Wir müssen uns fortwährend auf unsere subjektive Erfahrung berufen. Solche Einschätzungen werden aus dem Fundus des individuellen Selbst der Therapeutin abgegeben. Sie können falsch sein, sie können aber genausogut nützlich sein, und in Belles Fall hatte ich keinen Grund, nicht zu beachten, was ich bemerkte. Belle tat als unwesentlich ab, was andere Menschen für sie taten. Sie hatte ein Talent, in anderen das Bedürfnis zu wecken, sie kennenzulernen, für sie zu sorgen, die Dinge für sie besser zu machen. Sie zog Menschen an – und die Menschen gaben viel von sich her. Aber trotz aller Beteuerungen, wie wunderbar sie wären, vermochte Belle ihren Wert und ihre Bedeutung nicht zu akzeptieren. Irgendwann würde sie sie betrügen oder sich von ihnen betrogen fühlen. Fast all ihre Beziehungen endeten katastrophal, also konnte sie sich auf sie nicht verlassen oder zu ihnen zurückkehren – und deshalb bedeuteten sie am Ende auch nichts.

Natürlich gab sie selbst auch und fühlte sich gut dabei. Immerzu entdeckte sie hier ein besonderes Geschenk, stellte da süße Überraschungen zusammen, zeigte Aufmerksamkeit und Fürsorge für ihre Freunde und Bekannten, so daß ihre Fähigkeit, Menschen, die sie berührten (und die sie berührte), fallenzulassen, mich beunruhigte. Vielleicht gab es einen frühen Verlust (Neuseeland, Eltern, Großeltern, eine spezielle Kindheitsfreundin?), der sie immer

wieder dazu brachte, Freunde fallenzulassen, um sich zu vergewissern, daß sie ohne sie auskam, mit dem Verlust fertigwurde. Es
war die Art, wie sie sie fallenließ, die mich irritierte. Es schien, als
kränkte es sie, wenn jemand ihr unter die Haut ging, wenn sie sich
wirklich und verzweifelt nach jemandem sehnte. Sie wollte sich
nicht als leer empfinden und abhängig davon, daß andere sie aus-
füllten oder sie sich an sie hängte. Es versetzte sie in Panik, und
es war ein Grund dafür, warum sie ständig in Bewegung war. Sie
brauchte das, damit sich nicht ein Loch auftat, mit dem sie nicht
umgehen konnte, das die schreckliche Leere in ihr offenbarte.
Wenn also jemand zu wichtig wurde, mußte sie sich zurückholen,
was sie in die Person investiert hatte, und sich damit beweisen,
daß sie sie nicht brauchte.

Ich kannte dieses Muster von anderen, mit denen ich gearbeitet hatte, aber bei Belle war es besonders ausgeprägt. Wenn sie
das Muster durchbrechen und erfahren könnte, was sie trieb, die
aufzugeben, die ihr zuviel bedeuteten, würde sie in der Lage sein,
das Gemeinsame an ihren Krisen und Katastrophen zu sehen und
ein Gefühl für Kontinuität für sich und in sich zu entwickeln. Es
ging um das Leben in der Gegenwart mit seiner ganzen Gewöhnlichkeit, seinen plattfüßigen Konflikten, seinen Aufs und Abs, das
sich ihr entzog, es war die Gewöhnlichkeit, mit der sie nicht fertigwurde. Aus diesem Grund arbeitete ich mit ihr daran, an zwei
Freunden festzuhalten: an dem Mann, der sich in sie verliebt hatte,
und einer Fotografin. Obwohl sie beide in ihrem Kopf viele Male
verstieß, wenn sie sie wieder mal enttäuscht hatten oder wenn sie
erschrak, wie sehr sie an ihnen hing, brachte sie es fertig, diese
Freundschaften am Leben zu halten.

Ihr Bedürfnis, immer wieder die über Bord zu werfen, an die
sie ihr Herz hängte, hätte mir klarmachen müssen, daß dieses Phänomen eines Tages auch mich einholen würde. Belle würde eines
Tages realisieren, daß ich ihr etwas bedeutete und sie mich deshalb ausrangieren müßte. Vielleicht war es wirklich zu optimistisch
anzunehmen, die Therapie könnte der Ort sein, an dem sich das
Muster umkehrte.

Nach einer gewissen Zeit konnte Belle aufhören, alles allein
machen zu wollen, und nahm zur Kenntnis, daß sie mich brauchte, nicht als verläßliche Technikerin, sondern als eine, bei der sie

sich darauf verließ, daß sie ihr in ihren Gefühlen und Kämpfen wirklich beistand.

Sie betrachtete mich intensiv, sog meine Gegenwart in sich ein, als spürte sie zum erstenmal, daß jemand sie achtete. Es verblüffte sie, daß jemand – ich – sich aufrichtig für sie interessierte. Daran war sie nicht gewöhnt. Irgendwie hatte sie die Aufmerksamkeit, die andere ihr erwiesen, für nichtig erklärt, sie zählte gewissermaßen nicht, es sei denn, sie zählte zuviel, und Belle mußte die Freundschaft aufgeben. Zögernd gestattete sie sich das Gefühl, interessant und wertvoll zu sein, einfach weil sie sie war. Natürlich ging das nicht ohne Widerstand, ohne zu wettern, das täte ich für jede Person „auf dieser Couch", oder ich täte es nur, weil ich dafür bezahlt würde. Aber selbst sie fand ihre Argumente albern; sie spürte mein Interesse, mein Vergnügen an ihr, meine Sorge um sie. Ich wagte zu hoffen, daß sie auf dem Weg war, eine eigenständige Person zu werden.

Die Notfälle wurden weniger, Belle kam nicht mehr mit einem ganzen Sack voller Katastrophen in die Sitzung. Sie konnte sogar die Sitzung sich einfach entfalten lassen und zugeben, daß sie unsicher war und nicht wußte, was sie im Kopf oder im Herzen hatte. Ich hatte zwar ihr Talent zu Lug und Trug im Kopf, aber das stand nicht mehr im Mittelpunkt.

Die beiden freundschaftlichen Beziehungen schienen gut zu laufen. Belle hatte bei beiden nicht das Bedürfnis, gerettet werden zu müssen, sie war zu direkten Gefühlen fähig und äußerte im Sprechzimmer ihre Wut, wenn sie sie in irgendeiner Weise enttäuschten.

Dann zog Belle über sie her und spuckte Gift und Galle. Obwohl ihre Verdächtigungen und Ablehnung häßlich waren, konnten wir solche Ausbrüche als notwendige, sogar als positive Schritte sehen. Etwas so brutal und so energisch abtun zu müssen, war ein Signal, das wir nutzen konnten, um zu verstehen, welche Anstrengung es sie kostete, ihr Bedürfnis nach anderen, nach Vertrauen in andere zu akzeptieren. Es war ein Akt der Menschwerdung, Anteil zu haben am Geben und Nehmen in Abhängigkeit zu anderen, die im Gegenzug abhängig sind von dir, und durch diese gegenseitige Abhängigkeit zu erfahren, wie ein autonomes Selbstgefühl sich entwickelt.

Ihre Freundin und ihren Freund ließ sie nicht fallen. Sie experimentierte mit dem Wagnis, daß andere ihr tatsächlich etwas bedeuteten. Deshalb überraschte es mich, daß ein unerwarteter Todesfall in meiner Familie unsere Therapiearbeit auf einen Kollisionskurs brachte, von dem wir uns nicht wieder erholten. An einem Dienstag, nach rund zwanzig Monaten Therapie, sagte ich Belle, daß ich für zehn Tage verreisen müßte und zwei, vielleicht auch drei Sitzungen ausfallen würden. Sie nahm die Nachricht gelassen, ganz ohne Verletzung, Enttäuschung, Furcht, Wut oder Erleichterung – lauter mögliche Reaktionen auf eine unerwartete Unterbrechung. Ganz locker – und das hätte mich aufhorchen lassen müssen – fragte sie, warum und wann, und als ich es ihr sagte, erklärte sie, das passe gut, denn sie hätte in der kommenden Woche viel zu tun.

Unterbrechungen hatten wir zuvor mittels ihres Interesses bewältigt, wohin und zu wem ich fuhr. Im ersten Jahr der Therapie gab es Zeiten, in denen sie es nicht ertragen konnte, ohne Verbindung zu mir zu sein, wir hatten telefonische Kontaktmöglichkeiten verabredet. Zu anderen Zeiten wieder hatte es ihr nichts ausgemacht. Ich konnte die Anrufe und das Eindringen in meine Privatsphäre deshalb akzeptieren, weil Belle psychisch heimatlos war. Indem ich sie als Klientin angenommen hatte, hatte ich auch zugestimmt, daß sie quasi in mich hineinkroch. In den ersten Monaten der Therapie hatte sie mich mit Beschlag belegt, auch wenn wir nicht zusammen waren, und ich hatte dies so interpretiert, daß ich dadurch ihr Verlangen nach einem Zuhause, einer Beziehung und Verbindung mitbekam, ihren Wunsch, umsorgt zu werden, in Körper und Geist einer größeren Person aufzugehen, vergleichbar der Mutter, die sich ihres Kindes auch in der Trennung körperlich und emotional bewußt ist.

Ich fuhr ab, um an der Beerdigung und den anderen Dingen, die mit dem Sterbefall zusammenhingen, teilzunehmen. Ganz in meinen Kummer und die Sorge um meine Mittrauernden vertieft, dachte ich nicht viel an Belle oder meine anderen Patientinnen. Als ich anrief, um meine Rückkehr und die Wiederaufnahme der Sitzungen zu bestätigen, erreichte ich ihren Anrufbeantworter und hinterließ, daß ich sie am kommenden Dienstag in meiner Praxis zu sehen hoffte. Zwei Wochen waren vergangen.

Als sie nicht erschien, dachte ich zuerst, meine Nachricht hätte sie nicht erreicht. Es paßte nicht zu ihr, eine Sitzung zu versäumen; ich konnte mich nicht erinnern, daß das jemals der Fall gewesen war. Abwechselnd beschimpfte ich mich, nicht persönlich mit ihr gesprochen zu haben, und grübelte, was vorgefallen sein mochte. Meine erste Sorge war, ob sie krank war. Ich rief wieder an, um danach zu fragen und sie zu erinnern, daß ich zurück sei.[7] Sie war am Telefon, reagierte zunächst warm und sagte dann ziemlich nonchalant, sie hätte meine Nachricht erhalten, es aber leider vergessen. Jetzt schaffte sie es nicht mehr, deshalb verabredeten wir uns für den nächsten Tag.

Am Mittwoch kam sie auch nicht. Ich war enttäuscht und traurig und ein bißchen verärgert, denn die Verlegung des Termins hatte Verschiebungen in meinem Terminkalender nötig gemacht, die ich nicht besonders schätzte. Aber sei's drum. Es war Monatsende, ich verschickte meine Rechnungen und wartete auf Freitag.

Der Freitag kam. Inzwischen hatte ich Belle zweieinhalb Wochen nicht gesehen. Das ist in einer intensiven therapeutischen Beziehung eine lange Zeit. Die Nonchalance des Gesprächs am Dienstag hatte eine gewisse Unbehaglichkeit hinterlassen. Als sie um elf nicht erschien, war ich überrascht, mehr noch: enttäuscht. Ich überlegte nicht, ob ihr etwas zugestoßen sein könnte, sondern was zwischen uns geschehen war.

Seltsamerweise hatte ich trotz meiner Verstörung auch das Gefühl, damit gerechnet zu haben. Ich hatte eine gespaltene Erfahrung von Belle: auf der einen Seite Bewunderung und Respekt, wie sie sich auf ihre Kämpfe einließ, auf der anderen Zurückhaltung und Fragen, nicht distanziert abseitsstehend, eher abwartend, ob unser Tun echt war oder simuliert. Es war ein eigenartiges Gefühl, aber ich kannte es und nahm an, daß es etwas mit Belles eigener Erfahrung zu tun hatte – einerseits dem Wunsch nach einem neuen Selbstgefühl und andererseits Unschlüssigkeit und Unglaube, als sei die Verwandlung denn doch zuviel verlangt.

Um Viertel nach elf klingelte das Telefon. Ich fuhr aus meinen Gedanken auf. Es war Belle. Sie sagte, sie hätte wegen eines Jobs London verlassen müssen. Sie sei in Berlin. Es täte ihr leid, daß sie es mich nicht rechtzeitig hätte wissen lassen. Sie käme am Dienstag.

Als ich auflegte, klangen ihre Worte in mir nach. Als ich sie verarbeiten wollte, war es, als hätte ich keine Rezeptoren dafür. Sie hingen zwischen mir und ihr, wie verwaist. „Ich bin in Berlin." Wie hypnotisiert und bevor mir überhaupt klar wurde, was ich tat, rief ich die automatische Auskunft an. Der letzte Anruf auf meinem Apparat war von Belles Privatanschluß gekommen. Ich schluckte und versuchte mich auf das, was ich gerade gehört hatte, zu konzentrieren und darauf, was mich überhaupt hatte Verdacht schöpfen lassen.

Ich gefiel mir gar nicht als Spionin, als Zweifelnde, als Schnüfflerin. Während ich das dachte, fragte ich mich auch, was Belle wohl gerade durchmachte, daß sie sich auf diese Weise aus unserer Verabredung stehlen mußte. Warum konnte sie nicht einfach sagen: „Ich kann nicht kommen." Was war in diesen zwei Wochen geschehen, das unserer Beziehung den Charakter von Betrug gegeben hatte?

Aber während ein Teil von mir an den Antworten auf diese Fragen interessiert war, zeigte der Teil, der immer mit Widrigem gerechnet hatte, eine gewisse Erleichterung. Ein Aspekt meiner emotionalen Erfahrung von Belle war bestätigt worden. Etwas war für sie und zwischen uns nicht in Ordnung. Wir waren uns so nahe gekommen, wie sie es überhaupt hatte zulassen können, und doch hatte ihr Vertrauen einen Riß bekommen, und womit wir jetzt dastanden, war, daß das neu Gewachsene, die oberste Schicht des Reflektierens und Nachdenkens, sich auflöste, bevor es sich in etwas Substantielles hätte verwandeln können und bevor es die Schichten der Manipulation, der List und Verschlagenheit durchdringen konnte, die fast ihr ganzes Leben ihr Überlebensmechanismus gewesen waren.

Ich empfand wie in unserer ersten Sitzung – fühlte mich abgestoßen und angezogen zugleich. Daß die Lüge zwischen uns aufgekommen war, hieß, daß sie in der Therapie reagierte wie überall und daß wie bei der ersten Lüge, die ich mitbekommen hatte, da etwas Wichtiges bearbeitet werden wollte. Wenn sie nur in die Sitzung käme, könnten wir herausfinden, warum und ob, wie ich befürchtete, immer Lügen zwischen uns gestanden hatten, die ich nicht gesehen und aufgegriffen, sondern heimlich bestätigt hatte. Ich fühlte mich belebt. Die Therapie zwang mich, einen dieser Sprünge zu machen, vor denen es einen immer so graust und die doch der Beziehung etwas Neues geben können.

Aber ich war nicht nur erregt. Ich fühlte mich auch wütend und lächerlich gemacht, als wäre ich abgewiesen worden. Unsere Beziehung und unser gemeinsames Tun schienen gefühllos weggeworfen zu sein. Belle blieb bei den therapeutischen Mustern, indem sie anrief, aber ihre Lüge sagte mir etwas anderes. Diese doppelte Erfahrung war unangenehm. Mir gefiel nicht, wie ich bei Belle immer auf zwei Gleisen gleichzeitig fuhr – vertrauend und mißtrauend.

Ich wußte, ihr nachzuspüren sagte etwas darüber, wie ich den Betrug zwischen uns weiter hinnahm, sonst hätte ich ja nicht die Auskunft angerufen. Das hatte ich nie zuvor getan. (Aber in diesem Fall hatte ich mich wie in Trance dazu gedrängt gefühlt.) Ich fühlte mich beschmutzt und wütend und besorgt. Und im Augenblick konnte ich nichts tun außer meine Gefühle zu reflektieren. Was war mir entgangen? Wann war ich mit ihr zusammengestoßen? Was hatte ich durchgehen lassen? Was hatte ich nicht ansprechen wollen?

Das dominante Gefühl war Verletzung, dicht gefolgt von Demütigung. Ich hatte mich an eine Ersatzbeziehung gehalten. Mich fröstelte, nicht nur wegen der Verletzung, sondern wegen des Horrors, wie leicht Belle eine Beziehung entwerten konnte – dem Zwang, eine Beziehung wegzuwerfen, wenn etwas darin für sie falsch lief.

Ich hatte gesehen, wie sie andere Menschen weggeworfen hatte, und immer gewußt, daß das auch zwischen uns möglich sein konnte, aber ich hatte gehofft, daß unsere gemeinsame Fähigkeit, ihre Angst vor Abhängigkeit zu verstehen, und ihre Fähigkeit, Enttäuschungen bei ihren Freunden auszuhalten, es unwahrscheinlicher machten. Zumindest hatte ich angenommen, daß wir darüber reden würden.

Das Wochenende überlegte ich, was ich sagen würde, wenn wir uns das nächste Mal träfen. Alles, was ich für mich formulierte, hatte die Intention, sie über den Betrug reden zu lassen und uns gemeinsam zu erlauben, anzuerkennen, daß sie einen Konflikt hatte – was immer das sein mochte –, den wir akzeptieren mußten. Aber genau das konnte sie nicht, das war ja das Problem. Die

Lüge war nicht so sehr beabsichtigt als einfach praktisch, ein Rückfall in eine vertraute Verhaltensweise. Ich vermutete, daß sie sich in einer peinlichen Klemme befunden hatte, weil sie sich nicht vorstellen konnte, darüber mit mir zu sprechen. Vor allem wünschte ich ihr, daß sie in der Lage wäre, diese Gefühle zu haben und darüber zu reden, ohne sie sofort auflösen zu müssen. Ich hoffte, Belle könnte über ihre Lüge sprechen, denn ich wußte, wie wichtig das zwischen uns war. Die Lügen, mit denen sie Menschen an sich fesseln wollte, machten die gleichen Menschen, wenn sie ihre Erfindungen glaubten, weniger wertvoll für sie. Daß sie ihre Geschichten glaubten, verwandelte sie in Tölpel, über die sie sich heimlich, eher unbewußt, lustig machte.

Lange hatte ich gedacht, der Grund, warum unsere Therapie so gut gelaufen war, läge darin, daß wir tatsächlich die erste Lüge hatten ansprechen können. Wir hatten sie nicht übergehen oder leugnen oder ignorieren müssen. Ich hatte gesehen, wie Belle log, und hatte diese Seite an ihr akzeptiert, ohne daraus abzuleiten, daß Lügen ihre einzige Möglichkeit war. Auf dieser Ebene angesprochen zu werden, hatte sie neugierig gemacht, und deshalb hatten wir den kreativen Gebrauch ihrer Lüge begreifen können, die Art und Weise, wie sie Lügen einsetzte, um mit den Gefühlen der Leere, des Nichtwissens und vor sich selbst Fliehens umzugehen. Meine Sicht ihrer Lüge hatte sie erleichtert, ihr das Gefühl gegeben, daß das Lügen einen Grund hatte und bis zu einem gewissen Punkt funktional war, aber daß dieser Punkt immer weniger wichtig wurde.

Nun schien es, als deckte eine Lüge etwas zwischen uns zu, das zu Belles Verschwinden geführt hatte. Ich sagte bereits, daß ich gesehen hatte, wie sie Beziehungen in ziemlich destruktiver Weise verließ, und ich wollte nicht, daß sie auf die Idee kam, Lügen wäre nützlich, in unsere Beziehung hinein- oder aus ihr herauszukommen. Sie sollte die Erfahrung machen, anzuerkennen, daß sie einen Konflikt hatte, und dann wählen zu können, ob sie ihn verstehen wollte oder nicht.

In meine Verletzung und Demütigung mischte sich Sorge um Belle. Wieviel von dem, was ich durchmachte, war eine Umschreibung ihres emotionalen Zustands? Ich konnte nur spekulieren und Bilder in die Luft malen, denn bevor ich nicht mit ihr gesprochen hatte, wußte ich nicht, was ihr Herz oder ihre Haltung gegenüber unserer Beziehung verändert hatte. Aber ich mußte beginnen mit dem, was ich hatte: meinen Gefühlen und meinen Handlungen. Daß ich weggefahren war, mußte sie wie eine Ohrfeige empfunden haben. Es hatte ihr vielleicht klargemacht, daß ihr Vertrauen in unsere Beziehung sie weit mehr berührte, als sie wollte, und daß es sie demütigte, wieviel diese Beziehung ihr bedeutete. Daß sie mich brauchte, vermutete ich, machte sie wütend. Um sich zu besänftigen, erklärte sie meine Sorge um sie zu Lug und Trug. Ich war diejenige, die ihr eingeredet hatte, sie könnte um ihrer selbst willen geschätzt und schätzenswert sein. Ein klarer Fall von emotionalem Schwindel!

Als ich diesen Absatz formulierte, der mit meinen Gefühlen so genau übereinzustimmen schien, erinnerte ich mich, daß Belle mir erzählt hatte, es sei noch gar nicht so lange her, daß sie mit Männern für Geld geschlafen hatte. Es war kein direkter Tausch und fand nur gelegentlich statt, weshalb sie sich etwas vormachen konnte. Aber weder sie noch ich hatten irgendeinen Zweifel an der Bedeutung der Geldgeschenke.

Wenn ich recht hatte und die Ereignisse sich so abgespielt hatten, wie ich annahm, dann hatte das unangenehme Gefühl, ausgenommen und herabgewürdigt zu sein, ein Äquivalent in Belles Prostitution. Mein professionelles Interesse und meine Sorge, in denen sich tiefe Wärme und Anteilnahme für Belle spiegelten, hatten in ihrer emotionalen Landschaft eine Entsprechung.

Wir hatten viel Zeit damit verbracht zu besprechen, wie besonders ihre Mutter sie enttäuscht, ihre Liebe nicht zugelassen hatte und wie verzweifelt Belle versucht hatte, das Interesse ihrer Mutter zu wecken und wachzuhalten. Ihr Zynismus und ihre Abneigung gegen ihre Mutter waren einerseits ein Schild, den sie vor ihr Wissen um ihre Liebe zu ihrer Mutter hielt, und andererseits Waffen gegen ihre Mutter. Sie hatte ihre Mutter und ihre Bemühungen verhöhnt, sie als hysterisch und nutzlos beschimpft, eine Person, die nicht arbeiten und nicht für sich einstehen konnte.

Im Lauf der Monate waren wir darauf gestoßen, daß ihre Mutter, als Belle sechs war, nach London gefahren war, weil sie die Trostlosigkeit Neuseelands nicht mehr ertrug. Sie wohnte für zwei Wochen bei einer Freundin und ließ ihre Töchter in der Obhut des

Vaters zurück, was in Wirklichkeit bedeutete, daß sie für sich selbst sorgen mußten. Aber sie waren zu klein gewesen, als daß sie ohne Erklärung verlassen werden konnten. Mit nichts als dem ängstlichen Vater als Rückhalt, hatte Belle schreckliche Angst gehabt. Unfähig zur Schule zu gehen, auch nur das Haus zu verlassen, schlief sie fast die ganze Zeit, in der ihre Mutter abwesend war. Als sie zurückkehrte, fand Belle scheinbar ihre Lebensfreude wieder. Alles war wieder an seinem Platz, aber etwas war zerbrochen, und Belle fand keinen Weg, es wieder zusammenzusetzen.

Als wir darüber sprachen, symbolisierte der Bruch die Unmöglichkeit von Vertrauen und Sicherheit. Paradoxerweise waren die so wichtig geworden, weil Belle in der Beziehung zu ihrer Mutter weder das eine noch das andere erfahren hatte. Das Fehlen eines verläßlichen guten Kontakts *vor* ihrem Verschwinden machte die kurze Abwesenheit der Mutter so unerträglich. Es unterstrich ihre Mängel und unterminierte, worauf Belle sich verlassen hatte. „Wenn wir ihr wirklich soviel bedeuteten und sie nur unseretwegen noch mit Dad in Neuseeland war, wie konnte sie gehen?" hatte Belle geklagt.

Es war nicht zu erwarten gewesen, daß Belle die Komplexität der Bedürfnisse und Konflikte Erwachsener wirklich verstand, vor allem weil sie so eng verknüpft waren mit der Liebe und Zuneigung, die sie von ihrer Mutter erwartete. Die Abwesenheit ihrer Mutter war die Wasserscheide gewesen zwischen der Zeit, in der die Dinge gerade noch zu regeln waren, und der, in der sie für Belle unerträglich wurden.

Ich hatte mit Belle über den Schutzmantel gesprochen, den sie um sich geschlungen hatte, um dem Bedürfnis nach ihrer Mutter zu widerstehen, und darüber, wie die Abwesenheit der Mutter schließlich für alles stand, was falsch war. Ich hatte ihr Festhalten an dieser Geschichte und ihren möglichen Folgen attackiert. „Abwesenheit bedeutet nicht notwendigerweise Im-Stich-Lassen, Belle", hatte ich erklärt. „Abwesenheit mag schmerzlich sein, aber die ersehnte Person zu hassen oder auszuschließen, ist auch keine Lösung."

Jetzt hallten meine Worte in meinen Ohren wider. Die Symmetrie war nicht zu übersehen: das Verschwinden ihrer Mutter für zwei Wochen, meine unvorhergesehene Zwei-Wochen-Pause. Ich hatte es nicht ernst genug genommen. Fast noch schlagender war das Bedürfnis ihrer Mutter, der Ödnis Neuseelands zu entkommen, und der Tod einer wichtigen Person, der Belle aus meinem Bewußtsein ausgeschlossen hatte. Ich hatte sie nicht mitgenommen. Sie war nicht mehr so verwaist, daß sie mich seelisch überallhin begleitete. Ich hatte sie „gehen lassen" und erwartet, daß es ihr gut ging. Vielleicht war das auch bei Belles Mutter so gewesen. Vielleicht hatte Belle sich von uns beiden allein gelassen gefühlt. Und noch eine Symmetrie kam mir in den Sinn. Ich war nach zwanzig Monaten Therapie weggefahren, zwischen Belle und ihrer jüngeren Schwester lagen ebenfalls zwanzig Monate. Auch das mußte eine Art Verschwinden gewesen sein. Bei Maries Geburt richtete sich wahrscheinlich auch noch das bißchen Aufmerksamkeit, das Belle von ihrer Mutter erfahren hatte, auf das Baby.

Die Fähigkeit einer Mutter, den Gefühlszustand ihres Kindes zu spüren und zu akzeptieren, was immer da ist, ist das Mittel, mit dem das Kind Erfahrungen ordnet und sich sicher fühlt. Obwohl es unmöglich ist, mit einiger Gewißheit den Prozeß zu beschreiben, mit dem die Mutter (oder andere fürsorgende Erwachsene) hilft, die oft chaotischen und angsterregenden Gefühlszustände des Kindes zu transformieren und sich von beunruhigenden Dingen zu befreien, sind die meisten psychoanalytischen Theoretiker der Meinung, daß das Kind der Mutter eine Version ihrer Bestürzung (und ihrer Freude) vermittelt, so daß sie sie empfindet, als wäre sie ihre. Weil das Gefühl aber nicht ihres ist, sondern nur zeitweise in ihr wachgerufen wird, ist sie fähig, auch mit Gefühlen umzugehen, die für das Kind schwierig sind, und sie dem Kind in einer beruhigenden Weise zurückzugeben.

Durch diesen Prozeß entsteht zwischen Mutter und Kind ein enger Kontakt und das Vorbild für intimes Verständnis zwischen Erwachsenen. Und genau dieser Prozeß läuft auch in der Therapie ab. Die Therapeutin stellt sich für das projizierte Gefühl zur Verfügung, und indem sie mit einer Variante davon lebt, indem sie so nahe wie möglich dem Leben in der Haut einer anderen ist, wertet sie auf, was für die Patientin so problematisch ist. Wenn das Baby, das Kind, die verletzbare Erwachsene nicht in dieser Weise gehalten wird, erlebt sie möglicherweise Chaos, Leere, Auflösung. In der

Therapie findet die Therapeutin, durch solche Gemütszustände weniger beeinflußt als die Patientin, einen Weg, der Patientin beim Wiederaufbereiten und Anpassen der bestürzenden Gefühle, die sie eigentlich loswerden wollte, zu helfen. Während diese Prozesse – die viel mehr sind als Empathie – beobachtet und erfahren werden können, ist es unmöglich zu erklären, wie Gedanken und Gefühle von einer Person auf eine andere übergehen. AnalytikerInnen und PsychotherapeutInnen reden, als gäbe es tatsächlich ein Feld zwischen zwei Personen, eine Art physischen Austauschs, in dem Gefühle geweckt, übertragen oder in der anderen Person aufgenommen werden. Tatsache aber ist, daß wir nicht erklären können, was dabei abläuft. „Projektive Identifikation" (so Thomas Ogden in seinem gleichnamigen Buch von 1982 [8]) ist der psychoanalytische Terminus für die multiplen Prozesse, die sich bei der Entstehung und Übertragung von Gefühlszuständen von einer Person zur anderen abspielen. Trotz dieses Unvermögens haben PsychologInnen und Psychoanalytiker-Innen verstanden, so wie es auch Eltern wissen, wie wichtig es ist, daß die Mutter die Bedürfnisse ihres Kindes mitempfindet. Winnicott spricht von primärer mütterlicher Präokkupation, Bion von Träumerei, Daniel Stern von Einstimmung. Lauter Versuche, den einzigartigen Vorgang in Worte zu fassen, durch den ein Individuum (in der Regel die Mutter) in Herz und Verstand die Gefühle eines anderen (des Babys) trägt und das Baby sich wahrgenommen und real fühlt.

Wenn Belle sich durch die Abreise ihrer Mutter im Stich gelassen fühlte, weil die Depression ihrer Mutter vor allem hieß, daß Belle ihre Beziehung als unsicher empfand, dann fragte ich mich, ob meine Abreise für sie bedeutet hatte, daß ich mich von ihr abgewendet und – anders als bei früheren Abwesenheiten, bei denen ich dafür gesorgt hatte, daß sie mit mir in Kontakt treten konnte, wenn es erforderlich wäre – unbewußt einen Mangel an Rücksicht und Anteilnahme vermittelt hatte, was dem Verlassen gleichkam.

Und wenn ich mir der Symmetrie der Zwei-Wochen-Unterbrechung und der zwanzig Monate bewußt gewesen wäre, was hätte ich anders gemacht? Was hätte ich anders gesagt? Was hätte ich Belle anbieten können, das es ihr ermöglicht hätte, damit zu leben, daß sie mich vermißte, statt in Indifferenz und Betrug abzugleiten?

Belle kam auch nicht am Dienstag. Diesmal erreichte mich direkt vor unserem Treffen die atemlose Botschaft einer Freundin, Belle könne nicht kommen. Ich fragte mich, was es sie gekostet hatte, ihre Freundin zu diesem Anruf zu bewegen. Während meine Irritation immer größer wurde, fiel mir wieder auf, wie sehr ich so etwas erwartet hatte. Belles Talent für die Therapie hatte mich überrascht, ihre jetzige Verspottung und Geringschätzung der Therapie und unserer Beziehung schmerzten. Andererseits bestätigten sie, daß da immer auch etwas anderes gewesen war.

Wieso hatte ich gehofft, ich könnte sie erreichen? Wie hatte ich mir einreden können, daß sie tatsächlich tat, was sie in der Therapie zu tun schien? Welche Arroganz hatte mich glauben lassen, ich hätte sie so angerührt, daß sie ihren *modus operandi* über Bord warf?

Ihre Abwesenheit weckte in mir den Wunsch, sie wiederzusehen. Ihre Zurückweisung war ein brutaler Schnitt und machte mich traurig: traurig über ihren Rückfall in alte Gewohnheiten und traurig über mein Unvermögen zu tun, wovon ich nun wußte, wie wichtig es gewesen wäre – ihre Probleme mit Abhängigkeit und Bedürfnis anzusprechen.

Therapeutische Versäumnisse sind verheerend. Freud hielt sie für wertvolle Erfahrungen für die Analytikerin, ich war nicht so zuversichtlich. Ich erlebte Schmerz, Zorn, Bedauern und Demütigung. Ich konnte dieses therapeutische Scheitern einigermaßen plausibel erklären, aber die Gefühle dabei waren nicht so einfach einzuordnen.

Jahre später schlug ich eine Illustrierte auf, und da war Belle, zusammen mit ihrem neuesten Gatten, einem hochdotierten Wirtschaftsanwalt. Sie so unverhofft wiederzusehen, brachte die seltsam quälenden Gefühle von Anteilnahme und Wut zurück, die sich eigentlich längst gesetzt hatten. Ich wollte neutral empfinden, es sollte mir nichts bedeuten, Belle sollte die sein, die ich genossen, bewundert, um die ich mir Sorgen gemacht hatte. Was ich nicht wollte, war der saure Beigeschmack. Ich wollte die Häßlichkeit bannen, eine neue Geschichte erfinden, unserer Therapie ein anderes Ende geben.

Genau das hatte Belle getan. Der schlechte Geschmack ihrer emotionalen Geschichten ließ sie wünschen, sie zu verwandeln, Szenarien zu entwerfen, die Schmerz und Angst überwanden. Ihr gelang das durch die Erschaffung ihrer diversen Persönlichkeiten, sie entwickelte genug psychologische Intelligenz, um weiterzukommen, ich konnte das nicht. Ich blieb mit dem Schmerz zurück, sie enttäuscht zu haben, nicht fähig gewesen zu sein, der verletzlichen Belle in dieser letzten realen Katastrophe lange genug beizustehen, daß sie mit meiner Hilfe etwas Neues, Tragfähiges hätte entwickeln können.

Schritte im Dunkeln

Ungefähr nach achtzehn Monaten kam in Joannas Therapie eine Zeit, in der ich, wenn sich die Tür des Beratungszimmers hinter uns schloß, mich von großer Angst erfaßt fühlte. Die Luft schien Wellen zu schlagen, das Spiel des Lichts verzerrte sich, so daß der Raum in ungewohnte Flecken von Licht und Dunkel zerbrach. Ich fühlte mich benebelt, als wäre mein Blutdruck zu niedrig. Es war kaum möglich, Joannas Gesichtszüge zu erkennen. Ihre großen, oft so lebhaften dunklen Augen, ihre rosigen Lippen schwankten vor mir hin und her.

Die Angst enthielt eine Spur von Bedrohung. Ich wartete, was Joanna zu sagen hätte und wie sie es sagen würde. Ich hoffte, ihre Worte würden die böse Vorahnung verscheuchen. Ihr Leben hatte sich in letzter Zeit verdunkelt, als sei sie in etwas hineingefallen, in dem sie nicht sein wollte, aus dem sie aber auch nicht herauskam. Sie fühlte sich an einen dumpfen emotionalen Ort gezogen, den sie nicht beschreiben konnte, und ich ging mit ihr.

In den vergangenen eineinhalb Jahren war Joanna eine engagierte, sogar eine unterhaltsame Patientin gewesen. Sie freute sich auf die Sitzungen und erschien atemlos und gelöst. Mit ihrer Intelligenz, ihrem sarkastischen Witz, ihrem Durchblick hatte sie mich bezaubert. Aber all dies war außer Kraft gesetzt, seit die Drohung zwischen uns stand. Während ich wartete, daß sie für das, was so präsent war, eine sprachliche Form fand, überdachte ich, was sie so gefährdete. Was war das Wesen der Dunkelheit, die sie über uns gebracht hatte?

Joanna war vierunddreißig, als sie in die Therapie kam. Sie war Personalchefin einer großen Firma; trotz ihrer eindeutigen Begabungen, ihrer Kompetenz und Beliebtheit und ihrer sichtbaren Freude in vielen Lebensbereichen hatte sie die Hoffnung aufgegeben, eine dauerhafte Beziehung einzugehen, in der sie Kinder haben könnte. Sie hatte mehrere längere Beziehungen mit Männern gehabt, die sie, glaubte sie, mit ihrer Unsicherheit zermürbt hatte.

Sie hatte nie an ihrer Attraktivität und Anziehung auf Männer gezweifelt. Aber darin lag auch ihr Dilemma. Ihr Vertrauen darauf, zu besitzen, was sie glaubte, daß der Mann von ihr wollte, ließ sie jeder ihrer Beziehungen mißtrauen. Sie fühlte sich für die Beziehung verantwortlich, zögerte, weil sie den Mann fesseln konnte und doch nicht von ihm erwählt war. Vielleicht, grübelte sie, war der Mann so etwas wie eine Marionette, war zuviel von seinem Begehren *ihr* Werk. Eines Tages würde er aufwachen und wissen, daß er sie nicht gewollt hatte und getäuscht worden war.

Von ihrem letzten Geliebten, Jeremy, hatte sie immer größere Beweise von Liebe und Treue verlangt, bis er, bestürzt und schuldbewußt, soviel versäumt und sie nicht auf die richtige Weise geliebt zu haben, sich in sich zurückgezogen hatte.

Jeremys Rückzug machte Joanna verrückt. Verlassen und verloren, warf sie sich auf ihn, stieß und schubste ihn, bis er entweder zurückschlug oder weinte oder beides. Dann empfand sie große Erleichterung, daß sie ihn hatte bewegen können, auf eine Weise zu reagieren, die ihr bewies, daß sie ihm wirklich unter die Haut gegangen und in ihn hineingekommen war.

Joanna schämte sich über dies Verhalten und die Zustände, in die sie geriet. Sie wünschte sich eine stabile Beziehung, aber sie fand sie nicht. Sie hatte keine Probleme, sich zu verlieben, aber sie fühlte sich dazu verdammt, jede Nähe, die sie geschaffen hatte, zu zerstören.

Als sie mir das erzählte, hatte ich mich gefragt, wie diese Dynamik sich zwischen uns äußern würde. Würde Joanna unsere Beziehung nutzen können, um ihre Unsicherheit zu erforschen und herauszufinden, was an ihr für sie so wenig vertrauenswürdig war? Würde sie das Gefühl haben, daß sie mich verführte? Daß ich nichts für sie empfand und meine Gefühle für sie ihr Werk waren? Würde sie das Gefühl haben, daß sie mich verzaubert hatte und dies auf sie zurückfiele – daß auch wir irgendwann derart destruktiv enden würden?

Indem ich sozusagen mental tief durchatmete, überlegte ich, ob das vielleicht die Therapie war, das eigentliche Zentrum der Begegnung, das sie für uns schuf. Wie ihre Beziehungen konnte ich zu großer Zuneigung zu ihr verführt werden. Was würde geschehen, wenn ich ihr soviel bedeutete, daß sie anfinge, sich Gedanken zu machen, was *sie* für *mich* bedeutete? Was würde geschehen, wenn ihre Unsicherheit sich auf unsere Beziehung übertrug? Würden die gewalttätigen Gefühle ebenfalls in unsere Beziehung treten? Würde sie versuchen, sie abzubrechen, zu vernichten, zu untergraben? Würde ich darauf in einer Weise reagieren können, die es ihr möglich machte, an unsere Beziehung zu glauben?

Indem ich ihr die Therapie anbot, hatte ich ihr implizit versprochen, mit ihr in die tiefsten, beschämendsten und schmerzhaftesten Bereiche des Problems zu gehen, während ich ihren Beschreibungen von Verletzung und Wut zuhörte; ich hatte versprochen, in das von ihr erschaffene Drama einzutreten, auf ihrer Bühne mitzuspielen und einzubringen, was es meiner Meinung nach hieß, eine der handelnden Personen zu sein.

Ihr zu helfen, sich über die Konflikte und unbewußten Wünsche, die Taktiken ihrer inneren Saboteure, ihre Identifikationen und Projektionen klarzuwerden – das war der leichte Teil. Dafür hatte ich meine Bücher, meine Erfahrung und die Empathie, die ich für sie empfand. Die Herausforderung war, daß sie ihre Probleme in unserer Beziehung in Szene setzen könnte: wer ich für sie sein sollte, welche Rolle ich für sie spielen sollte und wie ich dieser Besetzung widerstehen könnte.[1] Wie der Zauber in die Katastrophe führen würde.

Wer die Therapeutin in der Therapie sein, welche Rolle sie übernehmen soll, ist eine komplizierte Angelegenheit. Die Veränderungen dieses Bedürfnisses zu beobachten, gehört zum Rüstzeug der Therapeutin. Die Patientin verlangt, daß die Therapeutin fühlt und mitfühlt. Aber während gerade dieser Aspekt der therapeutischen Beziehung es Joanna oder jeder anderen Person ermöglicht zu benennen, was sie bedrückt, wird dies schon bald von den Erwartungen begleitet, die beide Seiten aneinander haben. Es gibt keine menschliche Beziehung ohne Erwartungen, die aus früheren Erfahrungen mit Menschen herrühren. Wir arbeiten auf vielen Ebenen gleichzeitig, und während ein Teil von uns jede neue Person unbefangen begrüßt und sich von ihr bezaubern läßt oder nicht, ist auf einer anderen Ebene jede neue Beziehung bestimmt vom emotionalen Stempel früherer Begegnungen. Oft sehen wir die neue Person gar nicht als das, was sie ist, weil wir sie nur anhand unserer Erfahrung mit ihren Vorgängerinnen betrachten. Unser Bild wird bestimmt vom emotionalen Repertoire, das wir schon gespielt haben.

Emotionale Reaktionen und Erwartungen sind Gebilde der Erinnerung, des Lernens und der Entwicklung; ihre unausweichliche Herkunft von vergangenen Beziehungen ist lehrreich und verhängnisvoll zugleich. Wir können daraus die mögliche Entwicklung ableiten. Wann können wir entspannen und vertrauen, wann müssen wir wachsam sein? Gleichzeitig aber hindert es uns zu sehen, was in einer bestimmten Situation möglich ist, wie wir transformiert und verändert werden oder wie wir selbst Einfluß ausüben. Statt dessen neigen wir dazu, die neue Situation als das Abbild einer Situation zu sehen, die wir bereits kennen.

Die Allgegenwärtigkeit vergangener Erfahrung, die die Psychoanalyse Übertragung nennt, gehört zu dem, was die Therapeutin während einer Therapie beobachtet. Wir versuchen zu erkennen, wen die Patientin in uns sieht, welche Rolle sie uns zuteilt, warum dies in bestimmten Momenten der Therapie geschieht. Wir sehen, wer wir nach dem Wunsch der Patientin oder zu ihrem Schrecken sein oder werden sollen und wie sie unser Verhalten im Licht ihrer früheren Erfahrungen analysiert. Und wir fragen uns, ob wir uns weigern können, diese Person, in die sie uns transformieren will, zu werden, indem wir zwar erkennen, daß wir uns verändern sollen, aber gleichzeitig ablehnen, uns zu verändern. Wenn wir Psychotherapeutinnen es ablehnen zu erkennen, wen die Patientin aus uns machen will, sind wir in der Therapie ziemlich wertlos. Wenn wir nur die sein können, die die Patientin in der Übertragung haben will, sind wir ebenfalls nutzlos.

Psychotherapie und Psychoanalyse helfen dem Individuum, neue Erfahrung als tatsächlich neu zu begrüßen, sie nicht einfach ins bereits Vertraute einzuordnen, sondern als Chance für Entwicklung und Wachstum zu sehen. Eingesperrt in Wiederholung, ist unsere Psyche unflexibel, unzugänglich und unfähig, von dem, was neu und frisch ist, belebt und begeistert zu werden.

Joannas Art zu sprechen und die Welt zu sehen, war erfrischend und nachdenklich. Sie war kritisch mit sich selbst und bewußt genug zu sagen, daß sie verrückt war, wenn ihre Gefühle sie in einer eher harmlosen Situation überfluteten. Sie wußte ziemlich gut, was auf einer bestimmten Ebene mit ihr nicht stimmte. Sie negierte es nicht und wich ihm nicht aus. Das Krankheitsbild war ziemlich klar. Die Intensität ihrer Unsicherheit war es, die mich interessierte, und ich wußte, daß ich noch keinen Maßstab dafür hatte. Aber als wir uns näher kamen und sie in der Lage war, auch ihren Freunden und Kollegen mehr von sich zu offenbaren, hatte ich das Gefühl, diese Unsicherheit müßte zu verstehen sein und wir müßten uns mit ihrer Überzeugung beschäftigen, sie wäre eine Verführerin und Zerstörerin.

Joanna war mit vier Geschwistern in einer armen Familie in London aufgewachsen, in der der Grundsatz regierte: Was gut ist für die Familie, ist auch gut für jede einzelne. Nicht daß die einzelnen nicht zählten, aber mit fünf Kindern, einer kranken Großmutter und einer unverheirateten älteren Tante unter einem Dach hatten ihre Eltern nicht viel Zeit, sich den Bedürfnissen jedes Kindes zuzuwenden. Die Kinder wurden angehalten, sich als Team zu betrachten und sich damit zu begnügen, und wie in mancher Immigrantenkultur taten sie es. Joanna schien aus dieser Erfahrung die Begabung mitgenommen zu haben, den Bedürfnissen der einzelnen nach Beachtung zu entsprechen und gleichzeitig zu wissen, was Gruppen effektiv und zufrieden macht. In ihrem Job war sie ein Naturtalent. Ihre Vorgesetzten legten großen Wert auf ihr Urteil, denn sie demonstrierte geschickt, wie die Mitglieder eines Teams dazu angeregt wurden, so produktiv und kooperativ wie möglich zu sein.

Joannas Familie war reizbar und streitlustig. Ihre italienische Mutter war lebhaft und aufbrausend, im einen Augenblick schrie sie die Kinder an, schlug sie sogar, in der nächsten Minute nahm sie sie ohne ein Zeichen von Reue in die Arme. Ihr griechischer Vater war gewalttätiger und weniger leicht zu durchschauen. Er konnte ohne jeden ersichtlichen Grund zornig werden, und seine Kinder wußten Bescheid, wenn er ihnen den Gürtel zeigte, den schon sein Vater bei ihm verwendet hatte.

Bei vielen Gelegenheiten hatte Joanna gesehen, wie ihr Vater Gewalt gegen ihre Mutter gerichtet hatte. Sie hörte die Schreie, das Schluchzen und versteckte sich mit ihren Schwestern. Versteinert und festgenagelt durch die Gewalt, erfand sie Geschichten, warum es geschah. Als sie größer wurde, ging sie mit Freunden in gewalttätige Filme und identifizierte sich mit den Tätern wie mit den Opfern. Nach dem Kino war sie jedesmal emotional wie aus dem Wasser gezogen, aber sie ging immer wieder hin. Die Filme spiegelten etwas, das in ihr war. Vielleicht war das die Angst, die Bedrohung im Raum. Vielleicht stand Gewalt auf der Tagesordnung. So war es, wenn auch anders, als ich erwartet hatte.

Ich überlegte, ob die Gewalt, die Joanna bei ihrem Vater erlebt und gegenüber ihren früheren Geliebten und Jeremy ausgeübt hatte, nun zwischen uns ins Spiel kam, weil sie sich durch mich fallengelassen oder mißverstanden fühlte, oder ob meine Akzeptanz und mein Vergnügen an ihr sie wütend machten, weil sie dadurch daran gehindert wurde, ihre gewalttätigeren Aspekte in der Therapie zu offenbaren. Ich entdeckte, daß ich mich irrte.

Ohne mein Wissen und konträr zu meinen interpretativen Wanderungen durch den Dschungel meiner Reaktionen auf Joanna kam ihre Bedrohung von ganz woanders her.

Was immer jemand in der Therapie erwartet, ist nie ganz das, was passiert. Der vielzitierte Aphorismus des Analytikers Wilfred Bion, daß wir in jede Sitzung „ohne Erinnerung oder Wunsch" eintreten sollten, erinnert uns daran, wie vorläufig unser Verständnis sein muß. Seine Bemerkung hat einerseits eine idealistische Seite, denn Analyse ist vor allem das Bestreben, nicht zu leugnen, was gewesen ist, andererseits erlaubt uns sein beharrliches Insistieren, die Therapeutin müsse offen sein für das, was noch nicht sichtbar geworden ist, Neues zuzulassen und bisher Ungedachtes, Ungewußtes oder noch nie Dagewesenes im therapeutischen Raum sich entwickeln zu lassen. Therapie ist dann lebendig, wenn beide, Patientin und Analytikerin, ganz neu verstehen wollen.

Mehrere Wochen bevor das Gefühl der Bedrohung auftauchte, war Joanna tief betroffen, weil bei ihrer Freundin Nulla Brustkrebs diagnostiziert worden war. Sie hatte Angst um ihre Freundin, vor dem, was sie erwartete, vor den schwierigen, teils unmöglichen Entscheidungen, die sie würde treffen müssen, vor der Krankheit, die sie erleiden würde. Krebs, der gesunde Zellen verschlingt und teilt, der vom Himmel fällt und offensichtlich willkürlich das Leben vieler Frauen fordert[2], ist ein leichter Stimulus für die Ängste und Fantasien einer Frau über ihre Sexualität, Fruchtbarkeit und Sterblichkeit.[3] Der heimliche Killer, der durch einen Körper wandert, vermag in einem einzigen Augenblick das Bekannte wegzureißen und durch Unbekanntes zu ersetzen. Wenn jemand sich gut fühlt, in Wirklichkeit aber krank ist, entstehen in den Gewißheiten Risse, die tief beunruhigen. In Joannas Fall hatte der Krebs ihrer Freundin Themen aufgeworfen, die ungestört seit Jahren geschlummert hatten, das eben noch Unsichtbare war geradezu mit Händen zu greifen.

Joannas Betroffenheit durch Nullas Krankheit war für sich schon verständlich genug. Aber da war ein Anflug von Besessenheit von dem Horror, den ihre Freundin während der Behandlung erleben würde, besonders in der engen Röhre des Computertomografen. Trotzdem nahm ich es nicht wahr, oder besser: Ich achtete nicht besonders darauf. Ich nahm als gegeben, daß die Erkrankung einer engen Freundin an Krebs Angst erzeugt.

Weil ich auf die Hinweise nicht achtete, irritierte mich die Bedrücktheit, die den Therapieraum durchzog. Joanna sprach nicht. Ich wartete. Die Erklärungen über ihr Schweigen und die unheilschwangere Atmosphäre im Raum, die ich mir selbst gab, überzeugten mich nicht. Ich fand nichts Hilfreiches, das ich Joanna hätte sagen können. Es führte kein Weg aus der Sackgasse heraus, es ging nicht vor und nicht zurück. Ich konnte nicht ausmachen, was die Veränderung in ihr ausgelöst hatte. Mein fehlendes Verständnis verschlimmerte die Angst. Es war keine Furcht, bei der das Herz stillstand, Alarmglocken schrillten, Adrenalin ausgeschüttet wurde. Es war das Unbehagen einer unbekannten und unerwarteten Bedrohung.

Wenn eine Therapeutin im Zweifel ist, was mit der Patientin oder zwischen ihnen beiden passiert, kann sie Vorschläge machen, um über die formlose oder schwer zu beschreibende Erfahrung ein Gespräch in Gang zu bringen. Das versuchsweise Angebot kann entwickelt und verfeinert, aber auch wieder fallengelassen werden. Die Vorführung ihrer Fähigkeit, ohne bestimmte Zielrichtung zu denken, führt in die therapeutische Begegnung etwas ein, das in der Art, wie wir normalerweise denken, häufig fehlt. Kreisförmiges,

wiederholendes und logisches Denken kann kreativ aufgebrochen,
die disparaten Bruchstücke von Erfahrung, die so oft ausgeschlos-
sen werden, weil wir nicht wissen, was wir von ihnen halten sollen,
können so verbunden werden.

Aber ich hatte das Gefühl, ich hätte nichts zu sagen. Tatsächlich vermochte ich nicht zu denken. Mein Verstand fror ein. Ich fühlte mich verloren und durcheinander. Meine Gedanken schienen nirgendwohin zu führen und sich mit nichts zu verbinden. Ich war ziemlich verzweifelt, denn ich verfehlte Joanna. Ich konnte nicht helfen. Sie war irgendwohin gegangen, wo ich sie nicht erreichen konnte. Mit einer gewissen Erleichterung nahm ich wahr, daß dieses Gefühl in sich ein möglicher Anfang war.

„Joanna", sagte ich. „Ich bin nicht sicher, ob dies uns helfen wird, aber ich möchte versuchen, in Worte zu fassen, welchen Eindruck ich habe."

Für den Bruchteil einer Sekunde glaubte ich Hoffnung in ihren Augen zu sehen, ich könnte sie erreichen, aber bevor ich noch nach dieser Verbindung greifen konnte, verschwand die Energie, und sie sah mich mit leerem Blick an. Obwohl ich über das, was geschah, traurig war, klärte sich doch die Atmosphäre. Ich sah sie klar und deutlich, als die wogende Luft zum Stillstand kam.

„Bei unseren letzten Treffen ist mir eine große Angst aufgefallen, eine Furcht, die ich nicht verstehen konnte. Daß sie andauerte, machte mich verloren und verwirrt. Ich frage mich, ob diese meine Gefühle, diese Wahrnehmungen für uns von irgendeiner Bedeutung sind?"

Angst und Bedrohung verschwanden nicht, wie ich gehofft hatte. Statt dessen vertiefte sich die Verwirrung, ich fühlte mich noch mehr in einer gefährlichen Lage. Aber ich hatte gesprochen, ich konnte also wieder sprechen. „Ich fühle mich sehr weit von Ihnen entfernt", fuhr ich fort. „Ich fühle mich gestrandet, als wäre ich in einer Luftblase und Sie in einer anderen. Sagt Ihnen das etwas?"

Takt ist nötig, wenn eine Psychotherapeutin eine Situation zu bewegen versucht, die festgefahren scheint. Sie muß fähig sein zu vermitteln, daß das Begreifen schon kommen wird, selbst wenn es im Moment nicht so aussieht, und daß seine Abwesenheit nicht beunruhigen muß. Auf eine bestimmte Weise war das letzte, das Joanna brauchte, daß ich nicht verstand. Auf andere Weise war genau das unser Weg ins Verstehen.

„Ich denke, da ist etwas, das ich im Moment nicht hinreichend zu begreifen vermag", fügte ich hinzu und wartete. Theoretisch wußte ich, wenn ich Joanna offenlegte, was ich empfand, gab es eine Chance, daß wir vorankamen. Wenn das, was ich fühlte, ein Abbild dessen war, was sie fühlte und nicht formulieren konnte, gab es eine gewisse Beruhigung für sie, für uns. Wenn ich benennen konnte, worüber sie noch nicht sprechen konnte, verringerte das womöglich ihre Isolation.

Joanna sah mich an und gleichzeitig durch mich hindurch. Sie schien ganz woanders zu sein. Mein Puls beschleunigte sich. Fühlte sie sich verrückter und isolierter, weil ich sie nicht verstand? Hatte ich sie über eine Grenze geschoben, von der ich keine Ahnung hatte? Die Bedrohung wurde größer, und ich war auf der Hut. Was war bei ihr angekommen, als ich versucht hatte, meine Konfusion zu beschreiben? Ich wünschte, ich hätte den Mund gehalten. Hätte mit ihr die Bedrohung ausgehalten, bis ich sie begriffen hätte. Warum war ich so schnell bei der Hand, Worte für das Unerklärliche finden zu wollen?

Joannas Blick konzentrierte sich auf mich, hielt mich fest wie ein Kaninchen, das auf einer Landstraße plötzlich von Scheinwerferlicht erfaßt wird. Ohne ihren Blick abzuwenden, tastete sie mit der rechten Hand nach ihrer Tasche. Und holte ein Messer heraus.

Es war ein kleines Messer mit einem orangefarbenen Griff und einer Klinge, die zum Steakschneiden gemacht war.

Nichts empfindend außer Alarm, flog mein Geist zurück zu einem Praktikum, das ich vor Jahren in einer ambulanten Klinik in New York absolviert hatte. Dort wurden den Patienten auf Probe, die von den Gerichten in Therapie geschickt worden waren, an der Rezeption ihre Pistolen und Messer abgenommen. Warum hatte ich diese Regel nicht übernommen? Aber zu mir kamen die Menschen freiwillig; der Gedanke, daß Waffen in die Sitzung gebracht wurden, war mir fremd. Außerdem waren wir in England.

Dann fragte ich mich, ob ich mir das Ganze einbildete. Hatte die Furcht im Raum das Messer heraufbeschworen? War es überhaupt ein Messer? Oder handelte es sich um das gleiche Spiel des

Lichts, das vorher den Raum hatte auseinanderfallen lassen? War ich paranoid? Was sollte vermittelt werden? War es real oder symbolisch? Wenn es ein Messer im Raum gab, was würde ich darauf sagen oder tun? Wenn es tatsächlich da war, war es jedenfalls entschieden zu spät für irgendeine einstudierte pompöse Floskel wie „Lassen Sie uns über die gewalttätigen Gedanken oder Fantasien reden, die Sie beschäftigen, Joanna. Ich bin sicher, Sie werden zu schätzen wissen, daß während des Darübersprechens es nicht nötig ist, sie auszuagieren." Lehrbuchtherapie gut und schön, aber wofür war sie jetzt gut? Hilfe!

Dieser Schrei aus meinem Innern war meine Rettung und die Lösung. Meine Beunruhigung, das Gefühl, den Boden unter den Füßen verloren zu haben, mein innerer Hilfeschrei – es waren meine Gefühle und möglicherweise auch die von Joanna. Hilfe für mich zu suchen, war keine Antwort. Ich mußte etwas anderes versuchen. Ich hatte keine Wahl. Das Zimmer verlassen konnte ich nicht. Ich konnte nicht sagen, sie solle das Messer wegstecken, ich konnte es aber auch nicht ignorieren. Ich mußte Worte suchen, ungenaue, unbeholfene Worte, andere hatte ich nicht.

„Joanna", fing ich an. „Sie haben ein Messer aus der Tasche genommen. Ich weiß nicht, warum oder was das heißen soll, aber vielleicht versuchen Sie uns zu sagen, welche Beunruhigung Sie empfinden, in welch hilflosem Zustand Sie sind?"

Joanna schien meine Worte wahrzunehmen. Die Zeit verlangsamte sich. Sie sah mich an, dann rollte sie ihren linken Ärmel hoch. Auf ihrem Unterarm waren zwei sich kreuzende Linien eingeritzt, das getrocknete Blut bildete ein Muster aus feinem Schorf mit einem Kreuz in der Mitte. „Spiel mit mir", sagte sie freundlich und versuchte, mir das Messer zu geben.

Joannas Verhalten hatte sich mehrmals dramatisch verändert. Erst Bedrohung und große Angst, dann ein Blitz flehender Hoffnung, Wegblicken, ein im Scheinwerferlicht gefangenes Kaninchen, und nun waren wir an einem Punkt angekommen, der mich an eine Sechsjährige erinnerte: eine verängstigte, liebenswerte, erwartungsvolle Sechsjährige. Nur daß sie ein kleines scharfes Messer in der Hand hatte. Ich wußte nicht, was tun. Getreu jedem Klischee raste mein Herz, und mein Verstand schwamm. Ich wußte, ich mußte mich fassen, bevor ich reagierte. Wenn ich ihr

Angebot, das Messer zu nehmen, ignorierte, war ich auf wirklich verrücktem Gelände. Wenn ich es annahm, wußte ich nicht, worauf ich mich einließ.

Ich nahm das Messer und legte es neben mich. Ich war nicht ganz ohne Erfahrung mit Patientinnen, die sich ritzen. Ich hatte in meiner Praxis und in der von Therapeutinnen, die ich supervisierte, genug Frauen kennengelernt, um die vielen Bedeutungen und Impulse, die Menschen dazu bringen, sich selbst zu verletzen, zu entdecken und zu reflektieren. Aber ein geschildertes Ereignis zu analysieren, ist etwas anderes als mitten drin zu stecken. Psychoanalyse ist gut im Kommentieren. Sie hilft beim Warten, bis der Raum soweit klar ist, daß man denken kann. Aber in diesem Fall war keine Zeit zu warten.

In jedem Moment einer Therapie trifft die Therapeutin Entscheidungen, wie es weitergehen soll, wie sie das, was ihr präsentiert wird, beurteilen soll, wie sie einer Patientin hilft, mit einem Gefühl umzugehen, oder den Raum zwischen ihren Antworten ausweitet, um besser zu verstehen, ob sie sich konzentrieren soll auf das, was die Patientin erzählt, das Gehörte als Kommentar über die therapeutische Beziehung begreifen, ihre eigenen Reaktionen auf das, was gesagt und nicht gesagt wird, genau prüfen soll und so weiter. Manchmal ist das ein bewußter Vorgang, viel öfter aber ist es ein müheloses Dahinfließen zwischen einer Form von Kontakt und einer anderen.

Wenn die Therapeutin wie Alice im Wunderland in die Welt stolpert, die die Patientin erschafft, schmeckt, riecht und spürt sie etwas von der Erfahrung der Patientin und wird so auf einer anderen Ebene, auf direkterem Weg über den Zustand der Patientin informiert. Dieser Zutritt zur Welt der Patientin ist extrem wertvoll, denn weil die Therapeutin die Probleme der Patientin selbst gespürt hat, kann sie sie auf eine ganz andere Weise tolerieren, beherrschen oder überdenken und so der Patientin helfen, eine Lösung zu finden.

In diesem Augenblick des Zusammenseins mit Joanna passierten zwei Dinge gleichzeitig. Ein Teil von mir dachte, welches Spiel soll ich mit ihr spielen? Was bedeutet ein Kreuzmuster, das in ihren

Unterarm eingeritzt ist? Wohin hat sie sich zurückentwickelt? Ein anderer Teil ließ sich einfach auf ihr Angebot ein und fing an, mit ihr zu spielen, als wäre das das Natürlichste von der Welt.

Von dem Tischchen, auf das ich das Messer gelegt hatte, nahm ich Block und Bleistift, rückte meinen Stuhl näher an ihren heran, zog Linien auf das Papier und fragte sie, ob sie Null oder Kreuz sein wollte. Wir spielten bereits einige Minuten, bis ich wußte, was ich von der Aktivität in meinem Kopf halten sollte. Wenn Joanna wirklich rückentwickelt war, spielte ich dann Kind oder Therapeutin? Ich hatte wenig, das mich leiten oder bestätigen konnte.

Im Verlauf des Spiels fanden wir zu einem herzlichen, sogar albernen Rhythmus zwischen uns, und als ich auf die Uhr sah, realisierte ich, daß 48 Minuten vergangen waren. Mir war nicht wohl bei dem Gedanken, daß die Sitzung an diesem Punkt enden würde. Würde Joanna als Erwachsene in den Therapieraum zurückkehren können. Wie sollte ich kommentieren, was vorgefallen war? Ich wollte etwas zu dem Messer sagen, das auf dem Tisch lag, aber ich hatte entschieden zuwenig Zeit zu überlegen, was. Ich wollte über die Joanna reden, mit der ich gespielt hatte, und über die Bedrohung, die ihrem Auftritt vorausgegangen war. Ich wollte das Durcheinander der Sitzung ordnen, aber ich wußte, daß das nicht möglich war. Ich bemühte mich um Einfachheit.

„Joanna", begann ich. „Für heute wird es Zeit aufzuhören."

„O ja", antwortete sie aus ihrer Träumerei auftauchend.

„Dann bis Dienstag", sagte ich.

„Ja, bis Dienstag. Gleicher Ort, gleiche Zeit", antwortete sie und ging beschwingt von dannen.

Erschöpft holte ich Luft, schüttelte den Kopf und setzte mich an den Computer. Ich hoffte, beim Schreiben herauszufinden, welchen Sinn das hatte, was für Joanna geschah.

Das orangefarbene Messer mit der schmalen Klinge lag immer noch auf dem Tisch. Ich wußte, ich mußte es vor dem nächsten Termin entfernen, aber aus irgendeinem Grund brachte ich es nicht fertig, es anzufassen. Teils machte es mir Angst, teils faszinierte es mich. Es war der Schlüssel zur verborgenen Welt einer Person, um die ich mich sehr sorgte. Ich mußte verstehen, warum sie es mitgebracht hatte, die Male auf ihrem Arm, der Zustand, in den sie gefallen, die Bedrohung, die ihm vorausgegangen war.[4]

Bis zum nächsten Termin waren noch wenige Minuten, ich faßte zögernd das Messer. Als ich es in der Hand hielt, kam es mir wie ein freundliches Messer vor, ein Obstmesser zum Beispiel. Ich strich mit der Hand über die Klinge. Es wirkte nicht wie ein gewalttätiges Instrument. Statt mir Angst einzujagen, fand ich es eher tröstend. Was hatte Joanna darin gesehen? Ich legte es beiseite und deckte es mit einem Notizblock zu. Ich konnte im Augenblick nicht darüber nachdenken.

Der Geisteszustand, in den Joanna gefallen war und in dem sie mit Unterbrechungen in den nächsten Monaten verbleiben sollte, kann ähnlich, wenn auch sehr viel weniger schwerwiegend gedacht werden wie die dramatischen Persönlichkeitsstörungen, die das Buch und der Film *Sybil* einer breiteren Öffentlichkeit vorgestellt haben – Störungen, bei denen bestimmte Aspekte des Selbst, die abgetrennt sind und eine andere Persönlichkeit zu verkörpern scheinen, plötzlich auftauchen und von der zentralen oder Hauptpersönlichkeit „übernehmen".

Die Psyche in ihrer Funktion als Register und Manager unserer Gefühle und Erfahrungen begegnet einer Menge Phänomene, die sich einer Sinngebung widersetzen. Wenn der Schmerz, der mit einem oder mehreren Ereignissen zusammenhängt, zu groß wird, kann er aus dem bewußten Wissen aus- und von der Erkenntnis abgeschnitten und mit der Zeit „vergessen" werden und nur noch in Träumen oder Versprechern des Individuums weiterleben. Wir alle verlassen uns auf die Fähigkeit zu „vergessen" oder bestimmte Dinge wegzustecken. Was unterdrückt oder „vergessen" ist, beeinflußt und motiviert Aspekte unseres Alltags, ohne daß wir es bemerken.

Aber wenn das, was einer Person zustößt, jenseits des Erträglichen ist, wenn die dadurch erzeugte Qual so groß und unbegreiflich wird, daß sie nicht einfach „vergessen" oder verdrängt werden kann, tritt an diese Stelle eine psychische Amputation, mit der das Undenkbare, das Unfühlbare von der Seele weggerissen wird. Es wird abgetrennt, abgespalten/dissoziiert.

Dissoziation bedeutet eine andere Art Abspaltung als Verdrängung. Bei der Spaltung des Ego [5] wird bewußten und unbewußten Prozessen Energie entzogen, die benutzt wird, um untragbare

*Erfahrungen zu blockieren und einzufrieren. Einmal verbannt,
werden diese Erfahrungen ossifiziert/verknöchert. Sie werden nicht
mehr gefühlt oder gedacht. Sie sind eingemauert, damit sie die
Person nicht mehr überwältigen können, wie sie es damals taten,
als sie zuerst erfahren wurden.*[6]

Die Idee dissoziierter Zustände interessierte mich zwar, mehr aber
machte mir im Moment Sorge, was mit dem Messer zu tun war, das
immer noch auf meinem Tisch lag. Ich konnte in Joannas nächster
Sitzung schweigen und abwarten, ob sie das Messer erwähnte.
Und wenn sie es nicht tat? Ich konnte abwarten, worüber sie sprechen würde, und zwischen ihrer Erzählung und dem Messer eine
Verbindung herstellen. Ich konnte es direkt ansprechen. Aber wie?
Je mehr ich darüber nachdachte, was gesagt werden konnte und
wie, desto mehr wurde mir klar, daß ich nicht genug verstand.
Aber dem Messer auszuweichen würde bedeuten, den abgespaltenen, dissoziierten Teil von Joanna zu betonen, der in die Therapie
nur als „getrenntes" Selbst hatte kommen können. Meine erste Aufgabe bestand darin, das großäugige Mädchen mit einem Messer
kennenzulernen, das Nullen und Kreuze spielte.

Joanna kam zur nächsten Sitzung, als wäre bei unserem letzten
Treffen nichts Außergewöhnliches vorgefallen. Sie sprach über
Nulla. Ohne daß ich sie darauf brachte, fand sie plötzlich, an ihrer
Anteilnahme wäre etwas Merkwürdiges. Ihre Beschäftigung mit
Nullas Behandlung paßte zu ihrem Interesse an Humanbiologie.
Die Details des menschlichen Körpers und populäre Beschreibungen neuer medizinischer Technologie faszinierten sie. Sie erinnerte sich, daß sie als kleines Mädchen unbedingt Ärztin werden
wollte, aber ihre Herkunft und Schulbildung das nicht zugelassen
hatten. Während sie redete, wurde ihr zunehmend bewußt, daß
Teile ihres Interesses an Medizin und Körpern ans Makabre grenz-
ten. Die Assoziation *makaber* brachte sie dazu, über einen gewalttätigen Film zu sprechen, den sie gerade gesehen hatte, über die
eigenartige Mischung aus Erregung und kühlem Interesse, die er
in ihr geweckt hatte.

Joannas Fähigkeit, ihre Reaktionen besonnen in Frage zu stellen, hatte mich immer beeindruckt. Ich bewunderte ihre Selbst-
besinnung und die Ehrlichkeit, mit der sie auch ihre weniger

schmeichelhaften Aspekte diskutieren konnte. Nun kam zur Bewunderung Faszination hinzu, denn ich hatte bisher nicht bedacht, Joanna könnte mit einem dissoziierten Selbst leben. Eine beträchtliche Menge psychischer Energie mußte dafür draufgehen, diesen Zustand zu binden, und ich war überrascht, wieviel immer noch übrigblieb, um ihre bewußteren Anteile zu erforschen.

Was sie über den Film und ihr Interesse am Makabren gesagt hatte, hing noch im Raum. Sie redete so bildhaft über verseuchtes Blut und Bluttransfusionen, daß ich einen leisen Schmerz im linken Unterarm spürte und Blut an meinem Handgelenk heruntertropfen sah. Ich wußte, daß ich nach einem Weg suchte, über die letzte Sitzung zu reden, deshalb überraschte mich meine körperliche Empathie für die Wunden, die sie sich zugefügt hatte, nicht. Ich zögerte, etwas zu sagen, denn während ich zur Sprache bringen wollte, was in der letzten Sitzung aufgetaucht war, unterbrach diesem Wunsch nachzugeben vielleicht, was sie damit assoziierte.

Wir blieben eine Weile bei dem Film und der Art, wie sie so etwas wie Frieden empfand, während auf der Leinwand die gräßlichsten Zerstörungen stattfanden. Sie beschrieb es als gleichzeitig erregend und beruhigend.

Mir fiel eine Untersuchung über körperliche und emotionale Traumanachwirkungen bei Vietnamveteranen ein, die das überraschende Ergebnis hatte, daß die Probanden, nachdem man ihnen ein fünfzehn Minuten langes Kampfvideo gezeigt hatte, ihre Qual signifikant geringer empfanden.[7] Die Filmbilder von Gewalt schufen einen Zustand von Übererregung, der in sieben der acht Männer im Gegenzug einen beruhigenden, schmerzlindernden Effekt vergleichbar der sedierenden Wirkung von Morphium aktivierte. Beruhigung entstand nicht durch Entspannung, sondern durch zunehmenden Streß.

Das Bild von Joannas linkem Unterarm tauchte vor mir auf. Wo ich vorher vielleicht die Diskussion über den Film, den sie eben gesehen hatte, fortgeführt hätte, um etwas über den Reiz verschiedener Charaktere darin herauszufinden, wollte ich jetzt wissen, ob die Schnitte auf ihrem Arm eine Antwort auf einen extremen Zustand gewesen waren, den sie sonst nicht hätte beherrschen können. Die Gewalttätigkeit ihres Vaters hatte bis jetzt in Joannas Leben eher eine Nebenrolle gespielt. Würde sich nun herausstellen, daß die Gewalt, die sie beobachtet und überlebt hatte, mehr Bedeutung gehabt hatte, als wir ihr bisher zugestanden hatten? Hatte die Beziehung zu ihrem Vater sich ins Gewalttätige verkehrt, als sie noch sehr klein war, so daß ihre Fähigkeit, körperliche Erregung zu modulieren, beeinträchtigt worden war? Hatte ich ihre Energie und Effizienz in der Arbeit falsch interpretiert? War das in Wirklichkeit die Maskierung einer Sucht nach Hypererregung, ähnlich wie bei den Vietnamveteranen, die sie brauchte, um ihre endogenen Beruhigungsmittel zu aktivieren? Verschafften ihre gewalttätigen Zusammenstöße mit ihren Geliebten ihr Erleichterung, nicht bloß weil sie sie dazu bringen konnte, Dinge zu tun, von denen sie wußten, daß sie sich nicht gehörten, sondern weil der Blutandrang, den Gewalt bei ihr auslöste, die Produktion eines beruhigenden Schmerzmittels stimulierte?

Wenn dies stimmte, dann zeigte sich im Einbringen ihres abgespaltenen Anteils in die Therapie eine gewisse emotionale Intelligenz. Sie hatte damit einen Weg gefunden, mir davon zu erzählen. Tatsächlich tat sie mehr, sie vermittelte mir auf einer instinktiven Ebene etwas darüber, wie sie Überraschung und Unruhe beherrschte. Auch in mir fühlte sich zwar ein Teil durch das Messer im Zimmer aus dem Hinterhalt überfallen, aber ein anderer Teil war ganz ruhig, in einer Art betrunkener Zeitlupe, in der jede Nuance meine Sinne zu berühren schien. Ich merkte, ich machte gerade einen Teil von Joannas Erfahrung durch. Sie hatte sie mir erfolgreich vermittelt.

„Joanna", fing ich an. „Könnte es sein, daß der Film, Ihr Interesse am Makabren und an den Details der Operation und Behandlung Ihrer Freundin auf verstörende und doch stimulierende Weise zusammengehören?"

Bevor ich erklären konnte, was ich damit sagen wollte, unterbrach mich Joanna. Sie saß aufrecht, streckte ihre Hände vor sich aus, spreizte die Finger und schrie. Sie sah aus wie ein kleines Mädchen, das in hilfloser Geste ihre Hände gegen eine Fensterscheibe preßt.

Verblüfft und besorgt, sie noch tiefer in diesen Zustand zu bringen, fragte ich Joanna, wen sie so intensiv anstarrte. „Meine Eltern natürlich", sagte sie, als wäre es das Selbstverständlichste von der Welt, das ich längst hätte wissen müssen. „Meine Eltern. Sie kamen zu Besuch, aber sie wollten sie nicht hereinlassen. Ich haßte es. Ich haßte es, sie so zu sehen."

In fast jeder Therapie gibt es Augenblicke, in denen das Bekannte sich plötzlich verflüchtigt und die Therapeutin das Gefühl hat zu straucheln. Sie ist beunruhigt, ein ganz wichtiges Detail übersehen zu haben – das Alter eines Geschwisters, den Namen einer besten Freundin, die Bedeutung eines bestimmten Vorfalls. Dies war ein solcher Augenblick. Ich dachte, ich hätte Joannas Geschichte große Aufmerksamkeit geschenkt, aber nun schien es, als hätte ich etwas ganz Wichtiges verpaßt. Oder nicht? Ich ging noch einmal die Zustände durch, die wir gemeinsam durchlebt hatten. Ich erinnerte mich, wer sie war, als sie in die Therapie kam: lebhaft, gespannt, engagiert. Eine schöne, witzige, begabte junge Frau, die ihre Stärken kennenlernen, ihre Unsicherheit verstehen und einen gesünderen Weg zu leben für sich finden wollte. Dann war die Bedrohung aufgetaucht, und ich erinnerte mich, wie unerwartet das gewesen war, was für eine markante Änderung es in unsere Beziehung gebracht hatte, wie leicht Austausch durch Angst ersetzt wurde. Ich erinnerte mich an die Isolation, die Konfusionen im Raum, mein Gefühl, nicht mehr in der Lage zu sein, Joanna in irgendeiner halbwegs wichtigen Weise zu erreichen. Und dann an die erschreckende Art, wie die Bedrohung unterbrochen worden war, wie Joanna mir ihren verletzten Arm gezeigt hatte, wie sie mich fragte, ob wir Nullen und Kreuze spielen wollten, wie sie mir das Messer gegeben und das Aussehen eines erschreckten kleinen Mädchens angenommen hatte.

Der Hinweis auf ihre Eltern, die zu Besuch kamen und nicht eingelassen wurden, schien nirgendwo hineinzupassen. Er war mir so fremd wie die Joanna, die ich gerade kennenlernte.

„Wann war das, Joanna?" fragte ich so freundlich und neutral, wie ich konnte. Ich wollte einen Dialog eröffnen, wollte reden. Wenn sie das Gefühl bekam, daß ich nicht wußte, wovon sie sprach, würde ich diese Chance verloren haben.

„Als ich im Fieberkrankenhaus war, auf der Isolierstation, als Daniella und ich klein waren." Sie sah mich an und kehrte zu ihrer erwachsenen Haltung zurück. Dann weinte sie.

Fieberkrankenhaus, natürlich. Sie hatte mir erzählt, daß sie als Kind Scharlach gehabt hatte, aber das hatte nie irgendwelche Bedeutung zwischen uns gehabt. Fast war ich versucht, Hurra zu rufen, wie in den Psychoanalyse-Karikaturen, in denen die Identifikation des passenden Traumas immer so hübsch an passender Stelle eintritt. Ein Bild von Joanna in einem viktorianischen Krankenhaus kam mir in den Sinn. Die Isolierabteilungen, die bis 1950 in Gebrauch waren, als Antibiotika und Impfungen an die Stelle der Quarantäne traten. Die Vorstellung der für Wochen weggesperrten sechsjährigen Joanna machte mich sehr traurig.

Bevor John Bowlbys [9] *Gedanken über frühe Bindung sich verbreiteten und die negativen Effekte der Trennung kleiner Kinder von ihren Eltern bekannt wurden, wurde ein Kind, bei dem Scharlach oder Diphterie festgestellt worden war, ein bis zwei Stunden nach der ärztlichen Diagnose von Wildfremden in einem Ambulanzwagen zu einem entfernten Ort gebracht, den zu besuchen den Eltern schwerfallen würde. Dort würde es viele Wochen mit anderen Kindern, die es bis dahin nicht gekannt hatte, zubringen. Und die Ärzte und Schwestern, oft durchaus nette Menschen, waren ebenfalls Fremde.*

Eine solche Trennung war auf mehreren Ebenen traumatisch. Im Alter von vier, fünf, sechs, sieben Jahren oder sogar noch älter von zu Hause getrennt zu werden, ist nie einfach (wer mag eine unvorhergesehene Trennung überhaupt?). Getrennt zu werden, wenn man krank ist, kann enorme Angst machen. Daß die Trennung nur zu deinem Besten sein soll, bringt gar nichts. In einer unbekannten Umgebung von Fremden versorgt zu werden, macht Angst und verwirrt. Alle erklären, wie schön es ist, daß du gerettet bist, aber wie bei den während des zweiten Weltkriegs aus den bombardierten Städten evakuierten Kindern oder den auf Transport geschickten jüdischen Kindern aus Deutschland gibt es kaum den Versuch, den damit verbundenen Verlust, das Trauma und den Terror zu verstehen und darüber zu sprechen.

Zur Kultur der britischen Oberschicht und oberen Mittelschicht gehört die Erfahrung früher Trennung von den Eltern durch das Internat. Diese Institution, die Jungen von sehr frühem Alter an aufnimmt, hat ein emotionales Muster geformt, nach dem Tren-

nungsschmerz etwas ist, das das Kind meistert, statt darüber zu jammern.

Dieses Ethos wurde auch auf die Isolationskrankenhäuser ange-wendet. Da war die unausgesprochene Forderung, die Kinder soll-ten ein glückliches Gesicht machen und den Schmerz irgendwohin verbannen, statt ihn zur Kenntnis zu nehmen und so zu erleich-tern. Als Teil eines kulturellen Musters, nach dem schmerzhafte Dinge am besten unausgesprochen bleiben, wurde auf die Trauer der Kinder nur indirekt Bezug genommen, das Trauma der Tren-nung verschlimmert, indem nicht darüber gesprochen wurde.

Wenn die Kinder zurückkamen, trug der Kummer, den Kinder wie Eltern durchgemacht hatten, dazu bei, das Schweigen fortzu-setzen. „Das Beste ist, nicht darüber zu sprechen. Es regt sie nur auf." Es wurde getan, als hätte es das Fieberkrankenhaus nie gege-ben. Sogar der Teddybär, den ein Kind mit ins Krankenhaus ge-nommen hatte und der eine Art Kontinuität vor und nach der Unterbrechung darstellte, wurde ausgeräuchert und zerfiel in Ein-zelteile, so daß er das Kind nicht nach Hause zurückbegleiten konnte.[10] Die Krankenhauserfahrung wurde eingefroren. Die El-tern sprachen nicht davon, weil es sie aufregte, und die Kinder soll-ten glauben, nun, da die Normalität zurückkehrt sei, sei alles in Ordnung.

Oft genug war es nicht in Ordnung. Für Joanna war es alles ande-re als in Ordnung. Die traumatische Erfahrung der Isolierabteilung und Joannas Gefühlszustand dort tauchten unter. Es gab keine Möglichkeit, darüber nachzudenken oder, etwa mit ihren Schwe-stern, darüber zu sprechen; nur ihre Faszination durch medizini-sche Themen und ihr Interesse an gewalttätigen und irgendwie makabren Filmen, vor allem medizinischen Horrorfilmen hielten die Erfahrung indirekt am Leben.

Als Joanna das Fieberkrankenhaus erwähnte, schöpfte ich Hoff-nung. Ich hatte den Anfang einer Erklärung für den Bruch und den emotionalen Terror unserer letzten Sitzungen. Die unser Zusam-mensein durchdringende bedrohliche Atmosphäre, das Angstge-fühl, gleich passiere etwas Schreckliches, die Furcht, die wir beide empfanden, mein Gefühl, ganz weit von ihr entfernt zu sein und sie nicht mehr erreichen zu können, alles das bekam einen Sinn.

Auch die Panik bei dem Gedanken an Nullas Hospitalisierung wurde klarer.

Ich fragte Joanna, was die an die Scheibe gepreßten Hände bedeuteten, nach dem Alltag im Krankenhaus, nach den Besuchen ihrer Eltern, wie oft sie Kontakt mit ihnen hatte, nach ihrer Rückkehr und unterstrich dabei jedesmal die Wichtigkeit dieser Ereignisse. Ich wollte nicht, daß sie ihre Erfahrungen wieder zu früh wegsperrte. Wir konnten darüber sprechen, fühlen und denken – und so die Isolation und die Furcht benennen, die sie damals empfunden und seitdem mit sich herumgetragen hatte.

Obwohl wir über extrem schmerzliche Ereignisse sprachen, war das Zimmer nun voller Gefühle, mit denen wir umgehen konnten. In den nächsten fünf Sitzungen kam die ganze Geschichte zum Vorschein.

Joanna hatte eine besonders starke Vorstellung, wie ihre Mutter schluchzte, als sie und Daniella in den riesigen weißen Ambulanzwagen einstiegen, und wie der Fahrer zu ihr sagte: „Mach deiner Mami keinen Kummer. Du wirst eine lustige Zeit mit anderen Kindern haben, und der Doktor macht dich gesund."

Bei der Erinnerung an diesen Satz wurden ihre Augen wütend. Als sich die Türen des Notarztwagens schlossen, war Joanna von Terror und dem Gefühl, daß alles auseinanderfiel, überwältigt worden. Daniella schluchzte, und als Joanna sie trösten wollte, mußte sie auch weinen. Joanna *wußte,* daß es Grund gab, sich Sorgen zu machen. Es war nicht in Ordnung und würde auch nicht in Ordnung kommen, aber sie wußte, sie mußte tapfer sein.

Die Fahrt und die erste Woche im Krankenhaus zu überleben war hart. Alles war so ungewohnt, und sie fiel in diesen Zustand zwischen Schlafen und Wachen, in dem wirre Gedanken, die nicht genau nachvollzogen werden können, in einem dumpfen Gehirn sitzen. Diese Bewußtseinsform hat eine gewisse Sicherheit. Daß die Zeit vergeht, merkt man am Fiebermessen, den Tabletts mit unappetitlichem Essen, dem Radioprogramm, auf das du wartest (nur um gleich darauf in Schlaf zu sinken), den Aufmunterungen der Krankenschwestern und dem Öffnen und Schließen der Fensterläden.

Am Ende der ersten Woche erwachte Joanna aus ihrer Teilnahmslosigkeit und sah durch die Fensterscheibe nach draußen.

Es war Besuchstag, und sie stellte sich ihre temperamentvolle Familie vor, die sie mit Unmengen Pasta und Kuchen besuchen kam. Ihre Spannung löste sich in Vorfreude. Sie merkte, daß sie sich entspannte und nicht verschloß. Aber am Nachmittag waren sie immer noch nicht erschienen. Ihre erwartungsvolle Stimmung zerfiel. Sie versuchte sich auszumalen, warum sie nicht gekommen waren. Eins der Geschwister war krank geworden, zwischen zu Hause und dem Krankenhaus fuhren keine Busse, in der Art. Joanna war so sicher gewesen, daß ihre Familie kommen würde. Eine weitere Woche verging. Joanna machte sich auf der Station zu schaffen, hatte inzwischen eine beste Freundin, spielte endlos Nullen und Kreuze und stellte sich vor, sie sei eine verzauberte Prinzessin, die darauf wartete, gerettet zu werden. Daniella ging es schlecht. Sie war lethargisch und in sich gekehrt, und Joanna versuchte sie zu trösten und so heiter wie möglich zu sein. Klar würden ihre Eltern nächste Woche kommen.

Direkt an den Glasscheiben, die ihre Station von der Außenwelt abtrennten, saßen die beiden Mädchen mit aufgestützten Ellbogen und warteten. „Kopf hoch, Engelchen", sagte die Putzfrau und schob ihnen ein paar Kekse zu. „Sie kommen, bestimmt. Macht euch keine Sorgen." In ihrem Herzen hegte Joanna keinen Zweifel, daß ihre Eltern kämen. Mami hatte die Mädchen immer von der Schule abgeholt und in die Ballettstunde gebracht. Nie hatten sie warten müssen, von Vergessenwerden gar nicht zu reden.

Die Mädchen versuchten sich gegenseitig aufzumuntern. Joanna sah Daniellas Angst und Verzweiflung. Sie lenkte sich von dem eigenen Kummer ab, indem sie ihre Schwester tröstete und vorschlug, sich das Warten mit Spielen zu vertreiben. Zwei Stunden später brachte sie die schluchzende Daniella ins Bett und ging selbst tieftraurig schlafen. Niemand war gekommen.

Am dritten Wochenende kam ihr Vater. Joanna und Daniella rannten auf ihn zu und hatten ganz vergessen, daß eine Glasscheibe sie trennte. Er brachte Luftballons mit und italienisches Konfekt und Strickjacken, ein verführerisches Bild der Lebensfreude und Fürsorge auf seiner Seite der Barriere. Joanna konnte gar nicht mehr aufhören zu weinen. Sie wäre so gern erwachsen gewesen und mit allem fertiggeworden, aber das ging nicht. Ihr Vater spielte gute Stimmung. Er schnitt Grimassen, blies Küsse und

Umarmungen auf die andere Seite der Scheibe und legte in dramatischer Geste die Hand aufs Herz. Aber als er ein großes, frisch gebügeltes Taschentuch herauszog, war es mit dem Spaß vorbei, und er weinte. Als Joanna ihres Vaters Trauer sah, nahm sie ihre Schwester bei der Hand, rannte zurück zur Station und fiel heulend auf ihr Bett.

Drei Wochen danach kamen die Mädchen nach Hause. Davor lagen zwei weitere durch Glasscheiben getrennte Besuche, beide Male kamen ihre beiden Eltern. Diese Besuche hielten die Mädchen am Leben, gleichzeitig verstärkten sie aber auch ihre verzweifelte Situation. Von ihrem Platz hinter der gläsernen Barriere konnte Joanna niemand erreichen und nicht erreicht werden. Stoisch lächelte sie ihren Eltern zu. Wenn sie gingen, rannte sie zu ihrem Bett und weinte.

Nach der Heimkehr klärten sich einige Dinge. In ihrer ersten Woche im Krankenhaus war Großmutter gestorben. In der zweiten waren die anderen Kinder krank gewesen. Joannas Mutter, die durch den Verlust einen Schock erlitten hatte, hatte vom Arzt Beruhigungsmittel bekommen. Außer ihrem Vater war niemand dagewesen, der sich um die drei Kinder hätte kümmern und Joanna und Daniella besuchen können.

Die Tatsachen erklärten die Abwesenheit der Eltern, aber für Joanna hatte sich etwas dramatisch verändert. Zu Hause war nichts mehr in Ordnung. Ihre Mutter trug nur noch schwarz und benahm sich wie ihre sizilianische Mutter. Sie klagte und schleppte sich schwer seufzend durchs Haus und schimpfte auf den *dottore Inglese*. Das Haus war voller Gram, aber da war noch etwas. Zuerst konnte Joanna es nur so beschreiben, als hätte ein Messer die Familie zerschnitten, und als sie die Puzzleteilchen wieder zusammensetzen wollten, fehlten welche. Daß sie ein Messer erwähnte, ließ mich aufhorchen.

Ich notierte es mir und auch Joannas Erwähnung des vielen Nullen-und-Kreuze-Spiels im Krankenhaus. Das war zu offensichtlich, und wenn Joanna auch nicht selbst die Verbindung gezogen hatte, wollte ich nicht ausschließen, was da aufgetaucht war. Im Augenblick wollte ich allerdings herausfinden, was sich verändert hatte, warum die Beziehungen in der Familie und die elterlichen Ängste in Joanna das Gefühl erzeugt hatten, nichts sei in Ordnung.

Mehrere Sitzungen verbrachten wir damit, das Familienleben vor der Krankheit zu idealisieren. Joanna überlegte, ob ihr Vater schon vorher gewalttätig gewesen war. Sie wünschte sich dringend, daß der Krankenhausaufenthalt ihre Erfahrung abgrenzte. Vor dem Krankenhaus sah sie Licht, danach Angst. Das war nicht überraschend. Wir suchen gern nach dem Ereignis in unserer Kindheit, das wir als *das* signifikante Ereignis ansehen können, das alles über den Haufen geworfen hat. Und obwohl Analytiker heute solche Ideen gar nicht schätzen – sie halten den Kontext, in dem Leid empfunden und behandelt oder mißhandelt wird, für viel aussagekräftiger –, schwang doch das individuelle Bedürfnis nach einem festen Punkt, einem Augenblick, vor dem alles gut und nach dem alles schlecht ist, in Joanna mit.

Natürlich sind gerade diese Augenblicke oder Erinnerungen dazu da, zu verbergen, was als zu schmerzlich empfunden wird. Wie Freuds Deckerinnerungen, die das Individuum vor einer noch schrecklicheren Erinnerung schützen, wirkt die Idealisierung der Vergangenheit, einer Zeit in der Kindheit, als die Dinge noch im Lot waren, beruhigend. Es gibt eine Hoffnung, denn es gab eine Zeit vor der Vertreibung aus dem Paradies. Die Arbeit der Psychotherapeutin erfordert an dieser Stelle besondere Sorgfalt. Denn sie muß den Raum schaffen, in dem über die Atmosphäre nach dem Sündenfall gesprochen werden kann, und der Patientin ermöglichen, über das Leben vorher nachzudenken und die Frage zu stellen, ob der Unterschied wirklich so dramatisch gewesen sein kann. Auch die Konzentration auf das „nachdem es schlecht war" und „bevor es gut war" vermag, was im Davor nicht ertragen werden kann, auf das Danach zu verlagern, wo es vielleicht leichter zu handhaben ist. Schlechte Erfahrung wird neu eingeordnet. Wenn das allerdings nicht angemessen geschieht, erzeugen wir eine neue Fiktion, die die Patientin davor bewahrt, sich auf die Sensibilitäten in der Familiensituation einlassen zu müssen, und ihr nicht hilft, ins Davor wie ins Danach Komplexität und Struktur zu bringen.

Joannas Wahrnehmung eines Davor und Danach hatte etwas für sich. Die Gewalttätigkeit ihres Vaters *hatte* nach dem Krankenhaus angefangen, ihre Mutter *hatte* sich nach Joannas und Daniellas

Rückkehr verändert. Die Eltern waren tief beunruhigt durch die Frage, ob sie ihre Kinder überhaupt schützen konnten, und ihre Unsicherheit wurde verstärkt durch den Tod von Joannas Großmutter, der nun epische Ausmaße annahm. Joanna, die im Krankenhaus gelernt hatte, auf Daniella zu achten, lernte nun, sich um ihre Mutter zu kümmern. Das hieß, ihre eigenen Gefühle beiseite zu lassen, klug, effizient und fröhlich zu sein. Sie war gut in der Schule, geriet nie in Schwierigkeiten, die ihrer Mutter oder ihrem Vater hätten zu Ohren kommen können, und war so still und hilfreich, wie sie nur sein konnte. Aber sie hatte ein verborgenes Leben.

Wenn der Unterricht vorbei war, ging sie in den Kunstraum und spielte mit den Stahlspitzen, die für Linolschnitt verwendet wurden. Sie fand es sehr befriedigend, feine Linien zu erzeugen, und nahm Linoleumabfall und schnitt lange Linien hinein. Dann schnitt sie parallele Linien und schließlich netzförmige Strukturen aus parallelen und sich kreuzenden Linien. Am Ende suchte sie nach einem schärferen Instrument und fand ein Federmesser, mit dem sie sich in Unterleib, Arme oder Beine schnitt. Dabei geriet sie in einen Zustand höchster Konzentration.

Auf diese Weise ritzte Joanna sich mehrmals in der Woche. Sie überlegte nicht, warum, es gehörte einfach dazu, war eine heimliche Aktivität, über die sie nicht weiter nachdachte. Nach der Schule hatte es aufgehört, aber nachdem sie mit zweiundzwanzig das Elternhaus verlassen hatte – als erste, ohne geheiratet zu haben –, war es wiedergekommen. In den letzten dreizehn Jahren war es periodisch immer wieder vorgekommen. Von Zeit zu Zeit, wenn sie am Ende des Tages ein Bad nahm, betrat sie einen mentalen Raum, der mit der Welt der Joanna, die so unangestrengt kompetent funktionierte, nichts zu tun hatte. Wenn nicht das Telefon oder die Türglocke klingelten und sie aus dem, was sie später ihre Trancen nannte, herausrissen, entdeckte sie danach, daß sie die zweimal vier für das Nullen-und-Kreuze-Spiel notwendigen Linien in die Haut ihres Unterleibs geschnitten hatte.

Dieses Geheimnis war selbst ihr kaum bewußt, eine abgespaltene Aktivität.

Was als Beruhigungsaktivität begonnen hatte – der Versuch, eine gewisse Ordnung in die neun Quadrate zu bringen –, wurde zur Sucht. Joanna hatte nicht nur das Gefühl, daß sie keine Wahl hatte, zu schneiden oder nicht zu schneiden, ihr Tun schien sie einfach zu „übernehmen", und bevor sie das Messer in die Therapie mitbrachte und mir ihren Arm zeigte, war ihr immer erst lange nach dem Ereignis bewußt geworden, was sie getan hatte. Als wir davon wußten, hatte sie keine Schwierigkeit, die Tat in ihrem Verstand wachzurufen und uns in allen Einzelheiten zu erzählen, wie es vor sich ging.

Wir versuchten herauszufinden, was darin eingeschlossen war, ihre Gedanken und Handlungen und wie sie zusammenhingen. Wir gingen es in ihrer Imagination durch, so daß sie stehenbleiben und die Gefühle betrachten konnte, die das nun ritualisierte Ereignis begleiteten. Wenn wir herausfinden würden, welche Gedanken ihre Gefühle antrieben und welche Gefühle umgekehrt ihre Gedanken und Handlungen antrieben, würde sie vielleicht eine Alternative für den Umgang mit dem finden, was bis jetzt durch Nullen und Kreuze gehandhabt worden war.

Sich auf diese Weise zu verlangsamen hieß, daß Joanna in direkten Kontakt mit sehr viel Terror kam. Sie fürchtete, von Angst überwältigt zu werden. Weil sie kein Instrument hatte, das die Angst in körperliche Verletzungen umleitete, wollte sie stoßen und schreien. Gereizt und krank, wollte sie das Irritierende wegkratzen, das körperliche und seelische Allergen lindern, das sie besetzt hielt. Es war, als wäre sie ausgelöscht, nur noch leidiger Körper.

Es war offensichtlich, wie schwer es für sie war, diese Agonie zu ertragen; wie ihr Geist durch Messer und Ritzen versuchte, den Terror auszutricksen. Indem sie durch das Schneiden ihren eigenen Schmerz schuf, hatte sie die Vorstellung, ihn zu beherrschen. Indem sie sich Schmerz zufügte, vermochte sie zeitweise ihr Gefühl der Verletzbarkeit zu reduzieren.[11]

Als dies zwischen uns ausgesprochen werden konnte, wurde es weniger angsterregend. Mit einer Person zusammenzusein, die sich nicht dafür interessierte, wie sie es für andere nett machte, sondern die bei ihr war, während sie versuchte, Worte für ihre Erfahrungen zu finden, verringerte den Schmerz. Es war kein einfacher Weg. Joanna war nicht sicher, ob sie sich und mir trauen konnte, und Fragen, Gereiztheit und Kontrollen begleiteten ihre Versuche, mit ihren Gefühlen Schritt zu halten.

Nach einigen Wochen ließ der Terror nach. Ein Teil von Joanna war inzwischen weder so vergraben in ihrem Schmerz, daß er sie überwältigte, noch so weit entfernt, daß sie ihn abspaltete. Ein Spalt öffnete sich, durch den sie sich beobachten konnte, während sie mittendrin war. Das erlaubte ihr zu akzeptieren, daß sie sich fürchtete, viel weinte und am liebsten entweder mich körperlich verletzt oder sich durch Ritzen beruhigt hätte. Sie begann zu ahnen, daß sie ihre Gefühle und Impulse überleben und beherrschen könnte, indem sie sie bewußt beobachtete. Wenn sie beruhigen konnte, was sich ergab, und tolerieren, was sie empfand, würde sie sich weniger getrieben oder überwältigt fühlen.

Es gab über das Ritzen und die darin enthaltenen Widersprüche viel zu diskutieren. Wie jedes eingefahrene Symptom wird Ritzen eine Möglichkeit, ganz bei sich zu sein, der ursprüngliche Impuls versammelt in sich bald alle möglichen anderen Bedeutungen, wird ein Vektor, durch den vieles, das die Person berührt, verarbeitet wird.[12] Wenn in Joannas Erfahrung das Trauma des Krankenhauses und die Veränderung des Lebens, nachdem sie und Daniella nach Hause zurückgekehrt waren, so unerträglich wurde, daß es nicht mehr unterdrückt werden konnte, dann funktionierte ihr Symptom – neun Quadrate in ihren Leib zu schneiden – als ein Weg, das Unbeherrschbare zu beherrschen.

Für Joanna war das Schneiden ein Fenster zu ihren mentalen Prozessen. Es erzählte die emotionale Geschichte ihrer Hospitalisierung. Die Nullen und Kreuze zeigten, wie sie sich im Krankenhaus gequält hatte. Die neun Quadrate stellten die neun großen Fensterscheiben dar, durch die sie so oft geblickt hatte und die sie und ihre Schwester von denen auf der anderen Seite getrennt hatten. Joannas Gebrauch eines Werkzeugs, das diese Formen auf ihren Leib ritzte, zeigt die physische Seite ihrer Krankenhauserfahrung, in der ihr routinemäßig kalte Metalllöffel auf die Zunge gelegt wurden. Auf einer anderen Ebene enthüllte das wiederholte Herstellen eines Musters, in das Nullen und Kreuze einzupassen waren, Joannas Versuche, dem, was Zerfall zu sein schien, eine Gestalt zu geben und sich (die Nullen) und ihre Schwester (die Kreuze) in eine ordentliche Struktur einzupassen. Ihre Kreuze sahen auch eher wie umgekippte Y aus, wie auf dem Bauch liegende Strichmännchen.

Im Zentrum von Joannas Erfahrung des Ritzens stand das Zeichnen mit Blut. Als wir über diese Dinge sprechen konnten, verband Joanna Blut sofort mit medizinischen Bildern – Ärzten, Nadeln, Impfungen und Injektionen. Aber noch hervorstechender war ihre Suche nach Erlösung von den qualvollen Empfindungen in ihrem Körper, die nach einer Art Aderlaß verlangten. Was sie an Schrecken erlebte, war „unter ihrer Haut und in ihren Adern" und zwang sie, körperliche Reinigung zu suchen.[13]

Wie andere Frauen, die sich ritzen, war Joanna in einem kuriosen Widerspruch gefangen. Sie hatte ein intensives psychisches Leben, dessen schmutzige Emotionen und Gefühle sich nicht einordnen ließen und versteckt werden mußten. Dabei empfand sie extreme Irritation und Frustration. Sie wußte nicht, was sie mit sich tun sollte. Als wäre sie in einer selbstgemachten Hölle gefangen, die gleichzeitig transparent und physisch war. Ihre Lösung war schneiden. Das Blut, das dabei floß, zwang sie, ihren Schmerz zu sehen. Gleichzeitig demonstrierte es, daß sie wirklich aus Fleisch und Blut und nicht bloß Gefühl war.

Als Joanna mit dem Messer zur Sitzung kam – das den emotionalen Zustand der Fesselung an die Krankenhauserfahrung und der Trennung von ihrer bewußten Erfahrung verkörperte –, war sie durch den tranceähnlichen Zustand, in den sie immer geriet, wenn sie ihre Muster schnitt, nicht mehr bei sich. Dieser Schutzmechanismus ihrer Psyche befähigte sie, von sich wegzukommen, aber er hatte auch eine Kehrseite: Er beraubte sie zeitweise ihrer Körperlichkeit.

Die Psyche sucht ein Gleichgewicht zwischen ihren mentalen (psychischen) und somatischen (physischen) Elementen. Joannas Zwang zum „Aderlaß" konnte als der Versuch verstanden werden, auszubalancieren, was für sie zur mentalen Folter geworden war, wenn auch einer abgespaltenen und dissoziierten. Es war, als müßte sie etwas körperlich *fühlen* und *sehen*, um sich zu vergewissern, daß sie physisch existierte. Der Anblick ihres Blutes bewies ihr, daß sie ein körperliches und nicht nur ein mentales Selbst war. Ihr Schneiden bestätigte Joanna, daß sie wirklich war, daß ihr Schmerz genauso ein körperlicher wie ein mentaler Schmerz und nicht eingebildet war, nicht etwas, das sie „erfunden" hatte oder das wegerklärt werden konnte.

Insoweit das Schneiden auf ihrem Körper das Mittel wurde, mit dem Joanna intensive Erfahrungen umwandelte, weckte es ihre Gefühle über ihres Vaters Gewalttätigkeit und war gleichzeitig ihr Versuch, diese Gefühle zu beherrschen. Obwohl Joannas Erinnerungen an die Angriffe des Vaters auf die Mutter bewußt geblieben waren und nicht unterdrückt oder dissoziiert werden mußten, war ein bestimmter Aspekt der Gewalt und der Angst, die die Gewalttätigkeit in ihr geweckt hatte, abgespalten und in die Vorher-Nachher-Erfahrung ihres Vaters vor und nach der Scharlacherkrankung aufgeteilt worden. Wir wußten jetzt, daß sie sehr viel mehr erschreckt war, als sie sich selbst hatte erkennen lassen können. Als Kind vor ihren Ängsten kapituliert zu haben, als sie den Schmerz ihrer Mutter und die Gewalttätigkeit ihres Vaters hörte, war gefährlich nahe dem mentalen Ort, den sie im Krankenhaus bewohnt hatte. Aber es war noch mehr. Die Gewalttätigkeit ihres Vaters war nach dem Krankenhaus aufgetreten. Das Ereignis hatte ihr Leben verändert. Und weil sie über das Davor oder Währenddessen nicht hatte sprechen können, wurde eine Angst wie die, die die Gewalttätigkeit ihres Vaters hervorgerufen hatte, in der Gegenwart unerträglich. Wenn sie Streit hörte, hatte sie sich an ihre Schwestern gekuschelt und gewartet, daß es vorbeiging. Am nächsten Tag hatte sie sich geritzt, als könne sie sich dadurch die Gewalttätigkeit aneignen und so eine gewisse Kontrolle behalten. Die Gewalttätigkeit ihres Vaters wurde erträglicher, wenn sie sie zu ihrer machte.

In diesem Sinn wird ein Symptom zum Vektor, wird neue Erfahrung über bekannte Kanäle aufgenommen, so daß das Neue in eine vertraute Form überführt und damit handhabbar wird. Wenn in bereits bedrohlichen Umständen eine neue Erfahrung auftaucht, entsteht ein psychischer Machtkampf. Wird das Neue das Bekannte herausfordern oder das Bekannte das Neue transformieren? Wenn das Neue in eine vertraute Form gebracht werden kann, ist es keine Bedrohung mehr. Es muß nicht konfrontiert, nicht empfunden, nicht darüber nachgedacht werden. Es wird psychisches Futter für ein System, das Methoden entwickelt hat, die äußere Realität zu betrachten. Die innere Realität, die Bilder, die im Bewußtsein entstehen, wie die Welt da draußen beschaffen ist,

werden weitaus zwingender als jede neue Realität. Wenn die Welt
selbstgeschaffen ist, mag sie zwar trostlos sein, aber sie bietet eine
gewisse Sicherheit. Auf dem Weg in die Isolierstation war in
Joannas Welt die Sicherheit zerbrochen. Als sie nach Hause kam,
konnte die Sicherheit nicht wiederhergestellt werden, weil ihre
Eltern durch die vorausgegangenen Ereignisse ebenfalls traumati-
siert waren.

Ziemlich zu Beginn ihrer Therapie hatten Joanna und ich überlegt,
ob ihre Gewalttätigkeit gegenüber ihrem Freund etwas darüber
aussagte – auch wenn wir nicht wußten, was –, was ihrer Meinung
nach sich zwischen Frauen und Männern ereignete. Wir vermute-
ten, daß sie mit der Annahme des Verhaltens ihres Vaters es zu
ihrem machte. Nun sahen wir Joannas Gewalttätigkeit nicht nur als
ihre Abrechnung mit den Gefühlen des Verlassenseins, sondern
auch als ihre Antwort auf ihre Hilflosigkeit. Denn mit der Über-
nahme seiner Gewalttätigkeit übernahm sie auch, was dahinter-
steckte: das Eingeständnis seines Fehlschlags, die Scham, seine
Töchter und seine Frau vor dem Scharlachfieber und dem Tod seiner Schwiegermutter nicht beschützt haben zu können.

Joannas Vater Leo war ein stolzer Mann, bescheiden in seinen
Ansprüchen, aber sehr bestimmt, wenn seine Familie betroffen
war. Von sich als dem Haupt der Familie erwartete er Beständigkeit und Stärke. Die Krankheit seiner Töchter und ihr Transport in
ein Krankenhaus hätten ihn in dem kleinen griechischen Dorf, in
dem er aufgewachsen war, sicher nicht so hart getroffen; in London, getrennt von seiner Herkunftsfamilie und seinen kulturellen
Wurzeln und von einer Gemeinschaft, mit der er über sein Schicksal hätte trauern können, und verzweifelt, traurig und schuldbewußt, Daniella und Joanna im Krankenhaus nicht besuchen zu
können, war er hilflos. Unfähig, seine Frau aus ihrer Depression
herauszuholen, verlor er seine Töchter, seine Frau, seine Schwiegermutter und seinen Sinn für das Machbare.

Dieses hilflose Gefühl, an das er nicht gewöhnt war, überwältigte ihn. Als er sich einer Situation gegenübersah, die er nicht einordnen konnte, und keinen psychischen Raum hatte, mit seinen
Verlusten umzugehen, verließ ihn sein Selbstvertrauen. Seine Hilf- -
losigkeit überwand er mit Hilfe einer Wut, die ihn stark erscheinen

ließ und die er gegen Frau und Kinder richtete, wenn etwas zu schwierig wurde.

Seit Jeremy sich zurückgezogen hatte, weil Joanna nicht an seine Liebe glauben wollte, fühlte Joanna sich nicht nur verlassen. Durch ihre Gewalttätigkeit zog sich auch das psychische Erbe der Hilflosigkeit. Als wir ihre Erfahrung nach dem Krankenhaus überdachten und die Veränderungen währenddessen und danach, war Joanna in der Lage, sich auf ihre Hilflosigkeit einzulassen. Dissoziierung hatte ihr über das Krankenhaus hinweggeholfen. Im Krankenhaus und danach hatte der dissoziierte Teil die traurigen und quälenden Anteile aufgenommen, für die Joanna keinen Platz finden konnte. Im Lauf der Zeit war dieser Teil dann aus ihrem Leben verschwunden und, jedenfalls nach Joannas bewußter Erinnerung, erst jetzt wieder aufgetaucht.

Zwei Jahre nachdem die Bedrohung das erstemal aufgetaucht war, beendete Joanna die Therapie. Sie hatte aufgehört, sich vor sich zu fürchten oder sich zu mißtrauen. Nach einer Periode tiefer Depression, die fast sechs Monate dauerte, hatte sie mit Jeremy Schluß gemacht. Sie hatte alles über Bord geworfen, was sie von sich wußte, und obwohl es sie sehr angestrengt hatte, als alles wieder zusammenkam, paßten einige Teile nun auf andere Weise ineinander; sie entwickelte und veränderte sich auf eine Weise, die sagte, daß die Beziehung mit Jeremy und einige andere Freundschaften nicht mehr stimmten.

Obwohl sie räumlich nie sehr weit von ihren Eltern entfernt gewesen war, fand sie eine neue Beziehung zu ihnen, weniger die pflichtbewußte und erfolgreiche Tochter und mehr die mitleidende und verletzliche Erwachsene, die das Leid, das ihre Familie und jede einzelne auf ihre Weise durchgemacht hatte, mitfühlte. Sie war seit kurzem mit einem Mann zusammen, dessen Liebe sie nicht glaubte selbst geschaffen zu haben und dem sie so nahe war, daß sie den Versuch machen wollten, eine Familie zu gründen. Das Ritzen hatte abrupt aufgehört, als Joanna sich daran gewöhnt hatte, Schmerz, Wut, Angst und Hilflosigkeit durch konventionellere Mittel wie Weinen, Wütendsein, Angsthaben oder Sich-hilflos-Fühlen auszudrücken.

Sie war nach wie vor eine unglaublich lebhafte und lebendige Frau, aber nun war in ihrer Stimme und ihrem Körper ein zusätzliches Timbre. Ich bewunderte sie, wenn ich bedachte, was sie dreißig Jahre lang weggeschlossen hatte, um zu überleben, und mit welchem Mut sie eine Episode, die abgespalten worden war, neu durchlebt hatte. Ich war unendlich froh, daß die ersten achtzehn Monate ihrer Therapie sie an einen Ort gebracht hatten, der sicher genug war, um von dort den Vektor herauszufordern, durch den, was sie und ich nicht wußten, fast alle ihre Erfahrung kanalisiert wurde.

Und was war mit mir? Was hatte ich getroffen, wo war ich gewesen, wie hatte die Zeit mit Joanna mich verändert?

Eine erfahrene Therapeutin nähert sich jeder klinischen Situation mit einem vernünftigen Vertrauen in ihr Wissen. Dieses Vertrauen bezieht sich nicht auf die Details, wie ein bestimmter Fall sich entwickelt, sondern auf die Möglichkeit zu verstehen und bildet das Fundament, auf dem Unsicherheit und Überraschung gedacht und ausgehalten werden können. Psychotherapie und Psychoanalyse beschäftigen sich nicht mit dem, was gewußt und vorausgesagt werden kann, sondern mit dem, was erst noch verstanden und beschrieben werden, wofür die Therapeutin offenbleiben und ihre Neugier sinnvoll einsetzen muß.

Daran wurde ich während meiner Zeit mit Joanna erinnert. Es war keine Therapie zum Entspannen. Mein Vertrauen in meine Fähigkeit zu verstehen wurde ernsthaft getestet. Während der Periode, die ich „die Bedrohung" genannt habe, irrte ich in einem Nebel von Nichtwissen umher und mußte mich immer wieder daran erinnern, daß solche Verwirrung eine Übertragung der emotionalen Erfahrung der Patientin sein kann, vitale Kommunikation von ihrer Seite über ihren mentalen Zustand.

Meine vorsichtigen Schritte im Dunkeln – so fühlte sich an, was ich damals zu Joanna sagte – waren mein Versuch, diese Gefühle zu benennen und darauf zu vertrauen, daß sie, einmal benannt, sich schon erhellen würden. Wie sich herausstellte, taten sie es. Allerdings nicht ohne in noch mehr Verwirrung, Dunkelheit und Schrecken einzutauchen.

Konfrontiert mit dem Messer, hatte ich mich gefragt, ob da überhaupt ein Messer war oder ob ich dabei war, den Verstand zu verlieren. Während ich es durchdachte, lernte ich, im Angesicht der Angst fest zu bleiben. Ich wußte, daß ich durch Joanna nicht körperlich in Gefahr, aber sie auf schwierigem Gelände war. Für eine verstörte Person ist es nicht ungewöhnlich, eine andere in ihre Panik hineinzuziehen, aber Joannas Panik lehrte mich, still zu sein. Die Situation brauchte Wachsamkeit und Festigkeit – die Art Übersensibilität, die die Kehrseite der Panik ist, ähnlich dem Gebären oder Füttern eines Säuglings.

Dies Bild überraschte mich, denn in der Zeit mit Joanna, selbst während der Bedrohung, wurde das Mütterliche in mir wenig angesprochen. Vielmehr empfand ich ein tiefes Mitleid für sie und den Wunsch, sie zu erreichen und ihr Gefühl von Isolation zu lindern. Ich wollte helfen, aber dieser Impuls war zu äußerlich. Es war nicht möglich, sie von ihrem Terror, von ihrer Furcht zu befreien, ohne zuerst mit ihr sich diesem Terror zu nähern. Joanna zeigte mir, wie ich außerhalb und unabhängig von ihr ihren Schmerz tragen und auf mich nehmen konnte. Als Konsequenz entwickelte ich eine Fähigkeit für Stille.

Trotzdem glaube ich, daß ich vor allem ihre Furcht erfahren habe. Wichtige Begegnungen weiten die Grenzen unserer Erfahrungen, und mit Joanna spürte ich meinen emotionalen Spielraum so erweitert, daß ich begriff, geradezu riechen und schmecken konnte, was Furcht für sie bedeutete.

Und schließlich veränderte mich Joanna, indem sie mir die Befriedigung zu sehen erlaubte, die das Ritzen ihr verschaffte. Weil sie das umstandlos in unsere Beziehung einbrachte und mich einlud, an dieser – für mich undenkbaren – Aktivität teilzunehmen, konnte ich weder bestürzt zuschauen noch psychoanalytisch theoretisieren. Sogar während ich ablehnte, was sie anbot, war ich gezwungen, irgendwie an dem teilzunehmen, was sie durchmachte.

Wie fast jede therapeutische Erfahrung lehrte auch die mit Joanna mich Bescheidenheit. Wie andere war sie aus Not gekommen. Die Therapeutin besitzt Autorität, Wissen und den Glauben, daß sie helfen kann. All das ist ein unausweichlicher Aspekt des therapeutischen Unternehmens. Und es stimmt ja, daß wir durch unsere Erfahrung und unser Können manchmal eine Hilfe sind. Aber wir können uns immer auch irren, mißverstehen, nichts verstehen oder falsch beurteilen, wieviel Schmerz eine einzelne ertragen kann, weil wir diesen Schmerz unzählige Male zuvor gesehen, gehört, beobachtet haben. Wie viele Menschen, mit denen ich gearbeitet habe, lehrte mich Joanna, was für sie so unerträglich war, daß es außer Reichweite war. Diese Konfrontation mit der Realität einer anderen verweist mich auf die sehr bescheidenen Grenzen meines Verstehens und mein Bedürfnis, als Therapeutin nicht entweder führen oder gleich ganz abtreten zu wollen, sondern in aller Bescheidenheit teilzunehmen.

Fett ist ein Thema

Er näherte sich der Therapie wie einer politischen Kampagne. Ein stolzer Mann, fünfzig Jahre alt, Gewerkschaftsführer, der die Herrschaft über seine Ernährung und seine Familie verloren hatte – Edgar war müde und klagte über nicht enden wollende Arbeit. Ein Borderline-Diabetiker, dem aufging, daß er über Jahre ohne Beziehung zu seinem Hunger gegessen hatte.

Die Überzeugung, daß die Welt perfektionierbar war, war seine moralische Stütze gewesen, auch wenn seine politische Erfahrung der schwerfälligen Natur von Hinterzimmerabsprachen und -koalitionen ihm etwas anderes erzählte. Er war ein Mann, der Erfahrungen in gute und schlechte einteilte und die Dinge, die ihm nicht gefielen, so weit wie möglich vergaß. Um das Schlechte abzuwehren, verlegte er sich aufs Schuldzuschreiben, womit sich sein politisches und psychisches Leben gut organisieren ließ. Wenn etwas schwierig war, dann war jemand daran schuld. Die, die schuld waren, das wissen zu lassen, war seine bevorzugte Taktik, und seine Kollegen fürchteten ihn deswegen. Mächtig, effektiv und sinnvoll zu handeln, war die Grundlage für ein Selbstbild, das ihm gefiel: der harte Bursche auf einem harten Schlachtfeld.

„Mein Aufstieg war für einen Schwarzen ziemlich leicht", sagte er. „Ich hatte eine starke Familie. Großmutter Doris kümmerte sich um mich und meine Schwester und meinen Bruder, während unsere Eltern arbeiteten und sich nachts fortbildeten." Edgar war streng erzogen worden, aber mit erheblich weniger Eingriffen, als britische Schwarze der ersten Generation in der Regel erlebten. Seine Familie erwartete, daß er sich anpaßte; sie erklärten ihm, Rassismus gäbe es überall, aber er könne etwas dagegensetzen, und sie verließen sich darauf, daß aus ihm und seinen Geschwistern etwas wurde.

Er war nicht unbedingt hart mit sich, aber Prinzipien und Pragmatismus beherrschten ihn. Gefühle waren Luxus. Unsere therapeutische Beziehung schien eine seltsame Ehe werden zu wollen.

Unsere Sprachen, unsere Bezugssysteme trennten Welten. Wenn ich eine Verbindung herstellen wollte, die in irgendeiner Weise sinnvoll wäre, würde ich, wenigstens am Anfang, ziemlich didaktisch sein müssen.

Es half, daß er Qualifikation und Ausbildung respektierte und glaubte, bei einer „Expertin" zu sein. Sonst hätte er vermutlich sofort abgelehnt, was ich sagte. Es half auch, daß ich einen politischen Background hatte. Ich hatte selbst erst lernen müssen, daß Emotionen einen gewissen Wert hatten. Ich war daran gewöhnt, daß ökonomische Dinge im Mittelpunkt standen, darin stimmten wir durchaus überein. Ich hatte bloß zu meinem Verständnis von dieser Zentralität die Bedeutung der Emotionen hinzugefügt. Ich würde mit Edgar nicht streiten müssen, wie unsere Psychen und Emotionen zeitlich und räumlich konstruiert werden.

Diese Themen haben mich interessiert, seit ich Therapeutin werden wollte. Ich finde es spannend, wie die Einzelheiten unserer familiären Umstände sich mit unserem Geschlecht, der Klassenzugehörigkeit und kulturellen Herkunft mischen und daraus unser Gefühl sich bildet, wer wir sind.

Edgars Therapie würde vielleicht davon profitieren, wenn wir darüber sprachen. Oder auch nicht.

Ich empfand große Sympathie für ihn. Von seiner karibischen Geschichte wußte ich wenig. Aber als Jüdin der zweiten Generation kannte ich die Erfahrung der Immigration – die Verschiebung, die Verwirrung, einerseits sich in eine neue Kultur einpassen und andererseits die mitgebrachte Identität nicht verlieren zu wollen. Der Antisemitismus, den die Generation meiner Eltern in Großbritannien und den USA erfahren hatte, sensibilisierte mich für den Rassismus und das Zerstörerische daran, das darin besteht, daß das wenig schmeichelhafte Bild, das die rassistischen Elemente der Gastkultur vermitteln, von uns übernommen wird. Ich nahm also an, daß Edgars Biographie, trotz seiner Erklärung, wie einfach es für ihn persönlich gewesen war, eine Menge rassistischer Momente enthielt, und ich stellte mir vor, daß er auch wegen seiner Kinder und was denen widerfahren mochte, darunter gelitten hatte.

Ich wußte auch, wie hart die Generation meiner Großeltern gearbeitet hatte, um sich in einem neuen Land ein Zuhause zu schaffen, wie sehr sie wünschten, daß ihre Kinder Erfolg hatten,

Wurzeln schlugen, ihr Ziel erreichten. Die Geschichte der zweiten Generation unterscheidet sich natürlich von der der ersten, die in einem neuen Land geboren wird, aber bestimmte rote Fäden ziehen sich durch alle Immigrationserfahrungen – ich hoffte, ich würde die aufnehmen können, die für Edgar wichtig waren. Ich fragte mich von Anfang an, ob sein Gefühl, die Herrschaft zu verlieren, von dem Druck auf die ImmigrantInnen der ersten und zweiten Generation kam, es schaffen zu *müssen*. Trotz des Schwungs und der Bereitschaft, das Gute, das dem Leben abgerungen werden konnte, zu feiern, gab es da immer auch das Gefühl des Neuankömmlings, daß es immer noch mehr zu tun, zu entscheiden, anzustreben, zu erobern gab – kurz, das Leben war eine Abfolge von Hürden und nicht etwas, das man lebte.

Die Therapie fing also an. Edgar sagte, er versuche, sein Leben zusammenzuhalten, aber es scheine sich aufzulösen. Er war ein ehrgeiziger Mann und hatte in seiner Gewerkschaft viel verändert. Immer war er unterwegs zu seinem nächsten Projekt, mit dem er Neuland eroberte, aber seine Erfolge verschafften ihm mehr Druck als Vergnügen und ließen ihn über den erbarmungslosen Zwang grübeln, Erreichtes dauerhaft sichern zu müssen. Die ganze Zeit nahmen sein Umfang und seine Erschöpfung zu. Sein Diabetes war besorgniserregend. Sein Arzt empfahl mal wieder eine Diät, aber seine Frau und seine Tochter wußten, daß er dies schon so oft versucht und in seinem erwachsenen Leben das Gegengewicht einer ganzen Gewerkschaftsversammlung verloren und wiedergewonnen hatte, und fürchteten den Streß, den eine weitere Diät hervorrufen würde. Seine Tochter hatte ihm geraten, ein bekanntes Buch über zwanghaftes Essen zu lesen und sich nicht daran zu stören, daß es für Frauen geschrieben war.[1]

Diät halten oder weniger essen führt dazu, daß Menschen in sich hineinschlingen, auch wenn sie nicht hungrig sind, und das Gefühl für den Mechanismus von Hunger und Befriedigung verlieren. Zwanghaftes Essen hat emotionale Gründe; emotionale Probleme werden in Eßprobleme verwandelt, die lösbar scheinen oder wenigstens verschiebbar, was die emotionalen Probleme nicht sind. Menschen mit Eßproblemen haben überdies unbewußte Vorstellungen über die Bedeutung unterschiedlicher Körperzustände, die mit

ihren bewußten Vorstellungen von dick und dünn nicht überein-
stimmen. Wenn diese Diskrepanzen unbemerkt bleiben, können sie
die Fähigkeit einer Person, Körperbild und Körperumfang zu ver-
ändern, erheblich stören.

Anders als viele Frauen mit Eß- und Körperbildproblemen, die ich
kennengelernt habe, suchte Edgar nicht nach einer magischen Kur,
sondern nach Instruktionen, die er befolgen konnte. Er sah die
logische, wenn nicht sogar die unmittelbare Bedeutung des Argu-
ments, daß aus Hunger essen etwas anderes ist als essen, um sich
in emotionalen Streßzuständen zu trösten. Er vermochte einzuse-
hen, daß er gewohnheitsmäßig mehr aß, als er brauchte, und er
war sich durchaus bewußt, daß die verschiedenen Ausreden, die
er sich jahrelang zurechtgelegt hatte, nicht zutrafen. Für sein Verhalten könnte es vielleicht auch emotionale Gründe geben, erklärte er mir. Wenn sich das herausstellen sollte, würde er sich nicht
scheuen, ihnen eins auf die Nase zu geben.

Bei der Arbeit mit Menschen mit Eßproblemen kann es hilfreich
sein, ihre Vorstellungen über dick und dünn auf den Kopf zu stel-
len. Während oberflächlich dünn Talent, Glück und Sex zu ent-
sprechen scheint und dick für Schmerz, Selbstzerstörung und
Unbehagen steht, entdecken wir bei näherem Hinsehen Bedeu-
tungen, die sehr viel komplexer sind, zum Beispiel steht dünn für
Zerbrechlichkeit, Sichtbarkeit und Unfähigkeit, sich zu schützen,
während dick Substanz, Behagen und Schutz symbolisieren kann.

Edgars Direktheit und die saubere Art, wie er sich dieser, seiner
letzten Schlacht näherte, machten ihn mir sympathisch. Vielleicht,
dachte ich, war es wirklich so einfach. Zwar war es das für die
meisten Menschen, mit denen ich bisher gearbeitet hatte, nicht
gewesen, aber schließlich ist jede Therapie ein Abenteuer, in dem
individuelle Erfindungsgabe das A und O ist. Ich kannte zwanghafte Esser, deren Begeisterung, zu lernen zu essen, wenn man
hungrig ist, und aufzuhören, wenn man satt ist, sie verließ, sobald
sie anfingen, an Gewicht zu verlieren. Sie hatten für sich entdeckt,
daß die psychischen Bedeutungen des Umfangs genauso folgen-
reich waren wie die emotionalen Gründe zu essen.

Ich beschloß, unsere Arbeit auf Edgars Eßmuster zu konzentrieren, denn deswegen war er gekommen. Obwohl ich spürte, daß nicht nur sein Körper an Umfang zunahm, sondern ebenso die Liste von Dingen, die mit seinem Leben nicht mehr in Einklang standen, schien ein so fokussierter Zugang so gut wie jeder andere Anfang. Das Essen zu untersuchen und herauszufinden, was es für die einzelne Person bedeutet, ist ein wunderbarer Weg, diese Person kennenzulernen. Mehr noch: Die Dinge, die meiner Meinung nach auftauchen würden, wenn Edgar über die Rolle nachdachte, die Essen und Gewicht in seinem Leben spielten, würden leichter aufgenommen werden, wenn sie mit etwas verknüpft waren, das er jeden Tag tat.

Der Vorschlag, daß Edgar einige Tage ausführlich aufschrieb, was er aß, ob er hungrig gewesen war oder nicht, wie das Essen schmeckte und wo, wann und warum er aß, ergab in der zweiten Sitzung eine minutiöse Schilderung seiner Beschäftigung mit Essen. Er konnte sich der Aufgabe so aufmerksam widmen, sagte er, weil er in dieser Woche nicht von Pontius zu Pilatus rennen mußte. Seine Frau besuchte ihre Familie in Ghana, es gab relativ wenig Gewerkschaftsverpflichtungen und zwei seiner drei Kinder hatten es übernommen, ihn bei sich zu Hause mit Abendessen zu versorgen.

Die Aufgabe, statt Diät zu halten über sein Essen nachzudenken, hatte ihm alles mögliche bewußt gemacht. Seine erste und erschreckendste Erkenntnis war, daß er kaum Hunger empfand. Edgars Essen hatte mit Hunger wenig zu tun. Es war in erster Linie eine sinnliche, tröstliche Erfahrung, in der delikate Geschmacksrichtungen und Beschaffenheiten seinem Gaumen schmeichelten und ihm das Gefühl von Solidität verschafften. Seine zweite Entdeckung war, daß er, wenn er aß – was weiterhin oft und reichlich geschah –, sehr schnell satt war, viel zu schnell für seinen offensichtlichen Appetit.

Edgar hatte bis zu diesem Augenblick seine Eßgewohnheiten nicht zu ändern versucht, er beobachtete nur, wie er routinemäßig aß. Als er darauf achtete, fiel ihm auf, wie schnell er unaufmerksam wurde. Er registrierte die ersten Mundvoll von dem, was er aß oder trank, aber das war es auch schon. Ihm wurde klar, daß er weiteraß, auch wenn er nichts mehr schmeckte. Dann war da das

Problem, wenn er einen ganz bestimmten Geschmack und keinen anderen wünschte. Zum Beispiel hatte er zum Frühstück ein Stück Obst gewollt, aber das war problematisch wegen seines Diabetes, also hatte er Müsli mit Milch gegessen. Er sagte, er sei sich nicht sicher, wieviel seines Essens davon bestimmt war, den Zucker zu regulieren, und von der Müdigkeit, die ihn plagte.

Aus Edgars Beobachtungen seiner Eßgewohnheiten konnte ich ableiten, wie er *mit* seinem Hunger essen und zugleich seinen Blutzucker überwachen konnte. Was mich neben seinem detaillierten Bericht beeindruckte, war, daß Edgar unter den Menschen, die mit Eßproblemen zu mir gekommen waren, zu den ganz wenigen gehörte, die sich tatsächlich so beobachteten, wie ich es angeregt hatte. Gewöhnlich begeisterten sich die Patientinnen so sehr an der Möglichkeit der Veränderung, daß sie mit aller Macht versuchten, ihre Eßgewohnheiten zu modifizieren, noch bevor wir genügend Daten beieinander hatten, um zu wissen, wie ihr Essen tatsächlich aussah und sich anfühlte. Bei vielen Menschen mit Eßproblemen hatte ich das Gefühl, ich sei auf einer Rettungsmission. Die Information kam nur heraus, wenn sie in einem Sauf- und Freßanfall verschlungen wurde, so daß ich kein Bild von den Hintergründen bekam. Edgar hingegen hatte uns sehen lassen, was sein Essen war und wie es sich anfühlte.

Edgar aß, bis er sich voll und schwer fühlte. Es verschaffte ihm das zufriedene Gefühl, daß alles in Ordnung war. Er erkannte sofort die emotionale Natur dieses Drangs nach Fülle, und das brachte ihn in Schwung. Die Vorstellung, daß er zwei verschiedene Arten von Wünschen – den Wunsch, voll zu sein, und den Wunsch, den Hunger zu befriedigen – miteinander vermischte, und die Tatsache, daß es verschiedene Arten von Sattheit gab, war, als öffnete sich ein Fenster. Vorher hatte er nie aufgehört zu überlegen, ob er noch hungrig war oder voll oder worauf er Hunger haben könnte. Durch das akribische Befolgen meiner Anregung hatte er sich überzeugt, daß er aß, wenn er eigentlich keinen Hunger hatte; daß er nicht annähernd soviel Nahrung brauchte, um seinen Hunger zu stillen, wenn er so langsam essen würde, daß er jeden Bissen zur Kenntnis nahm; daß es eine Verschmelzung oder eine Verwechslung gab zwischen seinem Wunsch, physisch voll zu sein, und dem Wunsch, emotional erfüllt zu sein.

Ganz schön für die zweite Sitzung, dachte ich und stellte ihm eine neue Aufgabe.

Diese Aufgabe baute auf dem auf, was er bereits an sich beobachtet hatte. Er sollte versuchen, nur dann zu essen, wenn er sich hungrig fühlte. Und er sollte darauf achten, was er aß, so daß er aufhören konnte, wenn er sich physisch zufrieden fühlte. So einfach sich das für jemand ohne Eßproblem anhören mag, für Edgar war es alles andere als einfach; sein Impuls zu essen entstand ja nicht in seinem Verdauungstrakt. Aufzuhören, wenn er physisch gesättigt war, war fast noch schwieriger, denn die empfindlichen Mechanismen, die Sättigung signalisieren, sind bei denen, für die Essen und physischer Appetit getrennt sind, oft gestört. Trotzdem empfahl ich Edgar, es zu versuchen, auch wenn es bedeutete, wenig zu essen, dafür öfter und zu unpassenden Zeiten.

Seine Arbeitsbelastung war weiterhin geringer als gewöhnlich, und er war darauf vorbereitet, sicherzustellen, daß er an Essen kam, sobald er das Gefühl hatte, er brauchte es. Ich fühlte mich ermutigt. Er baute in sich keine Unmengen an Widerständen auf. Sein Diabetes bedeutete, daß er ausgewogen essen mußte, also achteten wir auf Dinge, die seinen Magen besänftigten, und redeten darüber, wie er sie mit dem kombinieren konnte, wonach ihn verlangte, was vom Ernährungsstandpunkt her für einen Diabetiker wahrscheinlich weniger angebracht war.[2] Wenn er unbedingt ungesundes Essen haben wollte, in Gottes Namen, sagte ich, aber ergänzen Sie es mit den langsamer arbeitenden Kohlehydraten, die der Magen braucht. Ich bat ihn aufzuschreiben, was er fühlte, wenn er aufhörte, sobald er sich physisch voll fühlte. Was würde er erfahren, wenn er nicht weiteraß, bis er sich schwer fühlte?

Die dritte Sitzung war nicht leicht für ihn. Er hatte viel über sein Essen gelernt, aber er war auch tief verstört. Er fand, er hatte seine (chaotischen) Muster zerstört und war nicht auf der Höhe. „Ich kann mühelos Diät halten. Bin der beste Diätmensch, den ich kenne", sagte er und mußte über sich selbst lächeln, als ihm klar wurde, daß er wohl wiederholte, was viele Menschen vor ihm gesagt hatten. „Sie haben mich mit Ihrem Schema ganz schön aus dem Tritt gebracht. Ich habe kaum Hunger. Ich habe wenig und häufiger gegessen – so oft nun auch wieder nicht –, aber um die Wahrheit zu sagen, es gefiel mir nicht. Ich fühlte mich wackelig und unsicher, als würde ich hinfallen. Als wäre ich ein großer Mann, der auf Ballettschuhen balanciert." Er nahm einen Block und zeichnete spontan ein Bild, das nichts mit dem kräftigen, aber graziösen Mann mir gegenüber zu tun hatte, der in seinem Körper gut verankert schien. Ich unterdrückte einen Kommentar, weil ich wissen wollte, was noch herauskam. Es dauerte nicht lange, und er seufzte tief.

„Ich habe zugesehen, wie mein Körper von mir abfiel. Ich habe das unheimliche Gefühl, daß meine Substanz umgekippt ist und ich in einem Rahmen aus Haut und Knochen zurückgeblieben bin." Er zeichnete eine zweite Figur und wirkte tief in Gedanken. „Es ist mein Vater", sagte er dann. „Genau. Ich bin es auf keinen Fall." Er sah mich nicht an, und ich erinnerte mich, daß er in der ersten Sitzung kurz angesprochen hatte, sein Vater sei gestorben, als er zehn war. Wenn er an Krebs gestorben war, konnte er am Ende sehr wohl ein schwacher Mann gewesen sein, der in den Augen eines kleinen Jungen seine Masse abgestreift hatte.

Edgar überlegte. Ein paarmal riß er sich aus seiner Nachdenklichkeit heraus, indem er über sich als Ballerina witzelte. Sein Körper entspannte sich, er schien sich an einem privaten Meditationsort zu befinden, den andere nicht betreten durften. Nachdem zehn Minuten so vergangen waren, schüttelte er den Kopf, als könnte er damit loswerden, wo er gewesen war, sah auf die Uhr, merkte, daß die Sitzung vorbei war, und fragte nach der Hausaufgabe für die kommende Woche.

Ich versuchte ihm in die Augen zu sehen. Ich wollte nicht so tun, als wäre in dieser Sitzung nichts passiert. Daß ich ihn ansah, schien ihn zu überraschen, als wäre meine Aufmerksamkeit unwillkommen. Und doch blieb ich dabei. Widerwillig hielt er meinem Blick stand. Für lange zwanzig Sekunden schienen wir beide nervös. Die Regeln des sozialen Umgangs waren unterbrochen, und in meinem Gehirn schrillte die Alarmanlage. Alles konnte passieren. Ich konnte nicht auf Automatik schalten, weil es keine Automatik gab, auf die ich hätte antworten können.

In der Therapie ist es oft das Unerwartete, auf das geachtet werden muß, aber in meinem Bemühen, darauf zu achten, schien ich uns in einen dieser Zustände zu manövrieren, in denen es nichts als Unsicherheit gibt.

Die Stille begann einem Machtkampf zu gleichen, dennoch fühlte ich mich keineswegs im Streit mit ihm. Während er tief in Gedanken war, hatte ich über seine beiden Zeichnungen nachgedacht: Edgar, der dicke Mann, der auf Ballerinaspitzen schwankt, und Edgar/Edgars Vater, von dem das Fett abfiel und einen ausgemergelten, kollabierten Körper freigab. Als ich Edgar ansah, wollte ich verstehen, welche Bedeutung die letzten zehn Minuten für *ihn* gehabt hatten. Die Klarheit seiner Zeichnungen erregte mich, aber wie sah er sie? Wie fühlte er? Was fühlte er? Wie er auf die Uhr gesehen und nach der Hausaufgabe gefragt hatte, war ein Signal. Wollte er mich wissen lassen, daß seine Gefühle eingekesselt waren, Zutritt verboten, bitte ziehen Sie sich zurück? Eindeutig wollte er sie jetzt nicht mit irgend jemand teilen. Die Art, wie er sie von sich abgeschüttelt hatte, legte nahe, daß sie nach ihrem kurzen und unerwarteten Auftritt ausgeschlossen und begraben werden mußten.

Ich hatte grundsätzlich nichts dagegen, ihm eine Hausaufgabe zu geben. Nur die Schroffheit seiner Forderung irritierte mich. Mein Verstand kreiste ein, was ich anbieten konnte. Meinen ersten Gedanken, er solle seine Woche durchgehen und sich vorstellen, er habe sein Idealgewicht, verwarf ich. Es schien zu nahe an dem, was in ihm während dieser Sitzung abgelaufen war, das er bis jetzt nicht preisgeben zu wollen schien.

Diese Aufgabe ist für vieles sinnvoll. Sie kann einer Person erkennen helfen, was für sie an ihrer Idealfigur problematisch ist, eine ermunternde Vorstellung, weil das im allgemeinen für problemlos gehalten wird. („Wenn ich nur", sagt die Patientin, „wenn ich nur dünn wäre, hätte ich einen Mann, einen guten Job, ich würde mich gut fühlen, glücklich sein, meine Mutter würde mich akzeptieren...") Sie kann eine Person darauf vorbereiten, welche Fantasien sie mit sich herumträgt; was zum Vorschein käme, wenn sie ihr Idealgewicht hätte; die Welt ändert sich nicht, die Dinge laufen nicht notwendigerweise besser, die Konflikte bleiben. Sie kann ihr helfen zu „akzeptieren" oder wenigstens neugierig zu sein, daß es in ihr Teile gibt, die argwöhnisch und ängstlich sind, was ihre Idealfigur angeht; die Figur löst das Problem nicht. Sich mit Idealfigur zu imaginieren und lange genug bei dem zu bleiben, was dieses Bild hervorruft, um die Fantasie seiner magischen Heilkraft zu zerstören, kann das an die Oberfläche bringen, was die Person bisher davon abgehalten hat, ihr Idealgewicht zu erreichen. Zu wissen, welche Ängste, Probleme und Enttäuschungen in der Erreichung meines Idealgewichts lauern, eröffnet die Möglichkeit, darüber zu reflektieren. Wir entdecken, wie emotionale Probleme in Gewichtsprobleme übersetzt wurden und welche emotionalen Zustände unbewußt im idealen oder kleineren Körper codiert sind. Die Untersuchung dieser emotionalen Themen kann für die Person ein Vorspiel dafür sein, wirklich in einem leichteren Körper zu wohnen.

Obwohl diese Aufgabe also einen logischen und beträchtlichen Wert hatte, da Edgar entweder unwillig, zögernd oder entschlossen war, nicht wissen zu lassen, was ihn so absorbiert hatte, spürte ich, zu fragen würde bedeuten zu drängen. Einem Analysanden meine Bereitschaft und das Vertrauen zu vermitteln, zu konfrontieren, was er schwierig oder erschreckend findet, eine bedrohliche Verwirrung zu tolerieren oder Zeugin einer schrecklichen Pein zu werden, ist bestimmt richtig, aber plump und unüberlegt in einen privaten Ort einzudringen, ist keine Hilfe. Nach einer endlos langen Zeit wählte ich das Einfachste und am wenigsten Alarmierende, das ich sagen konnte. „Edgar, ich bin dagegen, eine bestimmte Hausaufgabe vorzuschlagen, ohne zu wissen, worüber Sie gegrübelt haben, aber vielleicht ist es sinnvoll, über die Zeit in Ihrem Leben nachzudenken, in der Sie angefangen haben zu essen, ohne hungrig zu sein."

Die Spannung zwischen uns war gebrochen. Edgar wirkte erleichtert über die konkrete Aufgabe. Ich war erleichtert, daß er erleichtert war. Ich hoffte, dieser Gedanke könnte etwas über den Zusammenhang zwischen seinem Bedürfnis zu essen und dem Bedürfnis nach Volumen und dem, worüber er so intensiv nachgedacht hatte, ans Licht bringen.

Wenn ein Muster zwanghaften Essens einmal etabliert ist, werden alle möglichen Situationen die Person zum Essen veranlassen, und alle möglichen Gedanken werden sich an die Bedeutung verschiedener Körpergrößen anhängen, interessant aber sind die origina-

len Impulse, die eine Person dazu bringen, zwanghaft zu essen. Sei es, daß den Versuchen des kleinen Mädchens, Zärtlichkeit zu finden, immer unangemessen begegnet wurde, wenn sie z.b. weinte, dies immer als Zeichen für Hunger oder nasse Windeln oder ähnliches gesehen wurde. Sei es, daß ein Säugling nach der Uhr oder einem Fahrplan gefüttert wurde und nicht als Reaktion auf wirklichen Hunger. Sei es, daß einem Kind ungenügend Essen angeboten wurde. Aus vielen Gründen kann es für eine Person schwer sein, darauf zu vertrauen, daß sie schon weiß, was physiologischer Hunger ist und wie er befriedigt wird.

Neben dem spezifischen Mißinterpretieren von emotionalem Leid als Hunger oder der Falschdeutung von Hungersignalen können ähnlich komplexe Dinge, die mit Nähe und Identität zu tun haben, zwanghaftes Essen in Gang setzen. Zum Beispiel daß ein Elternteil gern ißt und die Liebe zu allem, was mit Essen zu tun hat, an ihr Kind weitergibt, ihre gemeinsame Zeit durchdrungen ist von der Sinnlichkeit des Essens. Die Zubereitung des Essens, die Vorfreude und schließlich das gemeinsame Essen begründeten und kennzeichneten ein besonderes Band zwischen ihnen. Vielleicht ist das Essen aber auch ein Schlachtfeld. Das Kind wird auf Diät gesetzt und rebelliert, entwickelt vielleicht sogar ein Fasten-Fressen-Syndrom. Von Edgar wußte ich, daß er als Teenager angefangen hatte zuzunehmen, und ich wollte ihm Gelegenheit geben, dem nachzugehen, was über seinen Vater hochgekommen war.

Edgars Träumerei und wie sie endete, ging mir auch nach der Sitzung nicht aus dem Kopf. Ich überdachte noch einmal, was ich über ihn wußte – was er mir erzählt hatte, was ich über ihn in der Zeitung gelesen und was ich selbst herausgefunden hatte. Er war die Hoffnung seiner Eltern gewesen; sein älterer Bruder war als Teenager zeitweise aus dem Gleis geraten und hatte sich erst mit dreißig wieder gefangen. Edgar war in einem kleinen, vom Rest der Welt getrennten Haus in West-London von seiner Großmutter aufgezogen worden. Ich überlegte, wer an ihre Stelle getreten war, als sie starb, und wie sein Verhältnis zu seiner Mutter und Schwester war. Er war ein guter Schüler gewesen, hatte vielversprechende Ansätze im Debattierclub gezeigt, war Ingenieur geworden und arbeitete bei Plessey, wo er bald Vertrauensmann wurde und wegen seines unverkrampften, aber effektiven Eintretens für die Rechte seiner Kumpel sehr beliebt. Nach ein paar Jahren wurde er Funktionär, und die Gewerkschaft schickte ihn ans Ruskin College. In Oxford schloß er sich einer Gruppe von Studierenden an, die aus der oberen Mittelschicht Ghanas kamen, unter ihnen die Frau, die er später heiratete. Er warb um sie, während sie ihren Doktor machte. Sie heirateten, zogen nach London und gründeten eine Familie. Die letzten fünfzehn Jahre hatte seine Frau für eine UN-Behörde gearbeitet. Aus den Unterlagen seines Arztes ging hervor, daß Edgar schon als Teenager Übergewicht und mit achtunddreißig Diabetes bekommen hatte.

Ich hatte an diesem Nachmittag einen nachdenklichen Edgar erlebt. Den jungenhaften Teil von ihm, der aufmerksam zuhören konnte und sich selbst mit einer Entschiedenheit einsetzte, die ich in seiner Härte als Gewerkschaftsführer bereits kennengelernt hatte. Von Zeit zu Zeit brachten die Nachrichten etwas über ihn, und lange bevor er in meiner Praxis aufgetaucht war, hatte mich seine Fähigkeit beeindruckt, die Ansichten seiner Gewerkschaft zum Beispiel zum Arbeitskampf klar zu vermitteln.

Ich fühlte mich angezogen und empfand Wärme und Bewunderung für ihn. Ich schätzte seine Ernsthaftigkeit, und seine augenzwinkernde Seite, die von Zeit zu Zeit auftauchte, bezauberte mich; sie war, vermutete ich, ihm auch bei seiner Arbeit nützlich, denn zu einem wirklich erstklassigen Organisationstalent gehören außer Verhandlungsfähigkeit auch Charisma und Humor.

Ich bekam auch ein starkes Gefühl für Edgar als Einzelgänger, obwohl er fast immer von Menschen umgeben war. Er konnte führen. Er hatte Wärme. Aber in seinen Gedanken, Gefühlen und politischen Überlegungen war er allein, vielleicht war er sogar einsam.

Die folgende Woche nahm er mich innerlich voll in Beschlag. Ich stellte mir seine Frau vor und wie sie und er mit drei so unterschiedlichen Kulturen umgingen: ihrer ghanaischen, seiner afrokaribischen und der schwarzen britischen, in der sie beide lebten. Ich dachte über die Klassenunterschiede nach, die zwischen ihnen bestanden, und über die Arbeitswelten, die sie bewohnten. Ich hätte gern gewußt, wie sie ihre Kinder aufgezogen hatten. Wie stark hatte Edgar sich daran beteiligt? Wie war überhaupt seine

Ehe? Ich überlegte, was es hieß, mit einer medizinischen Kondition zu leben, die tägliche Beobachtung brauchte.

Derartig mit einem neuen Patienten beschäftigt zu sein, war nichts Ungewöhnliches für mich, es ist Teil meiner Arbeit. Ich war es gewöhnt, daß in jedem freien Augenblick meine Gedanken zu einer Person, die ich kürzlich angenommen hatte, wanderten. Ich vermute, das ist eine Art, die neue Person in mein (professionelles) Leben aufzunehmen, sie mir unter die Haut gehen und in mir ein Zuhause finden zu lassen.[3]

Edgar weckte meine Teilnahme und meine Zuneigung. Ich mochte seinen Kampfgeist, seine Ideale, seine Förmlichkeit. Wir gaben uns die Hand, wenn er kam und wenn er ging. Seine sachliche Haltung sich selbst gegenüber – die wir demontieren mußten, wenn wir Erfolg haben wollten – gefiel mir. Ich kannte diesen Typ Mann aus meiner politischen Arbeit, und mich interessierte, wie seine öffentliche und seine private Seite zusammenhingen (oder nicht).

Die Zuneigung, die er in mir wachrief, zu entdecken, war so wichtig wie alles andere. Zu diesem Zeitpunkt war es eine kollegiale Zuneigung. Das Wort Respekt fiel mir ein, und ich fragte mich, ob es sich auf das bezog, was zwischen uns passierte, oder ob es das Gefühl seiner familiären Beziehungen reflektierte. Respekt hatte er in mir erweckt, als er sich an einen privaten und tief nachdenklichen Ort zurückzog, nachdem er von der Hinfälligkeit seines Vaters gesprochen hatte. Für einen Mann, der sich als aus den Nähten platzend erlebte, benahm er sich sehr undramatisch. Er mochte nicht gewohnt sein, seine Gefühle wahrzunehmen, und nicht wissen, wie er integrieren sollte, was er fühlte, aber er war durchaus in der Lage, mit seinen Gefühlen umzugehen, ohne sie zu verschütten. Was er mir zeigte, paßte nicht in sein Selbstbild des aus den Nähten Platzenden. Ich hatte viele Fragen und war neugierig, was als nächstes passieren würde. Vor allem weil zwischen seiner Härte in der Welt und der fast schüchternen Art, in der er sich mir darstellte, ein solcher Kontrast bestand.

Im Moment hatte ich das Gefühl, das Wichtigste wäre Edgars Einsicht in seinen Vater und seinen eigenen Umfang. Er wollte oder konnte damit nicht weitermachen, und ich fand keinen unmittelbaren Weg, ihm dabei zu helfen. Ich vermutete, er hatte

Furcht und Kummer gespürt, als ihm das Bild einfiel, wie er aus seinem Fett herausstieg. Ich wußte es nicht mit Bestimmtheit, weil er es nicht sagen konnte, und ich merkte, jetzt davon anzufangen, wäre ein Übergriff. Die Therapie ging weiter. Edgar war sehr damit beschäftigt, herauszufinden, wann er Hunger hatte, nur zu diesen Zeiten zu essen und aufzuhören, wenn er satt war. Er war höchst zufrieden, daß er das konnte (und fühlte), auch wenn es eine Pandorabüchse von Problemen öffnete, was er denn statt essen tun sollte. Seine Anzüge fingen an, lose an ihm zu hängen.

Monate später begann Edgar von der Angst zu sprechen, die er gefühlt hatte, als sein Vater starb. In der Zwischenzeit hatte er nicht mehr daran gedacht. Teils hatte er nicht gewußt, wo und mit wem er darüber hätte sprechen können, teils war es, als er jünger war, unmöglich in Begriffe zu fassen gewesen. Wie an die Krankheit, die dem Tod seines Vaters vorausgegangen war, konnte er sich kaum noch daran erinnern. Er erinnerte sich nur an eine große Stille im Haus, an flüsternde Stimmen. Sein Bild von sich, wie er aus seinem Fett heraustrat, auf Ballerinaschuhen schwankte, blieb und unterbrach das Reden über seinen Vater.

Während der Beerdigung und dem nachfolgenden Leichenschmaus versuchte er es seiner Mutter und Großmutter gleichzutun und die Fassung zu bewahren. Er erinnerte sich, wütend und wie betäubt gewesen zu sein über die Ungerechtigkeit, seinen Vater zu verlieren. Niemand wollte darüber reden oder ihm zuhören. Seine Angst, sein Kummer und seine Wut verfolgten ihn, bis seine Mutter ihm sagte, er sollte froh sein, daß er sie und seine Oma hätte, und sich zusammenreißen. So in die Wirklichkeit geworfen, wurde er ein gewissenhafter und gehorsamer Junge. Hilfsbereit zu Hause und fleißig in der Schule, galt er bald als sehr verantwortungsvoll. Als er mit sechzehn von der Schule ging, war er ein entschlossener junger Mann, effizient und sympathisch.

Edgars Kummer über den Tod seines Vaters verringerte jetzt sein Bedürfnis, sich schwer zu fühlen. Seine Traurigkeit schien ihn auszufüllen, als wäre er vorher leer gewesen. Der Kummer machte unsere Therapiesitzungen gewichtig und ernst und brachte gleichzeitig Erleichterung. Und das nicht nur in der Therapie. Er hatte im Sprechen über seine Gefühle ein Heilmittel entdeckt, das er nun auch an seinem Bruder und seiner Schwester ausprobierte.

Die Erinnerungen und Gefühle, von denen er sprach und die ihn in Anspruch nahmen, füllten ihn auf eine neue Weise aus. Mir kam es vor, als sei der Unterschied zwischen dem manchmal genialen, manchmal harten Mann, der wußte, was zu tun war, und es tat, und dem schüchternen, fast zaghaften Mann, der auf der Suche nach seinen Gefühlen war, kleiner geworden. Zweifellos war mehr von ihm in ihm, aber paradoxerweise schärfte das seine Empfindung einer andauernden Leere.

Sein Umfang nahm ab. Es ging langsam und gleichmäßig, und es machte ihn froh. Er kaufte neue Anzüge und fühlte sich gesünder. Er sah weniger beeindruckend aus, aber nicht weniger würdevoll. Er berichtete, daß er seinen sexuellen Appetit verloren hatte. Wenn er mit seiner Frau schlief, gefiel es ihm, aber er konnte es auch lassen. Innerlich war er eingehüllt in Verlust, nicht nur den Verlust seines Vaters, den er nun ganz akut empfand, sondern den Verlust der Sicherheit, wer er war und wer er in den letzten dreißig oder vierzig Jahren gewesen war. Er hatte das Gefühl, in Frage zu stellen, was ihn so lange zusammengehalten hatte, und unter all dem Fett einen Edgar zu sehen, der unentwickelt, unsicher und nervös war. Körperlich und emotional erlebte er eine Zerbrechlichkeit, die ihn hinderte, weiterzumachen, als wäre nichts geschehen.

Es war sehr bewegend. Ich sah den Mut, den er in seine Gewerkschaftsarbeit eingebracht hatte, nun auf seine persönlichen Kämpfe angewendet. Wie auf Zehenspitzen umkreiste er seine zarteren und unsicheren Aspekte und hielt sich selbst auf Armlänge von dem lauten, aggressiven Gewerkschaftsführer entfernt, den er kannte. Es war, als prüfte er alles um sich herum. Er konnte nicht glauben, daß unter ihm neuer Grund war (wenn auch noch kein fester), während der alte verschwand. Er schwankte zwischen zwei mentalen Landschaften, der einen, die er kannte, die praktisch aufgebraucht war, und der anderen, die noch unerforscht war.

In der Zwischenzeit passierte in den Sitzungen für mich etwas ziemlich Eigentümliches. Etwas, das ich nur aus dem Augenwinkel wahrnahm. Nach einigen Wochen, in denen ich es nicht wirklich wahrhaben wollte, wurde mir klar, was es war. Wenn Edgar das Beratungszimmer betrat, fühlte ich, wie ich mich ausdehnte. Mein

Körper schien zu wachsen, so daß ich mich einige Zentimeter größer fühlte, breite Schultern bekam, einen großen Schoß, beeindruckende Schenkel und Arme und einen stattlichen Busen. Überraschenderweise – gemessen daran, wie Dicksein in unserer Kultur geächtet wird – empfand ich diesen größeren Körper nicht als unangenehm, sondern im Gegenteil als ziemlich beruhigend und tröstlich, obwohl er einen Beigeschmack von Sturheit hatte, die mich verblüffte.

Natürlich halte ich körperliches Mitschwingen für ein wichtiges Merkmal der therapeutischen Begegnung. Aber das Gefühl, sich während einer Sitzung körperlich zu verändern, ist immer seltsam. Jetzt schien es, als nähme ich in dem Maß zu, in dem Edgar abnahm, und empfände die gleiche emotionale Befriedigung, die seine Körperfülle ihm verschafft hatte. Ich wußte nur nicht, warum das so war.

Natürlich bildete ich mir diese körperlichen Veränderungen ein. Ich war in der Sitzung nicht wirklich gewachsen und dann wieder geschrumpft, als Edgar ging. Wenn es einen Beweis brauchte für die Macht der Imagination, unsere Selbsterfahrung und unser Selbstgefühl zu beeinflussen, hier war er. Wenn auch auf abwegige Weise. Als Psychotherapeutin hatte ich natürlich beobachtet, wie Stimmungen, Gefühle und körperliche Zustände von Patienten in mir widerhallen. Ich konnte es nicht ganz erklären, und keine der Erklärungen, die meine Zunft gefunden hatte, *wie* die Übertragung solcher Zustände, besonders die Übertragung unbewußter Zustände funktioniert[4], hatte mich überzeugt. Aber das hinderte mich nicht, das, was geschah, als bedeutsam und für die Therapie wichtig anzusehen.

Seit vielen Jahren interessiert mich das Phänomen, das ich Körpergegenübertragung nenne: die physischen Gefühle, die im Körper der Therapeutin entstehen, wenn sie mit einer Person arbeitet. Historisch gesehen hat sich die Psychoanalyse auf zwei Arten körperlicher Gefühle konzentriert – die erotischen und die somnolenten. Angeregt durch meine Arbeit mit anorektischen Patientinnen (deren Körperbild und Gefühl für physische Stabilität unsicher ist) und zunehmend mit Blick auf meine gesamte Arbeit habe ich es extrem produktiv gefunden, die physischen Empfindungen, die in

126

mir wach werden, für genauso wertvoll anzusehen wie die Gedanken und Gefühle, die während der Arbeit mit einer Patientin entstehen. In dieser weiter gefaßten körperlichen Gegenübertragung haben wir ein Fenster zum Verständnis der physischen Entwicklung der Person, die ebenso wichtig ist wie die normalerweise ausschließlich betrachtete emotionale Entwicklung.

Mein erster Gedanke war, daß ich Edgars Dicksein auf mich nahm. Vielleicht war er noch nicht soweit, sich davon zu befreien, und hatte es deshalb bei mir deponiert, während er damit experimentierte, ohne Dicksein auszukommen. Konnte es ein, daß die Bedeutung des Dickseins für ihn nur zu erkennen war, wenn er es in mir *konkretisierte?* Natürlich war es nicht konkret, es war nur eine Vorstellung und für die, die mit psychoanalytischem Denken nicht vertraut sind, vielleicht eine ziemlich merkwürdige. Aber gerade mit solchen „merkwürdigen" Ideen arbeitet die Psychoanalyse, um Bereiche des Unbewußten zu betreten – die hoch imaginativen Prozesse jenseits des Bekannten oder des Logischen.

Wenn meine Ausdehnung Edgars Dicksein war, dann überraschten mich meine riesigen Brüste, meine Schenkel, mein Schoß. Es fühlte sich nicht männlich an, es fühlte sich nicht wie Edgars Fett an und auch nicht wie das Fett von Edgars Vater. Es fühlte sich eindeutig weiblich an. Vielleicht reichte meine Fantasie nicht, mich mir als fetten Mann vorzustellen, während Edgars Art, seine Gefühle über seinen Vater zu rufen, meine Ausdehnung stimulierte, und ich hatte mein Wachstum feminisiert?

Trotz der starken Bilder, die wir alle vom Mütterlichen und von Schößen haben, bin ich in meiner Arbeit auf ein Paradox gestoßen. Für viele, vor allem für viele Frauen wird der Schoß des Vaters als Ort der Zuflucht in der Familie erinnert. Während das Bild und das Gefühl, von der Mutter gehalten zu werden, mit der vorsprachlichen Säuglingszeit in Verbindung gebracht wird, ist es in der Kindheit oft der Halt des Vaters, der zählt. Mütter sind immer zu sehr beschäftigt – Essen vorbereiten, Saubermachen, Kochen, Aufräumen, Wirbel machen –, um die Ruhe zu bieten, die ein Kind auf dem Schoß des Vaters findet, wenn er die Zeitung liest oder nach der Arbeit ein Gläschen trinkt.

Edgars Umfang, hatten wir herausgearbeitet, hatte ihn vor dem Horror beschützt, den er angesichts der physisch geschrumpften Gestalt seines Vaters gegen Ende seines Lebens empfand. In der Fantasie hatte seine Kompaktheit ihn gegen seines Vaters plötzliche Zerbrechlichkeit gepolstert. Ich fragte mich, ob das die ganze Geschichte war. Psychoanalyse nimmt an, daß symbolische Handlungen viele Ideen transportieren und daß ein Symbol auch seine Widersprüche in sich enthält. Edgars und jetzt mein Dicksein konnte *sowohl* die Stärke enthalten, die er sich für und von seinem Vater gewünscht hatte, *als auch* die Distanz, die er zu ihm empfand. Edgars Bestürzung, Angst und Zorn über den Tod seines Vaters konnten hinter dem Fett eingesperrt sein, eine Grenze ziehen zwischen Edgars privaten Gefühlen und dem, was er sich davon wissen lassen konnte. Aber woher kam Edgars Vorstellung, daß physische Substanz und Masse ein Trost waren? Hatte er als Heranwachsender mit dem Vielessen begonnen, um robuster und männlicher zu werden? Er gehörte zu einer Generation, in der Substanz und Stärke sich bei Männern in körperlichem Umfang äußerten. Hatte es ihn getröstet, daß er seinen Schmerz durch Essen ausschalten konnte? Hatte sein Umfang ihm eine Männlichkeit gegeben, die er sonst nicht gehabt hätte? War sein Fett für ihn eine Art Schutz?

Während ich über diese Fragen nachdachte und spürte, wie ich wuchs, fragte ich mich auch, ob mein „expandierter" Körper ein vorübergehendes Phänomen war oder ob er andauern und mit etwas, das Edgar sagte, zusammenkommen würde. Edgar hatte seine Sorge und Qual diskutieren und empfinden können, aber über die Angst im Zusammenhang mit dem Verlust seines Vaters hatte er wenig gesagt. War das ein Schlüssel zu Edgars Persönlichkeit, war es ein Schlüssel zu seinem Gefühl der Leere und zum „Fett", das nun auf mich übergegangen schien?

Bevor ich dieser Angst und wie sein Fett ihn umgab und umgürtete, nachgehen konnte, starb Edgars Schwiegermutter. Edgar hatte sie sehr gemocht und war tieftraurig. Für ihn ganz uncharakteristisch ließ er seinen Schmerz zu, statt sich in den zuverlässigen Ehemann zu verwandeln, der die Familie ins Flugzeug nach Accra setzt und vergleichbar einer weiteren effizienten Gewerkschaftskampagne alles arrangiert und so seine Gefühle überspielt.

Nicht daß er die Arrangements nicht getroffen hätte – das wäre undenkbar gewesen –, aber er zeigte seinen Kummer direkt und unmittelbar. Die Männlichkeit, die er nach dem Tod seines Vaters entwickelt hatte, hatte darauf beruht, daß er seine empfindlichen und sanften Gefühle, seine Furcht, seine Unsicherheit und seine Trauer versiegelt hatte. Aus seinem Schmerz und seinen Problemen hatte er gelernt, andere schlagartig aktiv werden zu lassen. Nun entstand etwas anderes. Er konnte traurig sein, ohne seine Effizienz aufs Spiel zu setzen.

Der Tod seiner Schwiegermutter rief Edgar die Mutter seines Vaters ins Gedächtnis. Seine Großmutter Doris hatte mit seiner Familie gelebt, bis er zwölf war, dann war sie in die Karibik zurückgekehrt, zwei Jahre nach dem Tod ihres Sohns. Edgar beschrieb sie als warmherziges Energiebündel, als eine, die sich nichts gefallen ließ, die seinen Vater dazu gebracht hatte, nach England zu gehen, und ihm und Edgars Mutter eine Ausbildung und gute Jobs ermöglicht hatte. Sie war für Edgar enorm wichtig und ihre Rückkehr in die Karibik für ihn schier unfaßbar gewesen. Jahrelang hatte er sich gesagt, sie werde zurückkommen, sie sei nur auf eine lange Reise gegangen. Da seine Mutter dasselbe dachte und es nie eine Abschiedsparty gegeben hatte, war es für ihn ein Leichtes, die Tatsache ihrer Abreise schönzureden.

Nun lief seine Scham über. Doris war gegangen. Er hatte ihr nicht geschrieben. Er hatte sich deshalb schuldig gefühlt, und das hatte es noch schwieriger gemacht zu schreiben. Sie war gestorben, als er achtzehn war, und er hatte sich nie vergeben, nicht in Kontakt mit ihr geblieben zu sein. Schuld und Gewissensbisse drückten ihn nieder. War er außerdem wütend gewesen, daß Doris gegangen war, so daß es zu den Schuldgefühlen, vielleicht sogar sie überlagernd, das Problem gab, daß er nicht schreiben konnte, was er wirklich sagen wollte? Konnte er sich so wenig verzeihen, ein unehrerbietiger Enkel zu sein, wie er Doris nicht vergeben konnte, ihn verlassen zu haben?

Edgar schluchzte. Dann redete und redete und redete er. Er hatte seine Großmutter geliebt, ihre kleine Gestalt, ihre Anmut, ihre dicken Arme und Brüste, ihre Festigkeit und Verläßlichkeit. Sie war eine wunderbare Mischung von Eigenschaften. Offen und sensibel, streng und großzügig, robust, sicher und lebendig. Als sie ging, zerbrach seine Welt zum zweitenmal. Er hatte Angst. Und er war verletzt. Selbstverständlich hatte Edgar verstanden, warum sie gegangen war, selbstverständlich verurteilte er sie nicht, selbstverständlich hatte sie selbst einen Verlust erlitten, und selbstverständlich hatte sie ihr Bestes gegeben und verdiente es, nach Hause zu kommen.

Er faßte ein Phänomen in Worte, das wir alle kennen, nämlich zu wissen, wann etwas absolut Vernichtendes geschieht, und es gleichzeitig zu erklären, zu vergeben und zu akzeptieren. Wobei wir wissen, daß das beim besten Willen nicht funktioniert. Edgar hatte all die Jahre mit einer Spaltung gelebt. Da war die Großmutter, die ihn getröstet hatte, deren beruhigende Allgegenwart das Fundament seiner Kindheit gewesen war, und da war die Großmutter, deren Fortgehen ihn so vernichtet hatte, daß er sie nicht „gehen lassen" oder mit ihrem Fortgehen sich abfinden konnte. Statt dessen hatte er, wie es viele von uns tun, wenn Verlust sich auf Verlust türmt, magische Wege gefunden, sie für sich wiederherzustellen.

Mein „Fett" fing an, mir sinnvoll zu erscheinen. Unbewußt hatte Edgar unserer Beziehung Doris hinzugefügt. Zwischen seinem Bild von seiner Großmutter und wie ich ihm erschien, gab es viele Parallelen. Feste Grenzen umgaben unsere Beziehung. Ich war *da*, indem ich ihm Aufmerksamkeit schenkte, ich bestimmte, wann Schluß war, ich war klein (und nun auch noch „fett"). Es war zwar der Tod seiner Schwiegermutter gewesen, der die Bedeutung von Doris sichtbar gemacht hatte, aber durch ihre körperliche Beschwörung in mir hatte er einiges über sie mitgeteilt. Ich mußte darüber nachdenken, wie wir nutzen konnten, was physisch in mir hervorgerufen war.

Für die Therapeutin bedeutet Analyse immer auch Entscheidung, was wann gesagt werden soll. Während die beginnende Analysandin ermutigt wird, ohne zu zögern oder nachzudenken zu sagen, was ihr in den Kopf kommt, damit, was gestutzt oder unterdrückt war, sichtbar wird und begriffen werden kann, besteht im Gegensatz dazu der Job der Analytikerin darin, nachzudenken, zu reflektieren, abzuwägen. Das schließt das freie Assoziieren für die Analytikerin nicht aus. Wachsamkeit gegenüber mentalen Pro-

zessen ist wichtig, aber ihrer Natur nach ein leiser Vorgang, von dem nur Bruchstücke mit der Analysandin ausgetauscht werden. Sie impliziert auch nicht, daß den Anworten der Analytikerin notwendigerweise die Spontaneität fehlt – jede, die ihr Handwerk versteht, kann bestimmte Operationen sehr schnell und ohne große Anstrengung ausführen. Trotzdem kann sie, mehr jedenfalls als im normalen sozialen Umgang, sich Zeit nehmen für die Entscheidung, was sie sagen will, und mit Bedacht auswählen, was richtig scheint, was das Gespräch am Leben hält, was die Emotionen trifft, die sich hinter den Worten verstecken.

Zwangsläufig hatte ich im Verlauf mehrerer Sitzungen überlegt, was ich über diesen meinen wachsenden Körper sagen würde, und mich gefragt, ob etwas, das ich noch nicht einmal ansatzweise verstand, sich für Edgar als nützlich erweisen würde.

Und auch jetzt war ich nicht sicher, ob ich überhaupt etwas sagen wollte. Es interessierte mich, ob das Gespräch über Doris und die Überlegungen zu ihrer Bedeutung mein Gefühl von diesem großen Körper veränderten. Ich hatte den Verdacht, wenn Edgar einen Weg finden würde, psychisch die Gefühle, die er immer noch über die Abreise seiner Großmutter hatte, zusammenzuschließen, könnte mein fiktives Gewicht sich verschieben. Es würde bedeuten, daß er in sich hineingenommen hätte, was er nicht aufgeben, aber bis zum jetzigen Zeitpunkt auch nicht zur Kenntnis nehmen konnte.

Seine Therapie war sozusagen lehrbuchreif, gewissermaßen altmodisch: In der Therapie entfaltete sich sauber ein Trauma, hinter dem sich ein zweites versteckte. Langsam und stetig wurde Sauerstoff in psychische Räume gepumpt, damit sie durchgelüftet wurden.

Edgars Emotionen während der Sitzungen blieben ein sehr sensibles Thema, und ich konnte nicht einfach, was er fühlte, aus seiner Haltung oder seinem Gesichtsausdruck ableiten, es sei denn er trauerte offen wegen Doris; aber er erzählte, was er außerhalb der Sitzungen empfand, und schien erleichtert, das tun zu können.

Was seinen Umfang anging, hatte Edgar einiges von seiner Angst, in einem schlankeren Körper zu leben, begriffen. Er hatte eine ungefähre Vorstellung, was sein Fett symbolisierte. Er kämpfte mit dem veränderten Raum zwischen sich und anderen. Während er abnahm, wurde ihm klar, wie er sich die Menschen buchstäblich vom Leib hielt. Seine Geselligkeit und Herzlichkeit und seine Fähigkeit, sich um andere zu kümmern, waren bis jetzt unproblematisch gewesen. Aber nun fragte er sich, wie weit sie auch eine Schwierigkeit, anderen nahe zu sein, verdeckt hatten, wie sehr seine unendliche Verfügbarkeit und Begabung, die Probleme anderer zu lösen, ihm Kontakt verschafften – übermäßig kontrollierten Kontakt – und gleichzeitig Gegenseitigkeit oder Verbundenheit ausschlossen. Sein klareres körperliches Selbstbild betonte den Graben in seinem Leben. Der Verlust seiner Nahrung, so lange seine enge und nahe Begleiterin, machte deutlich, was fehlte. Er empfand akut sowohl sein Unbehagen an wie seinen Wunsch nach engerer Verbindung zu anderen. Ich begrüßte diese Verschiebung, denn ich spürte, daß er etwas von der Herzlichkeit und Hoffnung, die er aus der Beziehung mit seiner Großmutter gezogen hatte, wiedergefunden hatte.

Edgar wurde klar, daß sein Wille und seine Kontrolle eine Konsequenz seines Bedürfnisses waren, die Angst und Verletzlichkeit seiner Kindheit und was er als die Ängste anderer wahrnahm, zu überwinden. Er fühlte, daß das Innen und das Außen seines Lebens in dem Maß, in dem seine Handlungen und was sie motivierte, ihm klarer wurden, zusammengingen. Als ihr Stellvertreter für Menschen zu arbeiten, war ein wundervoll angemessenes Betätigungsfeld gewesen für einen seelischen Muskel, der sich aus seinem eigenen Unglück entwickelt hatte. Seine Identifikation mit Menschen in Not hatte er nutzen können, um sich wieder und wieder auf einer persönlichen, nicht einmal bewußten Ebene zu vergewissern, daß das, was falsch war, gerichtet werden konnte. Sein Erfolg hieß bei seinem Marsch durch die Gewerkschaftshierarchie auch, daß mehr und mehr Leute von ihm abhängig wurden. Er packte gern die Probleme anderer Leute an, übernahm ihren Fall, focht ihn durch. Edgar wußte immer eine Lösung.

Während der Therapie fühlte er sich stark genug zu fragen, ob seine Art, die Probleme anderer Menschen zu lösen, immer auch genügend Sensibilität für sie gezeigt hatte. Er befragte auch seine Motivation und sein Bedürfnis, zu reparieren, was ungerecht gelaufen war.

Unsere Sitzungen hatten inzwischen einen anderen Rhythmus. Hausaufgaben waren ein Ding der Vergangenheit. Edgar vertraute sich und war hinreichend interessiert an seinen inneren Prozessen, daß er sich gestatten konnte, herauszufinden, was wichtig sein könnte. Die körperliche und seelische Kurzatmigkeit unseres Anfangs war vorbei. Stetig untersuchten wir Themen unter der Oberfläche seiner Alltagsarbeit: Wie ging er mit Konflikten um? Mit seiner Sexualität, seiner Leidenschaft für kollektive Rechte, der Rolle des Individuums, und, ganz wichtig, könnte er zulassen, daß andere ihm etwas gaben, statt ununterbrochen anderen etwas zu geben, nur um sich nicht mit den eigenen Abhängigkeiten und Unschlüssigkeiten auseinandersetzen zu müssen?

Es wäre ein Leichtes, die Geschichte hier enden zu lassen. Edgar war als zwanghafter Esser zu mir gekommen, fett und lebensgefährlich an Diabetes erkrankt. Jetzt aß er seinem Hunger entsprechend, hatte ein weitaus besseres Körpergewicht und hatte den Raum ausgeweitet, den er Gefühlen und Selbstreflexion einräumte. In gewisser Weise der Bericht über eine erfolgreiche Therapie. Aber ihm fehlte so etwas wie eine Seele. Das hing nicht so sehr daran, daß es lose Enden gab, die gibt es in jeder Therapie. Im Unterschied zu einem Thriller, mit dem Therapie oft verglichen wird, gibt es nicht nur einen Weg, die Geschichte zu entwirren und zu ordnen. Was im einen Augenblick zentral erscheint, verliert im nächsten seine Bedeutung. Therapie startet einen Prozeß, der lange nachdem der Samen in einer Sitzung gelegt ist, sich weiterentwickelt. So war es nicht das Wiederzusammenbauen eines emotionalen Puzzles, das unvollendet war. Bei Edgar kam das, was ausgelassen worden war und mich während eines Großteils der Therapie beunruhigt hatte, nur zum Vorschein, wenn es aussah, als näherten wir uns dem Ende.

Die Frage meiner „Korpulenz", die so deutlich ein Teil von ihm zu sein schien oder wenn nicht ein Teil von ihm, dann Kommunikation von seinem Unbewußten zu meinem Unbewußten, machte mir Unbehagen. Unbehaglich war mir auch, daß ungeachtet der enormen Veränderungen, die Edgar durchgemacht hatte – er hatte sein Essen in Übereinstimmung mit seinem Körperrhythmus statt mit seinen emotionalen Bedürfnissen gebracht, er hatte abgenommen und gefährdete somit nicht länger sein Leben durch Verschärfen seines Diabetes, er hatte sich auf seine verschiedenen essensunabhängigen Neigungen, Wünsche und Konflikte eingestimmt –, das Thema, das durch seinen tatsächlichen Gewichtsverlust aufgeworfen war, noch unberührt zwischen uns lag.

Das Thema – nämlich wie wir nahe sein können – überschnitt sich mit einem anderen, mit dem er kämpfte, nämlich wie Menschen dazu zu bringen waren, die richtige Distanz einzuhalten. Für mich, aber nicht für ihn war die Tatsache, daß unsere Beziehung nur in der Patient-Arzt- oder Schüler-Lehrer-Formulierung existierte, ein Hinweis auf die „Seelenlosigkeit", die ich im Zusammenhang mit dieser Therapie empfand. Die förmliche Struktur unserer Beziehung befreite Edgar von der Last, sich auf mich zu beziehen. Er sah mich als Chirurgin, die „seine Krankheit" herausschneiden konnte, als Beraterin, die sich in einer bestimmten Art distanzierter Unterhaltung auskannte. Die Vorstellung, daß wir allein schon dadurch, daß wir uns unterhielten, in einer Beziehung stünden, lehnte er ab.

Ich wollte Edgar packen und bestand darauf, daß wir unsere *emotionale* Verbindung definierten. Aus meiner Perspektive gab die Art, wie unsere Beziehung sich entwickelt hatte, Hinweise auf seine Schwierigkeiten und Stärken in anderen Beziehungen. Wenn wir untersuchten, was zwischen uns passierte, fanden wir vielleicht einen Anhaltspunkt für seine Probleme anderswo. Obwohl ich versucht hatte, meinen Respekt für ihn deutlich zu zeigen, fühlte ich mich abgewiesen, so als wäre alles *Persönliche* unangemessen. Wenn ich versuchte, zwischen seiner Beschreibung seiner Gefühle für Kollegen, seine Frau oder seine Großmutter und den Gefühlen zwischen uns eine Beziehung herzustellen, sah er mich an, als käme ich von einem fremden Stern. Was hatte, was immer *zwischen uns* auftauchte oder nicht auftauchte, mit seiner Persönlichkeit, seiner Neurose, seinem zwanghaften Essen, seinen Problemen zu tun? Warum, sagte er, reden Sie immer von sich? Meine Probleme haben mit Ihnen oder mit Ihnen und mir nichts zu tun.

Als er das sagte, hatte ich das Gefühl, alles falsch gemacht zu haben. Versuchsweise nahm ich seinen Standpunkt ein. Wenn ich es aus Edgars Sicht betrachtete, konnte ich ihm irgendwie zustimmen. Vielleicht war es wirklich unverschämt, mich in die Therapie einzubringen. Vielleicht drängte ich mich auf, wenn ich ihn bat zu akzeptieren, daß die Beobachtung, Reflexion, Kommentierung und Erforschung des Therapieprozesses ein wesentlicher Teil des Heilungsprozesses ist. Vielleicht war es wirklich besser, wenn ich seinen Widerstand dagegen übernahm, statt ihn untersuchen zu wollen. Vielleicht war dies ja auch eine kulturelle Differenz, und meine „Interpretation" seines Unbehagens als eine Form von Widerstand konnte auch als Ausdruck meines Rassismus gesehen werden.

An diesem Punkt angekommen, fühlte ich mich ertappt. Wenn ich nicht weiterverfolgte, was ich doch für sinnvoll hielt, war ich dann in Gefahr, einem stillschweigenden kulturellen Druck zu erliegen (der von mir kam, nicht von ihm)? Viele Einwände, die ich aus Edgars Perspektive sehen konnte, waren selbstverständlich solche, mit denen ich in jeder Therapie rechnen mußte. Wenn ich dem nachging, was ich für einen wesentlichen Bestandteil des Therapieprozesses hielt, benahm ich mich dann tyrannisch? Aber war es *kein* Rassismus, wenn ich ihn nicht mit etwas konfrontierte, das ich für sinnvoll hielt? Wenn ich seine Sicht meiner Vermutungen nicht respektierte, war nicht auch das eine Form von Rassismus?

Vielleicht hätte ich akzeptieren können, daß es korrekt war, dem Wesen unserer Beziehung nicht weiter nachzugehen, wenn ich mich nicht weiterhin so korpulent gefühlt hätte. Aber dieses Fett zwischen uns bestand darauf, daß da etwas war, das angesprochen werden mußte.

Edgar redete über ein Antidiskriminierungsprogramm, an dem er gerade arbeitete. Er lachte darüber, wie die Überzeugungen seiner Frau, was Klasse und Ethnie anging, sich mischten mit „weißen Ansichten", die sie in einer anglisierten Erziehung in Ghana aufgenommen hatte. Er sprach sehr bitter davon, wie ein schwarzer Junge Gefühle von Vergnügen und Liebe weckt, wenn und solange er klein ist, und Gefühle der Angst, wenn er erwachsen wird.

Er berichtete ausführlich, wie schrecklich er sich gefühlt hatte, als seine Tochter als kleines Mädchen eine Phase durchgemacht hatte, in der sie ihr Äußeres haßte und weiß sein wollte oder wenigstens hellhäutiger. Die täglichen rassistischen Demütigungen waren ihm sehr wohl bewußt.

Aber als ich das Thema Rassismus aufbrachte, war er entsetzt und wütend und wollte es nicht diskutieren. Es fiel unter die gleiche Kategorie: Ich kam von einem anderen Planeten. Während ich mich auf festem Grund fühlte mit dem Wunsch, unsere Beziehung daraufhin zu untersuchen, was sie ihm therapeutisch geben könnte, schwankte ich doch bei dem Insistieren darauf, daß wir seine Gedanken über die rassische Dimension erforschten.

Das Thema Rasse ist gefährlich und für uns alle schmerzlich. Ich fühlte, daß Edgar und ich gemeinsam in der Klemme steckten und weder er noch ich in der Lage waren, mehr Verantwortung dabei zu übernehmen. Als wir endlich den Stier bei den Hörnern packten und konfrontierten, was zwischen uns war, waren wir äußerst sensibel und vorsichtig miteinander. Es passierte, als ich in einer Sitzung mein „Fett" ansprach.

„Edgar", sagte ich. „Ich weiß, Sie mögen es nicht, wenn ich uns und unsere Beziehung anspreche, aber ich möchte Ihnen etwas erzählen, das ich nicht ganz verstanden habe. Es hat mich neugierig gemacht, und ich denke, wir könnten es in irgendeiner Weise für uns nützen."

Er zuckte nicht zurück, sondern schien sich zu fragen: Womit kommt sie denn jetzt schon wieder? „Mir ist aufgefallen", fuhr ich fort, „daß seit Monaten, seit Ihr Körper sich verändert hat, ich das Gefühl habe, wenn wir zusammen sind, meiner ändert sich auch, allerdings in die entgegengesetzte Richtung. Wenn Sie ins Zimmer kommen, scheine ich mich auszudehnen. Ich weiß nicht, wie ich das erklären soll."

Überraschenderweise fiel Edgar mir ins Wort. „Ich weiß", sagte er und lachte. „Wenn ich komme und Sie mich begrüßen, fällt mir Ihre Gestalt kaum auf, aber wenn Sie am Ende der Sitzung aufstehen, kommen Sie mir immer ein bißchen zu klein vor."

Ich wußte, worauf er sich bezog. Es überraschte mich nicht. Die Substanz, die die schlichte Tatsache, daß sie auf dem Therapeutenstuhl sitzt, der Therapeutin verleiht, läßt sie oft größer erscheinen, als sie ist. Aber was ich meinte, ging darüber hinaus.

„Was ich erlebt habe und was schwer in Worte zu fassen ist, weil es sich so bizarr anhört, ist dies: Ich habe das Gefühl, mein Körper wächst. Meine Beine, Schenkel, Arme und mein Schoß dehnen sich aus, mein Busen wird größer. Ich bin ganz zufrieden damit, es gefällt mir. Aber dieser festere, besser geerdete Körper ist nicht meiner. Es ist, als bewohnte ich als Schauspielerin eine Rolle, die ein anderes Alter hat als ich, meine Bewegungen spiegeln den Versuch, diese Person zu verkörpern. Ich muß es so ausdrücken, ich weiß sonst nicht, wie ich es beschreiben soll."

Edgar sah mich an, dann sah er weg. Er antwortete nicht. Ich konnte seinen Gesichtsausdruck nicht deuten, er wirkte verlegen. Ich hatte wahrscheinlich mehr an einem Stück geredet als in den Monaten zuvor. Mehr wollte ich nicht sagen. Er sah zu Boden, dann wieder hoch, und als ich gerade mit anderen Worten wiederholen wollte, was ich eben gesagt hatte, antwortete Edgar auf etwas, das ganz am Rand meines Bewußtseins lag. „Sie beschreiben Doris." Er sagte es, als wäre er ertappt. „Das ist der Grund, warum ich nicht darüber sprechen wollte, wenn Sie uns ins Spiel gebracht haben. Bis jetzt habe ich wohl nicht so gedacht, aber ich glaube, ich wollte meine Illusion nicht zerstören. Ich wollte, daß Sie so sind wie sie. Sie sind wie sie." Nach einer langen Pause fügte er hinzu: „Ich hatte Angst, Sie könnten wütend werden, wenn ich Ihnen von Doris erzähle. Ich hatte auch Sorge, was das Abnehmen angeht, wenn Sie sagen würden, ich sollte nicht mehr kommen."

Edgar weinte, und Tränen füllten auch mein Herz. Es war nicht das leise, sorgenvolle Weinen, das er von der Erinnerung an seinen Vater und dessen körperliches Schrumpfen kannte. Seine Tränen, meine Tränen, unsere Tränen waren Tränen des Verstehens und der Verbindung. Ich spürte förmlich sein heißes Herz und den Schmerz über den Weggang seiner Großmutter. Ich spürte, wie mein Herz schmolz und ich auf ihn zuging. Zu meinem Respekt für ihn gesellten sich Zärtlichkeit und Sorge um diesen wundervollen Mann. Edgar erkannte meine Gefühle für ihn. Er wandte sich nicht ab. Er ließ zu, von sich berührt zu werden und von dem, was zwischen uns vorgefallen war.

Als ich aus der Sitzung kam, fühlte ich mich voller Frieden. Ein tiefes Wohlbefinden durchdrang meinen Geist. Etwas, das ich mir sehr gewünscht hatte, ohne zu wissen, wie ich es in Worte fassen sollte, war geschehen. Ich hatte monatelang für Edgars Seele sorgen dürfen, nun war es Zeit für ihn und für uns, sie eine Weile gemeinsam zu tragen.

In die nächsten Sitzungen kam Edgar mit dieser liebenswerten Schüchternheit, die ich schon kannte, gemischt mit einer neuen Leichtigkeit. Er zwinkerte mir zu, sagte „Hallo, Großmutter", setzte sich und lächelte. Er sagte nicht viel. Er guckte. Er war auf eine offene Weise nachdenklich. Manchmal brachte er mir ein Gericht mit, das er nach einem Rezept seiner Großmutter gekocht hatte. Ich bedankte mich herzlich dafür[5] und grübelte, ob ich nun mehr seine Großmutter wurde oder weniger. Ihre Rezepte auszuprobieren, stärkte ihn offensichtlich. Konnten ich und unsere Beziehung, so wie sie jetzt war, das ebenfalls? Ich wollte nicht die Inkarnation seiner Großmutter sein. Spürte er, daß er meine Liebe, Akzeptanz und Wertschätzung hatte, so wie er heute war und wegen der Kämpfe, die er durchgestanden hatte?

Ich genoß diese neue Herzlichkeit zwischen uns und unsere weniger förmliche Beziehung, und ich hatte das Gefühl, daß wir nun genügend Sicherheit besaßen, uns etwas zuzuwenden, dem wir bisher ausgewichen waren.

„Edgar", sagte ich und verließ mich darauf, diesmal nicht von einem anderen Stern zu sein. „Edgar, wenn ich Ihre Großmutter bin, haben wir ein kleines Problem. Es ist diese Frage der Rasse, über die wir bisher nicht sprechen konnten. Ich glaube, bitte verstehen Sie mich nicht falsch, daß unsere Harmonie ins Schwimmen gerät, wenn wir nicht der Tatsache ins Auge sehen, daß ich weiß bin und Sie schwarz sind."

„Ja, ja", sagte er. „Daran habe ich auch schon gedacht. Der Grund, warum Sie Doris sind, liegt darin, daß ich mich nicht damit abfinden kann, daß Sie weiß sind. Ich weiß einiges über Rasse und Rassismus. Ich glaube nicht, daß ich eine Person lieben oder von ihr geliebt werden kann, die weiß ist." Er machte eine Pause, aber ich wußte, daß er noch nicht fertig war. „Bitte verstehen Sie mich auch nicht falsch", fuhr er dann fort. „Es ist nicht so, daß ich Ihre Liebe nicht will. Ich will sie, wirklich. Aber ich bin nicht sicher, ob ich ihr trauen kann, Ihnen trauen kann."

Ich schwieg. Ich wollte nichts überstürzen. Was wollte Edgar sagen? Ging es um Rassenmischung? Darum, daß er mich liebte, aber haßte mich zu lieben, weil ich weiß war? Sorgte er sich um die Therapiegrenzen und ob diese Liebe sie bedrohte? Ich war bereit, jede psychische Barriere zu bedenken, aber ich fühlte, daß wir tatsächlich über Rasse redeten und über das, was das bedeutete. Ich war traurig und wütend. Wie hatten wir eine Welt schaffen können, in der Rassismus so verheerend unsere Beziehungen zu uns selbst und zu anderen kennzeichnete? Wie eine naive Idealistin wünschte ich, es wäre nicht so.

„Wenn ich *Sie* liebe und nicht Sie als meine Großmutter", wiederholte er, wie um die Schwierigkeit zu unterstreichen, der er sich gegenübersah, „dann muß ich Sie als Sie lieben und akzeptieren, daß Sie sich um mich als mich sorgen, nicht jenseits unserer verschiedenen Rassen, sondern gerade ihretwegen, und das ist nicht leicht. Es ist nicht einfach, der Weißen in Ihnen zu vertrauen. Ich weiß gar nicht, wo Sie in all dem sind. Ich sage das auch nur, weil ich Ihnen vertraue. Meistens. Aber dann frage ich mich wieder, ob Sie wollen, daß ich Ihre Liebe und Zuneigung akzeptiere, weil das Sie von Ihrer weißen Schuld freispricht?"

Ich sah ihn offen an. Rassismus ist in den westlichen Gesellschaften so allgegenwärtig, daß wir beide nicht hoffen konnten, ihm zu entkommen. Inwieweit war meine Sorge um ihn, mein *Respekt* vor ihm, mein Einhalten der Distanz, wie er es verlangte, eine Funktion meines Rassismus? Inwieweit war mein Rassismus daran beteiligt, daß ich um das Thema Intimität herumgeschlichen war und mitgespielt hatte, als er mein Interesse an unserer Beziehung lächerlich machte? Hatte ich ihn als etwas Besonderes und anderes behandelt und „Zugeständnisse gemacht", statt ihn als Gleichen zu sehen, der sich mit meinen Argumenten auseinandersetzen kann? Warum war ich bereit gewesen, mich solange mit „seinem Fett" abzugeben? War schwarzes Fett akzeptabel, weißes nicht? Theoretisch hätte es mich bestimmt überrascht, wie angenehm es war, mich als fette weiße Frau zu erfahren. Und was war von meinem Wunsch zu halten, er solle meine Liebe akzeptieren? Was versuchte ich da zu tun?

Ich hatte für diese Fragen keine Antworten. Ich mußte sie, jedenfalls im Augenblick, als Auswirkungen des Rassismus nehmen, so wie sein Gefühl, mich in der Gegenwart nicht lieben zu können, für ihn eine Auswirkung war. Aber selbst wenn wir in der Situation nicht weiterkamen, brachte es uns doch näher, daß wir sie aussprechen konnten, es taute auf, was sich im therapeutischen Rahmen abgespielt hatte, und Edgar spürte, daß die Gefühle zwischen uns ein emotionales Loch auffüllten, das ihn fünfunddreißig Jahre lang gequält hatte. Edgar war nicht die erste schwarze Person, mit der ich arbeitete. In meiner Arbeit in den USA und Großbritannien hatte ich Menschen von verschiedenen Kontinenten und mit den verschiedenen Geschichten, die britischer und französischer Kolonialismus und nordamerikanische Sklaverei in späteren Generationen abgelagert hatten, kennengelernt. In allen Langzeittherapien waren die Rassenfrage und ihre Überlagerung mit der Klassenfrage aufgetaucht.[6] Im Therapieraum war auch ich mir immer meines ethnischen Hintergrunds (und meines Klassenhintergrunds) bewußt. Es war kein neutrales Thema, aber ein Element der Beziehung. Und natürlich stehen auch zwischen mir und einer weißen Patientin Rasse und Rassismus. Es ist einfach nicht möglich, in einer Kultur zu leben, in der Rasse die sozialen Beziehungen durchtränkt, und so zu tun, als gäbe es Rasse und Rassismus nicht; aber wenn beide Beteiligten weiß sind, ist es relativ einfach, nicht hinzuschauen, während es sofort auftaucht, wenn das therapeutische Paar unterschiedliche ethnische Hintergründe hat.

Erschreckender war der Punkt, der Edgars fehlendes sexuelles Begehren, Rasse und Bindung verknüpfte. Als er vor einigen Monaten seine fehlende Libido erwähnt hatte, hatte ich gedacht, das könnte damit zu tun haben, daß er noch einmal das Männlichkeitsbild verarbeitete, in das der Tod seines Vaters ihn gedrängt hatte. Ich hatte gefragt, wie stark der Verlust seines Umfangs seine Sexualität und sexuelle Tüchtigkeit in Frage gestellt hatte. War er unter seinem Fett sexuell zurückhaltender, als ihm klar war? Oder glaubte er, weniger „Mann" zu sein, seit er sich direkter mit seiner Verletzlichkeit beschäftigte? Waren Sexualität oder sexuelle Aktivität und Männlichkeit für ihn eins?[7]

Ich war durchaus bereit, es damit gut sein zu lassen. Aber Edgars Neugier auf sich und auf unsere Beziehung ließ das nicht zu. Jetzt war es an mir, verlegen zu sein. Er begehrte mich, sagte er, aber er hätte sich nicht getraut, davon zu sprechen – wegen seiner „voreingenommenen" Meinung, alle schwarzen Männer wären Raubtiere. „Ich hatte Sorge, Sie könnten mich hassen. Ich wollte nicht, daß Sie denken, ich sei nur wieder so ein schwarzer Mann, der Sie belästigt. Ich hatte nicht das Gefühl, ich wollte mit Ihnen bloß einen lockeren Flirt, wie ich ihn gern mache, bei dem die Welt nicht untergeht. Dies ist etwas anderes. Ich glaube, ich empfand große Liebe für Sie, und das ist ein weiterer Grund, warum Sie meiner Meinung nach meine Großmutter geworden sind."

Liebe, Sex, Rasse und Verlust, alles ging durcheinander und brachte sich gegenseitig zum Schweigen. Edgar war nicht mal, als er darüber sprach, überzeugt, daß er mich sexuell begehrte. Er konnte es einfach nur nicht anders erklären. Von Anfang an hatte in der Therapie die Stärke seines Gefühls ihn bestürzt, und er hatte es in den Griff bekommen, indem er ein sehr guter Patient wurde. Da er die Therapeutin für neutral hielt und die therapeutische Umgebung für keimfrei, hatte er seine Zuneigung in eine Kategorie (eine sexuelle Kategorie) gepackt, die zwar unangenehm war, aber wenigstens innerhalb dessen, wo er sich auskannte. Aber sein Gefühl paßte nicht dorthin, und deshalb versuchte er, sich von seinen Gefühlen für mich abzuschneiden.

Nun lagen die Gefühle zwischen uns offen, und sie erschreckten ihn weniger. Sie wirkten nicht mehr besonders sexuell, und das beruhigte ihn sehr. Etwas an der Auslassung zwischen seinem Begehren und seiner Rasse machte ihm schwer zu schaffen. Er hatte den furchtbaren Verdacht, daß er andere schwarze Männer wegen ihrer angeblichen sexuellen Tüchtigkeit haßte.

Es gab eine Menge zu klären. Wieder konnte nichts einzeln aufgenommen, betrachtet und anschließend weggelegt werden. Edgar sah ohne Mühe, daß seine Sicht auf Rasse und Sex eine Brechung der Sichtweisen in einer rassistischen Kultur war. Aber seine Gedanken, die Enge der Kategorien, in denen er dachte, selbst wenn seine eigene Erfahrung schon darüber hinausging, entsetzten ihn. Er war sehr traurig, als ihm klar wurde, daß er nicht mehr tun konnte als seine Gedanken, so wie sie kamen, zu beobachten. Sie konnten nicht vertrieben werden. Am besten behandelte er sie mit Neugier, als Produkte des Geistes, denen man sich stellen mußte. Wenn er ihr Auftreten akzeptieren könnte, könnte er auch weniger ängstlich ihre Bedeutung untersuchen, und damit würden sie etwas von ihrem Gift verlieren.

Ich hatte meinen Kontrapunkt zu Edgars Unbehagen über die Sexualität schwarzer Männer. Wie hätten die Bilder, die die Kultur getränkt hatten, mich nicht beeinflussen können? Ich erinnerte mich, wie ich als junge Frau nach New York ging und von der besonders sexualisierten Art, wie weiße New Yorker ihren Rassismus zeigten, erschüttert war. Ich war erleichtert, daß einige der politischen Gruppierungen, in die ich involviert war, die Art, wie weiße Menschen stereotypisierte Bilder über schwarze Männer und Sexualität übernahmen, bekämpften. In meinen Frauengruppen hatte ich gehört, wie amerikanische Frauen ihren Rassismus mit dem Mythos von der sexuellen Unermüdlichkeit schwarzer Männer verknüpft hatten und wie sich aus diesem Mythos die Angst vor Vergewaltigung entwickelt hatte. Die Gruppe hatte die Verbindungen, das Wechselspiel von Fantasien zwischen weißen Frauen und schwarzen Männern zu entwirren und die Geschichte dieser Fantasien zu erforschen versucht. Jetzt fiel mir auch die ungelöste Natur dieser Diskussionen wieder ein, ich erinnerte mich an die Angst vieler Frauen und wie vergiftend das war. Ich haßte Rassismus, weil er Angst erzeugte und Bilder und weil er schwarzweiße männlich-weibliche Beziehungen bestimmte.

Edgar und ich konfrontierten uns gemeinsam mit einer anderen Version dieses sexualisierten Schwarz-Weiß-Paradigmas. Es fühlte sich nicht gut an, aber richtig. Es fühlte sich an, als hätte ich die Chance bekommen, diese Fragen noch einmal, diesmal mit einem Mann, einem schwarzen Mann zu durchdenken, der selbst ganz gegen die Fakten Angst hatte, das Stereotyp vom Raubtier schwarzer Mann könnte auch in ihm sein.

Mein Haß war da, aber ich würde neu über ihn nachdenken müssen. War es ein genereller Haß auf den Rassismus? Kam es von Edgar? Zwang er mich unbewußt zu bedenken, daß ich ihn hassen könnte, daß ich mich nicht von den Menschen unterschied, die ihren Rassenhaß nicht zugeben können? Suchte er einen Weg, den Haß in sich zu bekämpfen, so daß ich eine Ahnung bekommen könnte, was es hieß, er zu sein und damit zu leben, gehaßt zu werden? Oder, noch schwieriger: Haßte ich Edgar wirklich auf eine Weise, über die ich nicht nachdenken wollte?

Ich war aufgewühlt. Ich war daran gewöhnt, daß mein Rassismus sich im „Überrespektieren" einer kulturellen Differenz äußerte. Auch damit ließ sich eine Beziehung abwürgen, auch wenn ich das weder beabsichtigte noch wünschte. Wenn mein Haß sich auf Edgar richtete, dann war ich überrascht. Bewußt konnte ich nichts derartiges finden. Aber vielleicht haßte ich ja einfach, mit dem Unbehagen konfrontiert zu sein, dem Schmerz, den Rassismus weckte, der Schuld, die ich unbewußt mit mir trug, ich war durchaus bereit, das zu glauben. Ich würde diesen Haß weiter untersuchen und erforschen müssen, und ich würde dabei den Haß einbeziehen müssen, den ich in mir spürte und den ich unbeabsichtigt Edgar anhängte. Was ich ohne weiteres zugeben konnte, war, daß das Gefühl seines Hasses und das Nachdenken darüber mir eine Ahnung verschaffte, wie es sich anfühlte, zu hassen und gehaßt zu werden, bloß weil man existierte.

Als ich das dachte, fuhr Edgar fort: „Ich vermute, ich bin, wie Fanon schreibt, innen zu einem Teil weiß, und der Teil mag mich nicht. Ich bin mit der Vorstellung aufgewachsen, ich bin immer nur der Zweitbeste. Das ist wirklich das Letzte! Ich bin ein schwarzer Mann, der zuviel vom Geist eines Weißen in sich hat. Es stört mich ja nicht, schwarze und weiße Anteile zu haben, aber das Schwarze wird vom Weißen ganz verhunzt."

Nun zeigte er mir seine Wut und seinen Haß: auf den Rassismus, dem er getrotzt und widerstanden hatte, und auf den Zweifel und Selbsthaß in sich selbst. Er war wütend, daß er persönlich befleckt war, daß trotz der Selbstachtung, die seine Eltern ihn gelehrt hatten, trotz seiner persönlichen Erfolge in einem wichtigen Job, trotz seiner gelungenen Heirat und seiner reizenden Kinder er einen gegen sich gerichteten Rassismus in seinen Knochen fühlte. Er wollte das Gefühl ausspeien, beiseiteschaffen, aus sich herausschneiden. Die Wörter überstürzten sich, er nahm jedes Bild, das ihm einfiel, um auszudrücken, wie verzweifelt er dieses Gift des Rassismus ausreißen wollte. Trugen seine Kinder es auch in sich, fragte er. Und was war mit seiner Frau, die ungeachtet ihrer ghanaischen Herkunft in einer Welt lebte, die durchtränkt war von subtilem und nicht so subtilem Rassenhaß. Die Zeit, in der wir diesen Aspekt des Rassismus untersuchten, war extrem schwierig.

Ich war nicht überrascht, daß im Angesicht seiner Qual meine Haßgefühle sich auflösten. Es wäre für uns beide zuviel gewesen, wenn wir beide in Haß verharrt hätten, eine von uns mußte Gefühle haben, die das Leben erträglich machen. Ich fühlte mich in gewisser Weise geehrt, daß Edgar sich sicher genug fühlte, seine Empfindungen mit mir zu teilen. Es war, als gäbe es inmitten all des Hasses doch eine Hoffnung für uns Menschen, die ihre Beziehung so hoffnungslos verpfuscht hatten. Dann riß ich mich zusammen. War es nicht herablassend, wenn ich mich geehrt fühlte? War es nicht mein Job, für Menschen da zu sein, die ihre Gefühle mit mir teilten, egal welche?

Meine Hoffnung wurde gedämpft durch eine große Melancholie, die meine ganze Person überströmte. Weil ich an Edgars Kummer und Wut teilnehmen durfte, hatte ich mein Gefühl für die Möglichkeit menschlicher Regeneration und Wandel verloren. Meine idealistische Seite dachte, wenn wir nur alle die Energie aufbrachten und tief und kompliziert genug dachten und die Strukturen veränderten, würde viel von dem, was in der Welt falsch lief, gemildert werden. Meine Freundinnen hänselten mich oft wegen meines Optimismus. Vielleicht hatten sie ja recht. Vielleicht war meine Hoffnung eine Verteidigung gegen den Schmerz, wie schrecklich soziale Verabredungen unter Menschen manchmal sein können. Melancholie durchdrang meine Knochen wie Selbsthaß die Edgars. In dem, was wir fühlten, lag eine Wahrheit, die kein noch so großes Verständnis beschwichtigen konnte. Wir, eine weiße Frau und ein schwarzer Mann, lebten in Großbritannien am Ende eines Jahrhunderts, das von Rassismus und Klassen- und Geschlechterauseinandersetzungen bestimmt war. Es konnte nicht überraschen, daß wir fühlten, wie wir fühlten – die Zeit, in der eine Person lebt, bestimmt, was sie fühlt. Edgar und ich waren Kinder unserer Zeit; beide waren wir dazu verurteilt, Rassismus in uns und gegeneinander zu empfinden. Daß wir beide auf je unsere Art gegen Ungerechtigkeiten kämpften, war eine Möglichkeit, mit diesem Gift umzugehen, aber der Tragödie unserer Zeit entkamen wir dadurch nicht: dem irrationalen Haß, dem Mißtrauen und der Angst.

Zweimal Unschuld: zweimal Weisheit

Als Roman hätte diese Geschichte das Prinzip Glaubwürdigkeit überstrapaziert. Mich wunderte nicht, daß Jenny Beratung suchte. Als Jenny zur ersten von sechs Sitzungen kam, fragte ich mich durchaus, ob sie verrückt war. Sie sagte zwei oder drei komprimierte Sätze und zog dann abrupt die Bremse, als wäre das, was sie sich sagen hörte, zu schrecklich, um es zu glauben. Als die Geschichte heraus war, war sie sichtlich erleichtert. Das Tempo änderte sich. Die Wörter kamen problemlos eins nach dem anderen. Der Bericht handelte von Verletzung und Konfusion, und das Trauma, das sie erlebt hatte, hatte ihr Menschenbild und alles, was sie glaubte und schätzte, auf den Kopf gestellt. Der Verlust lag nicht nur in den Ereignissen selbst, sondern in der impliziten Bedrohung dessen, was sie für selbstverständlich gehalten hatte.

Jenny war bei ihrer Geburt adoptiert worden und als Einzelkind in einer Mittelschichtsfamilie in Sussex aufgewachsen. Der Vater war technischer Gutachter, die Mutter ausgebildete Pianistin. Jenny besuchte das Trinity College und wurde Geigenlehrerin; sie heiratete Robert, einen renommierten Anwalt, der sich für Musik und Theater interessierte und mit dem sie zwei Kinder hatte, Sophie, sieben, und Jake, neun Jahre alt.

Als Jenny fünfunddreißig war, starben unerwartet kurz hintereinander ihre Adoptiveltern, zuerst die Mutter und sechs Monate darauf ihr Vater. Ihr Wunsch, ihre biologischen Eltern kennenzulernen, wurde dringender, sie begann nach ihnen zu suchen. Sie fand heraus, daß ihre Eltern nicht mehr zusammenlebten. Kurz nach ihrer Geburt war ihr Vater aus dem Leben ihrer Mutter verschwunden. Ihre Mutter Lily war nach Kanada ausgewandert und hatte in Vancouver Mike geheiratet, einen LKW-Fahrer. Jennys Halbbrüder Steve und Tony waren siebenundzwanzig und vierundzwanzig Jahre alt.

Jenny stellte den Kontakt zu ihrer Mutter her und fuhr nach Vancouver. Lily war begeistert. Sie hatte sich nach der Wiedervereinigung mit ihrer Tochter gesehnt und das Baby kennenlernen wollen, das sie weggegeben hatte. Jenny wohnte bei Lily und Mike in deren Haus im Osten Vancouvers, in einem Viertel mit bescheidenen zwei- oder dreistöckigen Holzhäusern, in denen hauptsächlich weiße Einwandererfamilien lebten. Die wenigen Tage ihres Zusammenseins verbrachten sie mit Einkaufen, Kaffeetrinken, Schwatzen, Besuchen bei Steve und Tony und einem Hockeyspiel der Vancouver Canucks.

Obwohl Lily nicht wohlhabend war – Mikes Job und die Wohngegend bezeugten es –, registrierte Jenny, daß sie angenehm lebte, gut, wenn auch auffällig gekleidet war, ihr Haus mit Lebensmitteln vollgestopft hatte. Jenny fragte sich, ob ihretwegen, und bemerkte auch, daß in jedem Raum ein Fernseher stand. Das Zimmer, in dem Jenny schlief, eher eine Abstellkammer, war mit ungeöffneten Kisten und Paketen vollgestellt, wofür Lily sich entschuldigte. Jenny genoß den Besuch bei ihrer Mutter und nahm die Unterschiede zu ihrem eigenen Leben wie im Traum wahr.

Sechs Monate darauf sollten Lily, ihr Mann und ihre Söhne in den Sommerferien nach London kommen. Jennys Mann schickte ihnen die Flugtickets. In England lernten sie Jennys Familie kennen, besuchten Robert und Jenny in ihrem Haus auf dem Land, machten eine Rundreise und blieben noch ein paar Tage in London, bevor sie nach Kanada zurückflogen. Jenny, Robert und ihre Kinder kehrten wie verabredet einige Tage nachdem Lily und ihre Familie abgereist waren, nach London zurück.

Der Urlaub in England war gut gelaufen. Jenny fühlte sich heil und glücklich – nach dem Kummer über den Verlust ihrer Eltern hatte sie ihre wiedergefundene Mutter und ihre Halbbrüder herzlich aufgenommen. Ungeachtet ihrer höchst unterschiedlichen Erfahrungen und Erwartungen – Jenny war in englischer Vornehmheit aufgewachsen, ihre Mutter hatte einen gröberen Hintergrund, Kriminalität war ihr nicht fremd – hatten sie diese Unterschiede überbrückt und die Lücken ausgefüllt, die jede in sich trug. Lilys Leere war die einer Mutter, die ihr Kind verloren hatte, als sie viel zu jung war, um zu wissen, wie lange und wie sehr dieser Verlust schmerzen würde. Jennys Trauer über den Verlust der Mutter, die sie aufgezogen hatte, konnte durch das Wiederfinden der Mutter, die sie auf die Welt gebracht hatte, wenigstens zeitweise gelindert werden. Für Lily hatte die Wiedervereinigung einen besonderen Beigeschmack: Sie war selbst adoptiert worden und das zu einer Zeit, als es noch nicht möglich war, die leibliche Mutter später wiederzufinden.

Als Jenny und Robert nach London kamen, fanden sie ihre Wohnung ausgeraubt. Alle Wertsachen und ein paar Fotoalben waren verschwunden. Lily hatte eine Notiz hinterlassen, Jenny solle nicht wieder mit ihr in Kontakt treten. Das und ein paar andere Details ließen den Schluß zu, daß Lily und ihr Mann das Haus geplündert hatten.

Jenny und Robert versuchten sie in Kanada zu kontaktieren, aber die Familie war umgezogen. Sie schrieben und telefonierten und folgten ihrer Spur, soweit sie es verantworten konnten. Als alles nichts nutzte, beschlossen Jenny und Robert, die Episode zu den Akten zu legen. Jenny gelang das nicht. Ein Jahr nach dem Vorfall kam sie, jetzt achtunddreißig, in die Beratung.

Ich lernte eine Frau kennen, die geradezu gefroren wirkte durch das, was passiert war. Sie sah aus, als hätte ein eisiger Wind sie gepackt und festgenagelt. Ihre Haltung war steif, ihr Gang stolpernd, ihr Gesicht maskenhaft. Kaum vorstellbar, daß ein so angespannter Körper Geige spielen konnte. Sie sagte, sie wisse nicht, was es hieße, eine total Fremde zu fragen, aber sie hätte von mir nur Gutes gehört.

Als alles erzählt war, weinte sie endlos. Ich wußte nicht, was ich sagen sollte außer, wie herzzerreißend ihr Zustand war.

Beratung ist der unspektakulärste Teil der psychotherapeutischen Praxis, aber sie ist nicht nur der Ausgangspunkt aller Therapien, sondern hat auch für sich eine einzigartige Bedeutung. Während und nach einem ersten Treffen beurteilt die Psychotherapeutin, ob Sitzungen sinnvoll sind und wenn ja, wie viele. Ist die zeitlich unbegrenzte Einzeltherapie das richtige Angebot? Wäre eine kurze Therapie sinnvoller? Eine Gruppe? Ist Medikation angesagt? War die gemeinsam verbrachte Zeit nützlich? Hat sie zu klären vermocht, was so bestürzend und problematisch ist und ob eine Therapie überhaupt das Richtige ist?

Die Wahl ist selten so frei und offen, wie wir es vielleicht wünschen, denn zu den praktischen Zwängen gehört auch, daß wir zu manchen Zeiten mehr anbieten können, persönlich wie auch als Empfehlung, als zu anderen. Bei Jenny hatte ich das klare Gefühl, sie für wenige Sitzungen treffen zu wollen. Ich ließ die Möglichkeit offen, daß es vielleicht das Vorspiel zu einer Therapie sein könnte, aber ich neigte entschieden zur Beratung.[1] Viele Menschen sehe ich in der Praxis nur ein- oder zweimal, um mit ihnen zu besprechen, welche Art therapeutischer Hilfe sinnvoll ist, oder um wie bei Jenny ein Ereignis zu assimilieren. Beratung ist nicht zweite Wahl, sondern manchmal genau das, was erforderlich ist. Wenige konzentrierte Sitzungen können sehr hilfreich sein.

Ich habe viele grausame Geschichten gehört – von Stiefeltern, die die Kinder an den Heizkörper binden; von Müttern, die ihre pubertierenden Töchter auf den Strich schicken; von Schlägen für Jungen, die im Internat dabei erwischt werden, daß sie vor Heimweh weinen. Gewöhnlich höre ich allerdings eher von alltäglichen Grausamkeiten zwischen Paaren oder dem Schmerz, den Eltern ihren Kindern zufügen – von den Verletzungen, die wir nicht beabsichtigen. Wenn ich auf Sadismus treffe oder systematischen Mißbrauch oder bewußte Terrorisierung, vermag ich zu hassen, aber ich habe die Dynamik im Griff, die wahrscheinlich zugrundeliegt. Ich beruhige mich, indem ich versuche herauszufinden, wie die einzelnen selbst aus der Opfersituation herauskommen – zum Beispiel indem sie begreifen, wie sie auf bestimmte Ereignisse reagiert oder dazu beigetragen haben und was sie jetzt tun können – aber irgendwie habe ich mich nie daran gewöhnen können, was Menschen einander antun.

So wie Jenny von den Ereignissen berichtete, vermochte ich nicht zu sehen, was sie hätte anders machen können. Es war schwierig, mich mit dem Verhalten Lilys und ihrer Familie zu befassen. Ich hätte es am liebsten als unglaublich abgelehnt. Ich spielte mit der Vorstellung, daß die Jenny, die ich vor mir sah, tief verstört war und nicht die, als die sie sich präsentiert hatte. Vielleicht war Jenny Opfer einer schrecklichen Täuschung. Vielleicht hatten gar nicht Lily und ihre Männer den Diebstahl begangen. Vielleicht war das Treffen mit ihrer leiblichen Mutter so bald nach dem Tod ihrer Eltern in sich problematischer gewesen, als ihr klar war, und sie litt unter Verfolgungswahn.

All das ging mir durch den Kopf, und einiges fiel schnell durch den Rost, als mir die Unlogik darin klar wurde; zwei Gedanken blieben übrig. Der erste war, daß ich versuchte, den Horror dessen, was Jenny erzählt hatte, abzuwehren. Wenn ich auch nicht versteinert war wie Jenny, war ich doch tief schockiert.

Mein zweiter Gedanke war, daß ich die „paranoiden" Vorstellungen, die ich im Kopf hatte, nicht loslassen könnte. Ich konnte versuchen, sie nicht zu beachten, weil ich ja sah, daß sie meinem Unbehagen mit Jennys Erzählung entsprangen, aber ich konnte sie nicht völlig ausschließen. Wenn eine solche Vorstellung im therapeutischen Raum auftaucht, ist sie schwer zu verscheuchen.

Obwohl ich geneigt war, Jenny zu glauben, wußte ich, ein Fragezeichen würde zunächst bleiben. Für mich gab es zwei Probleme: den Horror der Ereignisse und meine Ungewißheit, ob sich alles so abgespielt hatte, wie Jenny berichtete.

Eine Psychotherapeutin muß, was die Patientin sagt, so nehmen, wie es ist. Wenn die Dinge seltsam unangebracht oder falsch dargestellt wirken, muß die Psychotherapeutin die Patientin dahin bringen zu erklären, wie sie dazu kommt, die Dinge so zu sehen, zu verstehen oder sich vorzustellen, wie sie es tut. Im therapeutischen Gespräch können feste Vorstellungen sich auflösen, so daß, was ganz daneben schien, plötzlich folgerichtig ist.

Menschen außerhalb der Therapie fragen sich oft, woher es kommt, daß wir Psychotherapeutinnen die Geschichten glauben, die wir erzählt bekommen. Sie fragen sich, ob die, die zu uns kommen und irgendeinen falschen Trost suchen für ein Problem, das sie selbst erfunden haben, uns betrügen.[2] Natürlich ist dieser Gedanke plausibel. Für die Psychotherapeutin aber ist die Frage von begrenztem Interesse. Denn wenn die Patientin erfindet oder lügt (was sein kann), macht das ihren individuellen Kampf keinen Deut weniger legitim, es eröffnet nur ein weiteres Feld für die psychoanalytische Untersuchung. Wir wollen mit der Patientin zusammen begreifen, warum Erfinden oder Lügen[3] so wichtig ist. Was kann ohne „Märchen" nicht gesagt werden? Was will erzählt werden und sucht sich dafür eine bestimmte Form? Die Psychotherapeutin akzeptiert als Voraussetzung, daß die Patientin Probleme hat. Deshalb ist sie ja gekommen. Eine Psychotherapeutin

setzt nicht so sehr normale moralische Urteile außer Kraft, aber sie
will wissen, wie die einzelnen das Verständnis für ihr Leben und
ihre Probleme konstruieren, einschließlich aller Mechanismen, die
sie dabei verwenden, also auch Erfinden oder Lügen.

In der zweiten Sitzung war Jenny ganz mit ihrer Reaktion auf Lily beschäftigt. Sie sagte, sie sei dankbar, daß ich ihr gezeigt hätte, wie abscheulich ich fand, was passiert war. Sie hatte angenommen, ich würde davon ausgehen, daß sie überreagierte oder alles erfunden hatte. Sie und Robert hatten bisher kaum darüber gesprochen, teils weil sich beide überrumpelt fühlten, teils weil Jenny Angst hatte, es könnte auf sie zurückfallen (ein schreckliches Familienerbe, das auch sie in sich trug?), teils weil sie auch sonst mit ihren Freunden über wirklich Privates nicht redeten. Natürlich war sie bei ihrem Arzt gewesen, der Beruhigungstabletten verschrieben hatte, die aber nicht zu wirken schienen, obwohl sie sie immer noch nahm. Sie sagte, erzählen zu können, was geschehen war, habe ihr eine gewisse Erleichterung verschafft.

Jenny stand noch immer unter Schock. Sie war nicht sicher, ob es wirklich so klug gewesen war, sich auf die Suche nach Lily einzulassen. Es überraschte mich nicht, daß sie sich das fragte. Sie hoffte, den Schmerz des Traumas loszuwerden, indem sie sich verantwortlich erklärte, ihn verursacht zu haben. Wer würde sich anläßlich eines solchen Betrugs nicht wünschen, die Uhr zurückdrehen zu können und lieber die Frage unbeantwortet zu lassen, wer einen auf die Welt gebracht hat? Natürlich wußte Jenny, daß das Unsinn war. Sie hatte keine Wahl gehabt. Lily zu finden, war ihr Wunschtraum gewesen.

Jenny war bei ihrer Adoption in ein glückliches Zuhause gekommen. Sie war umsorgt und geliebt worden und mußte nicht die Krisen durchmachen, in denen Heranwachsende sich nach ihren „wirklichen" Eltern verzehren. Ihre leibliche Mutter zu finden, war der Wunsch, die fehlenden Teile eines Puzzles zu finden. Seitdem sie selbst Mutter geworden war, hatte sie eine aktive Neugier entwickelt, wer die Frau war, die sie geboren und verlassen hatte. Jenny hatte wissen wollen, woher sie kam und ob sie Geschwister hatte. Als ihre Adoptiveltern starben, fand sie, nun sei es an der Zeit, das herauszufinden.

Die Frage, was ist Vererbung, was Umwelteinfluß, faszinierte sie. Sie wollte wissen, ob ihre leiblichen Eltern musikalisch waren oder ein Temperament hatten wie sie. Sie hatte sich immer über den Gesichtsausdruck der Leute amüsiert, wenn sie auf die Bemerkung, sie sähe ihrer Mutter ähnlich, geantwortet hatte, sie sei adoptiert. Sie war in so vieler Hinsicht ein Ergebnis ihrer Erziehung, daß sie nicht mehr wußte, was sie mitgebracht hatte. Ihre Mutter spielte Klavier, sie hatten ähnliche Interessen, Gefühle und Stil. Als sie mir davon erzählte, fragte ich mich, wieviel von den Neigungen ihrer Adoptivmutter sie übernommen hatte, um wirklich deren Tochter zu werden – jedenfalls mehr, als ein leibliches Kind würde demonstrieren müssen. Daß sie adoptiert war, wußte sie, seit sie denken konnte, sagte sie, länger jedenfalls, als sie wahrscheinlich wußte, was das Wort bedeutete. Sie hatte es als unproblematische Tatsache akzeptiert. Nun hatte sie etwas eingeholt. Sie war gezwungen gewesen, Lily zu finden.

Von Lily zurückgewiesen zu werden, war ein Alptraum, auf den sie nicht vorbereitet war und dem sie wenig entgegenzusetzen hatte. Kein Wunder, daß ihr Gesicht versteinert war, vereist. Nichts hatte darauf hingewiesen, daß Jenny zu treffen für Lily problematisch war. Ganz im Gegenteil hatte Lily gesagt, wie sehr es sie erleichtert habe, ihre Tochter wiederzufinden, vor allem im Hinblick auf die eigene, nie wieder aufgetauchte Mutter. „Wenn es in Vancouver schiefgelaufen wäre", sagte Jenny, „vielleicht hätte ich dann geahnt, daß es falsch ist, aber ich war total unvorbereitet. Lily kennenzulernen war, als würde ein Traum wahr. Ich hatte ein Stück von mir wiedergefunden."

Das Trauma hatte Jennys Glauben an die Welt zerbrochen. Sogar als Außenstehende, die einfach nur ihren Bericht hörte, war ich tief erschüttert. Es kommt immer wieder vor, daß der Lauf der Dinge nicht mit dem übereinstimmt, wie sich Menschen die Welt, oder wie sie sein sollte, vorstellen. Je nach Art der neuen Information können wir sie ignorieren oder unterdrücken, wir können zynisch werden oder abtrünnig oder unser Verständnis soweit strapazieren, daß wir eine Möglichkeit finden, das Erfahrene zu unserem zu machen.

Der Drang, unangenehme oder unakzeptable Erfahrung zurückzuweisen, ist groß. Menschen, die den Krieg erlebt haben, erzwungene Emigration oder große Not, wünschen sich oft, alles hinter sich zu lassen, zu vergessen, es gibt keinen angemessenen Platz, an den es gehört. Wieviel größer ist diese Versuchung, wenn der Schmerz nicht eine kollektive Erfahrung ist, sondern ein individuelles Ereignis?

Die Psychotherapeutin, die von menschlichem Leid hört und den Grausamkeiten, die Menschen einander antun, kann nicht davonlaufen. Zuhören ist ihr Job. Hören, wovon die Rede ist, das Perverse, das Sadistische, das Barbarische und das Unvorstellbare bezeugen. Dabei helfen ihr die in der Ausbildung entwickelten Fertigkeiten wie zuhören und mitfühlen, ohne überwältigt zu werden, und der theoretische Rahmen, innerhalb dessen über das Grauen nachgedacht werden kann, das ins Sprechzimmer tritt.

Für Jenny stand kein Mechanismus bereit. So etwas passierte einfach nicht. Sie hatte weder intellektuelle noch emotionale Aufnahmeorgane, damit umzugehen. Sie mußte sich mit großem Verlust und Lilys Ablehnung abfinden. Wir mußten ihr helfen, über den damit verbundenen Schock hinwegzukommen. Obwohl wir im Verlauf unserer sechs Sitzungen sehen konnten, daß der Moment kommen würde, an dem Jenny die Welt so nehmen würde, wie sie ist, mußte sie zuerst den Schmerz aushalten, Lily gefunden und gleich wieder verloren zu haben.

In unseren Sitzungen die Atmosphäre zu schaffen, in der Jenny sich auf den Verlust und weniger auf ihre Wut über die Ereignisse konzentrieren konnte, war meine erste Aufgabe. Es wäre einfacher gewesen, dem nachzugehen, was mit dem Diebstahl zusammenhing, aber alles, was mit Verlust zusammenhing – Lilys Verlust, Verlust des Glaubens, Verlust der Sicherheit, Verlust einer zu erwartenden Anständigkeit – war soviel mehr präsent. Über den Diebstahl mußte nachgedacht werden, keine Frage, aber ich ahnte, daß dem nachzugehen den Verlust nur vergrößern würde. Außerdem war Jennys emotionale Energie nicht bei dem Diebstahl. Ihr Schmerz wirkte durchtränkt vom Verlust. Ich wollte es ihr möglich machen, diesen Schmerz aufzutauen, ihn zu spüren statt ihn unter der Maske, die über ihr Gesicht gespannt schien, zurückzuhalten.

Abgelehnt zu werden gehört zu den schwierigsten Dinge überhaupt. Viele von uns würden fast alles dafür tun, Ablehnung und die damit verbundene Kränkung nicht zu erfahren. Wir kehren die Situation um, damit es aussieht, als hätten wir sie verursacht. Wir werden wütend, um unsere Gefühle zu verscheuchen, als hätten wir, wenn wir nur genug Zorn produzierten, einen Schild gegen das Verletztwerden und könnten sicherstellen, daß uns niemand je wieder zu nahe kommt. Auf jede Weise versuchen wir, Gefühle von Zurückweisung und Verlust zu umgehen oder auszuschließen. Wir wissen nämlich nicht, ob wir sie ertragen. Lieber sterben wir innerlich, als daß wir sie an uns heranließen.

Jenny sollte bald erfahren, daß ihr Schrecken kleiner wurde, sobald sie sich öffnete, um die schmerzlichen Gefühle zuzulassen. In ihrem Gesicht zeigte sich eine gewisse Bewegung. Es wirkte weniger durchscheinend und gespannt, ich sah, was für eine hübsche Frau sie war. Seit sie ihre Angst zuließ, hatte sie körperliche Schmerzen. Sie spürte das physische Nachbeben der verspannten Haltung, die sie die ganze Zeit gehabt hatte. Trotz ihrer körperlichen Unschlüssigkeit sah ich Bewegung und Geschmeidigkeit und Zeichen, daß sie Musikerin war, daß ihr Körper mit ihrer Geige zusammenarbeitete.

Sie war nun mehr in Agonie als im Schock. Sie empfand Kummer und Leid und strahlte doch Lebendigkeit aus. In dieser Sitzung schwanden meine letzten Sorgen, Jenny könnte verrückt oder paranoid sein. Wir waren beide aus dem Schock aufgetaucht, und ich sah und fühlte mit ihr.

Als sie in der Lage war, durch Weinen und Seufzen ihren Schmerz zuzulassen, merkte ich, daß mein Körper sich verletzt und wund anfühlte. Nachdem Jenny gegangen war, verschwand dieser Eindruck, und ich konnte darüber nachdenken, was ich physisch erfahren hatte, als ich mit ihr zusammen war. Das Gefühl, grün und blau geschlagen worden zu sein, ließ mich annehmen, daß ich mich wie sie verspannt hatte. Es war, als hätte mein Körper sich aus Empathie mit ihrem versteift, um zu tragen, was nicht getragen werden sollte.

Nach dieser Sitzung telefonierte ich mit ihrem Arzt. Ich wollte mit ihm über das Medikament reden, das er ihr verschrieben hatte. Ich war nicht sicher, ob es ihren Schmerz gedämpft hatte, ob, als er sie sah, ihr depressiver Schock so groß gewesen war, daß er fürchtete, sie könnte sich zu weit in sich zurückziehen, oder ob er schlicht von ihrer Geschichte genauso überwältigt war wie sie und nach der Arznei gegriffen hatte, um ihr überhaupt etwas zu geben.

Wenn ich mit einer Patientin arbeite, die in ärztlicher Behandlung ist, setze ich mich in der Regel mit dem Arzt in Verbindung, um herauszufinden, worauf er reagierte, warum er ein bestimmtes Medikament wählte und was er sich von der Medikation erhofft. Ich muß wissen, wie lange die Patientin das Mittel nehmen soll, welche Alternativen es gibt und so weiter.

Das wiedererwachte Interesse an Psychopharmakologie, mit den hoffnungsvollen Behauptungen derjenigen, die Prozac und Präparate vom Typ SRRI verschreiben oder nehmen, hat Patienten und Ärzte sehr viel bereiter gemacht, Medikamente als Behandlung oder als Unterstützung der Behandlung für eine ganze Reihe von Problemen – von Eßproblemen bis zu Zwangsverhalten, leichten Depressionen, Angst und Anpassung nach traumatischen Ereignissen – anzusehen.

Zweifellos wird einigen Menschen kurzzeitig durch Medikamente geholfen (und wenige Psychotherapeuten enthalten sie ihren Patienten vor, wenn sie die Medikation für angemessen halten), aber insgesamt entsprechen die Behauptungen der Psychopharmakologie nicht den Erwartungen. So gut wie alle Präparate haben außer den beabsichtigten Wirkungen Nebenwirkungen. Wie Peter Kramer in Listening to Prozac *ausführt, haben neuere Medikamente das zusätzliche Problem, daß ihr Erfolg die Diagnosen der Ärzte verändert, so daß die Anwendung weit über den ursprünglichen Wirkungsbereich ausgedehnt wird.*

Bei vielen Medikamenten, vor allem den antipsychotischen Präparaten und den älteren Antidepressiva klagten Patienten über unerwünschte physische und psychische Nebenwirkungen. Einige fühlten sich gedämpft oder gar psychisch erschlagen. Ihr Schmerz war vermindert, aber um den Preis, daß ihr persönlicher Wille abgestumpft war. Der Schmerz, die Not, die eine Person erleidet, mag ein hinreichender Grund sein, in solch einen Handel einzuwilligen.

So eloquente Autorinnen wie Kay Redfield Jamison, die in An Unquiet Mind *ihre manisch-depressiven Erfahrungen ausbreitet, oder Lauren Slater in* Prozac Diary *haben sich darauf eingelassen.*

Ihre Berichte beschreiben die Gewinne wie die erheblichen Verluste, die mit einer ruhiggestellten Psyche zusammenhängen.

Viele Patienten fürchten, daß sie, sobald sie Medikamente nehmen, sich selbst als Personen stigmatisiert haben, die Drogen brauchen, um zu funktionieren. Dies gilt weniger in den Vereinigten Staaten, wo die pharmazeutischen Konzerne sehr viel erfolgreicher vermittelt haben, daß medikamentöse Therapie so etwas ist wie Kontaktlinsen für Kurzsichtige – Lebenshilfe, nicht Ausdruck einer Behinderung.

Meine Erfahrung in mehr als zwanzig Jahren bezieht sich auf die ambulante Behandlung von Patienten, von denen die meisten keine Medikamente verordnet bekamen. Und wenn, dann eher kurzfristig, um ihnen über eine besonders schwierige Zeit hinwegzuhelfen. Patienten, die Medikamente nehmen oder im Lauf der Therapie darum bitten, haben in der Regel den Wunsch, so schnell wie möglich davon loszukommen. Sie haben Angst vor der Abhängigkeit und vor dem eigenartigen Gefühl, neben sich zu stehen.

Jenny hatte der Arzt zunächst Prozak verschrieben und als das nicht wirkte, ein Benzodiazepin, eine Medikamentengruppe, die von Angst paralysierte Menschen wieder mobilisieren kann. Ich verstand die Logik seiner Entscheidung, aber wenn ich Jenny auch nur für wenige Sitzungen sah, war ich nicht überzeugt, daß Tabletten auf Dauer für sie sinnvoll waren. Sie hatten den Schmerz gemildert und ihr damit einen Zusammenbruch erspart, aber ich mußte mit ihrem Arzt diskutieren, welchen Nutzen sie jetzt noch hatten. Ich konnte mir vorstellen, daß sie unterdrückten, was doch unbedingt sichtbar werden mußte.

Wie fast jeder war auch Jennys Arzt erfreut zu hören, daß sie therapeutische Hilfe gesucht hatte. Er war frustriert gewesen. Es war eine herzzerreißende Geschichte, und er hatte nicht gewußt, wie er helfen sollte. Als ihr Mann Jenny zu ihm brachte, hatte er ein Rezept ausgestellt, weil ihm nichts anderes eingefallen war, und sie vorsichtig ermutigt, mit ihrem Pfarrer zu sprechen. Das Medikament hatte nicht gehalten, was er sich versprochen hatte, deshalb war er erleichtert, daß sie zu mir gekommen war. Wir verabredeten, vor Jennys und meiner letzten Sitzung noch einmal zu telefonieren, um zu sehen, wie weit die Dinge gediehen waren.

Zwischen dem zweiten und dritten Treffen, berichtete Jenny, hatte sie sich sehr labil gefühlt. Das Herz und alle Knochen taten ihr weh. Sie weinte viel, aß wenig, erledigte ihre Arbeit, kümmerte sich um die Kinder, unterrichtete ihre Schülerinnen, machte den Haushalt, zu mehr reichte es nicht. Sie fühlte sich hinfällig. Es war ein anderer Zustand als Schock. Statt vor sich hinzudämmern, kümmerte sie sich einigermaßen um sich. Ein paar wichtige Gefühle waren wieder erwacht. Sie war sich der Welt bewußter und handelte, als wollte sie sich vor der Welt schützen.

Als sie in die dritte Sitzung kam, hatte sie jene Fragilität, die mit baldiger Stärke einhergeht. Ich war erleichtert und freute mich für sie, denn ich wußte, daß dies zwar ein schmerzvoller Zustand war, aber auch welch weiter Weg von dem vereisten Terror, der sie das letzte Jahr zusammengehalten hatte, bis hierher geführt hatte. Sie äußerte wieder, welche Erleichterung es sei, kommen und reden zu können. Dann sagte sie zögernd, sie habe dem ins Gesicht blicken können, was für sie der schrecklichste Aspekt der ganzen Angelegenheit war. Ihre Augen füllten sich mit Tränen, Gesicht und Körper zeigten Verletzung und Trauer. Mehrmals setzte sie zum Sprechen an. Ich erkannte die Angst, die entsteht, wenn etwas ganz besonders Wichtiges ausgesprochen werden muß.

„Mir ist klargeworden", sagte sie, „daß Lily mich verlassen hat. Lily hat mich verlassen." Die Wiederholung schien zu unterstreichen, womit sie ins Reine kommen wollte. Es war so unfaßbar und gemein, daß sie es nicht hatte glauben können. „Das ist der springende Punkt", faßte sie zusammen. „Sie hat mich nicht einmal verlassen, sondern zweimal."

Es gab nichts, was die Stärke ihrer Worte hätte abmildern können. Wir saßen beieinander und fühlten die Wahrheit dessen, was sie gesagt hatte. Es tat so weh, daß ich Tränen in den Augen hatte.

„Robert hat sich in Wut über die Undankbarkeit und Falschheit von Lily und ihrer Familie geflüchtet", fuhr sie dann fort. „Ich wußte, daß er recht hat, so zu empfinden, aber es war nicht meine Antwort, ich fange gerade erst an, meine zu finden."

Wieder saß sie schweigend, aber sie wirkte weniger schmerzlich. Dann sagte sie, wie unverständlich für sie der Raub war, nachdem sie eine so wichtige Zeit mit Lily in Vancouver und London verbracht hatte. Die seltsame Art, auf die sie Lily verloren hatte, hatte sie besonders deutlich den Verlust der Mutter empfinden lassen, die sie großgezogen hatte.

Das Tempo der Sitzung war langsam und zielbewußt. Jenny überlegte, ob ihre Suche nach Lily, in gewisser Weise die Suche danach, wer sie war und woher sie kam, eigentlich der Wunsch war, ihre geliebte Mutter, die gestorben war, zu ersetzen. Tiefe Dankbarkeit, daß ihre Eltern ihr soviel gegeben hatten, durchströmte sie. Ihre Trauer über ihren Verlust hatte sie geäußert. Nun fragte sie sich, ob sie genug getrauert hatte. Ihr war noch nicht klar, daß Trauer etwas ist, das im Leben immer wieder bearbeitet werden muß. Es ist nicht so, daß wir es einmal empfinden, und dann ist es vorbei. Es kommt über uns an Jahrestagen oder Geburtstagen oder wenn ein Geruch, ein Geschmack, ein Musikstück, ein bestimmtes Licht oder ein Satz den Verlust wecken und wir seinen scharfen Schmerz spüren. Jenny würde den Verlust ihrer Eltern wieder und wieder empfinden und ebenso den doppelten Verlust, den Lily verursacht hatte.

Während wir sprachen und in ihrer Traurigkeit beieinandersaßen, kamen mir zwei Verluste in meinem Leben in den Sinn. Ich empfand nicht bloß Empathie für Jenny, sondern wußte, daß ich über meine doppelte Trauer reflektieren, sie noch einmal fühlen und damit beruhigen mußte.

Die Beratung gab Jenny den Raum, ihre Gefühle zu erforschen und die Vielfalt ihrer Reaktionen zu erkennen. Sie wußte jetzt, sagte sie, daß es keine Möglichkeit gab, alles richtig zu machen. Etwas Tiefes war zerbrochen. Sie würde nie wieder die gleiche sein. Ihr Leben würde nicht zur Normalität zurückkehren. Vor diesen erbärmlichen Geschehnissen war sie niemals mit etwas konfrontiert gewesen, das schrecklich oder schwierig genug gewesen war, um ihre Sicherheit, wer sie war oder wohin sie gehörte oder was der Sinn der Welt war, in Frage zu stellen. Nie war sie so tief enttäuscht gewesen, daß sie nicht mehr in der Lage gewesen wäre zu begreifen, oder so verwirrt, daß sie es nicht mehr hätte erklären können.

Nachdem ihre Überzeugungen durcheinandergeschüttelt worden waren, war das beste, das sie für sich tun konnte, zu wissen, was sie empfand. Bis zu diesem Augenblick hatte sie sich festgehalten und gehofft, wenn sie sich keinen Zentimeter bewegte, wenn sie so tat, als gäbe es sie gar nicht, würde sie mit dem, was passiert war, nichts zu tun haben und könnte gewiß sein, kein weiteres Unglück auf sich zu ziehen.

Sobald sie fähig war, mehr als den Schock zu empfinden und Verlust und Zurückweisung zu akzeptieren, begann Jenny über den Diebstahl zu spekulieren und darüber, was Lily bewogen haben mochte, zu handeln, wie sie es getan hatte. Seit sie die Verlustgefühle zuließ und nicht mehr versuchte, sie von sich zu schieben, ängstigte es sie nicht mehr so sehr, darüber nachzudenken, was Lilys Handlungen bedeuteten. Viele Psychotherapeuten halten solches Spekulieren für Zurückweichen vor den Gefühlen oder eine Art, den Schmerz auszulöschen, ich bin nicht dieser Ansicht, besonders nicht im Kontext einer Beratung.

Die Balance zwischen Fühlen und Denken ist die Ursache vieler Unstimmigkeiten zwischen verschiedenen Therapieschulen – ob Therapie funktioniert, weil unterdrückte Gefühle auftauchen dürfen oder weil falsche kognitive Vorstellungen angesprochen werden. Einige Schulen halten die Freisetzung von Gefühlen für das wichtigste. Sie gehen davon aus, daß verdrängte Gefühle Denken und Selbstbefragung blockieren. Andere glauben, daß die Art, wie eine Situation gedeutet wird, emotionale Harmonie oder Not erzeugt und daß es reicht, Gefühle zu benennen statt sie zu erleben. Aber Gedanken und Gefühle sind nicht unabhängig voneinander, sondern bedingen sich gegenseitig.

Als Jenny begann, ihre Gefühle von Verlust und Zurückweisung in sich aufzunehmen, konnte sie auch wieder denken und so die jüngsten Ereignisse gewissermaßen erträglich machen. Ideen hatten immer das Rückgrat für das ganz normale Chaos ihres Alltags gebildet. Ideen waren für sie so wichtig wie ihre Musik, und beide kamen jetzt ins Spiel zurück, um ihr zu helfen, von den traumatischen Ereignissen, die sie erlebt hatte, zu genesen.

Jenny dachte über Lilys Schuld und Scham, sie aufgegeben zu haben, nach. Während ihrer Suche nach Lily hatte sie zahlreiche Berichte gelesen, welche Gewissensqualen leibliche Mütter tagein tagaus durchmachten. Einige Frauen hatten ihre wiedergefundenen Kinder aus ganzem Herzen in die Arme genommen; aber es konnte auch sein, daß Lily den Wechsel von Schuldgefühl und Beschämung zu Sich-vergeben nicht bewältigt hatte. Vielleicht war die Barriere, die sie errichtet hatte, um zu überleben, daß sie Jenny bei der Geburt weggegeben hatte, zu festgefügt, um eingerissen zu werden.

Jenny hatte gelesen, daß in den vierziger, fünfziger und sechziger Jahren unverheiratete Frauen, die schwanger wurden, als unmoralisch und schlecht galten und die Freigabe des Kindes zur Adoption den Müttern oft aufgezwungen wurde, quasi als Strafe und Akt der Rache. Der Praxis der Adoption lag die Annahme zugrunde, mit der Zeit würde die Frau es für Wiedergutmachung halten, ihr Kind weggeben zu haben. Jenny versuchte sich in ihre Mutter zu versetzen, eine junge Frau aus der Arbeiterklasse, neunzehn Jahre alt, in den fünfziger Jahren in London lebend, und hielt es für möglich, daß diese „unmoralische" Identität an Lily klebte, um so mehr als sie selbst adoptiert war. Lilys Rückzug, versuchte Jenny jetzt zu erwägen, war vielleicht ihre Art, Jenny zu schützen. Vielleicht hatte Lily befürchtet, Jennys Familie zu beschmutzen und Schande über sie zu bringen. Oder glaubte Lily wirklich, sie sei unmoralisch und schlecht und ihr Stehlen der konkrete Ausdruck ihrer Schlechtigkeit, ein unmißverständliches Zeichen, daß die gute Jenny sich fernhalten sollte?

Auf einer anderen Ebene registrierte Jenny die krassen ökonomischen und Klassenunterschiede zwischen ihren Familien. Jenny vermutete, daß Lily das relativ wohlhabende Leben, das sie und Robert führten, schwierig gefunden hatte. Verglichen mit den Umständen, unter denen Lily und ihre Familie lebten, mußten sie geradezu unanständig reich erschienen sein.

Die Plünderung der Wohnung blieb mysteriös. Jenny fand keine adäquate Erklärung dafür. Es war eine solche Schändung, daß sie es lieber als das Werk ihrer Halbbrüder und Mikes ansah, die fehlenden Fotoalben mal außer acht gelassen. Es war, behauptete Jenny, ein Ausdruck von Neid oder Wut gegenüber ihr und Lily und der Einzigartigkeit ihrer Verbindung. Sie stellte sich vor, wie sie Lily, die sich gegen die Wut der drei Männer nicht durchsetzen konnte, zum Schweigen gebracht hatten. Es war auch beim besten Willen nicht zu erklären. Jenny wünschte, sie wäre Schriftstellerin, und es fiele ihr ein besserer Schluß ein.

Aber sie war keine Schriftstellerin, und es gab keinen besseren Schluß. Es blieb ihr nichts übrig als sich mit diesen Fragen auseinanderzusetzen, bis sich etwas änderte oder sie einen weiteren Hinweis fand. Für den Augenblick saß sie da mit der Erkenntnis, daß keiner der Wege, die sie benutzt hatte, um die Situation zu verstehen, befriedigend war. Die Motivation schien zu dürftig, die Erklärungen zu simpel, um mehr tun zu können als die Fragen zu bündeln.

Ich sah, daß es schwer für sie war, denn ein Teil von ihr wollte abschließen, was in ihrem Verstand und ihrem Herzen passiert war. Ich spürte, daß dieser Impuls, eine Erklärung zu finden, die Schock, Unbehagen und Hilflosigkeit milderte, auch an mir zerrte. Mir kamen einige entschieden fantastischere Ideen. War Lily wirklich Jennys leibliche Mutter, oder waren sie und ihr Mann zufällig auf den Brief der Adoptionsagentur gestoßen, hatten sich eine plausible Geschichte ausgedacht und Jenny „adoptiert", nur um den Diebstahl zu begehen. Es schien unwahrscheinlich, aber vorstellbar, daß Lily sich auf eine Liste von Müttern, die ihre Kinder suchten, setzen ließ. Ihr Nachname war nicht ungewöhnlich, die Jahreszahlen stimmten mit der Adoption überein, und die Entfernung war groß genug, um Einzelheiten zu frisieren – ich schloß, daß meine Paranoia möglicherweise daher kam, daß ich die Zweifel begründen wollte, die ich während unserer ersten Sitzung gehabt hatte. Während es an der Wahrheit von Jennys Geschichte keinen Zweifel mehr gab, fand ich in mir keine Erklärung. Vor dem, was passiert war, schreckte ich zurück. Ganz naiv konnte ich nicht glauben, daß Lily angesichts der Chance, wiedergutzumachen, was sie an schlechten Gefühlen für sich selbst gehabt haben mochte, nicht in der Lage gewesen war, Heroismus zu wählen statt Schurkerei.

Natürlich hatte ich auch „nicht-paranoide" und weniger naive Gedanken. Ich überlegte, ob Lily eine Diebin war, und das ließ mich spekulieren, was Stehlen bedeuten kann. Möglich war, daß Lily das Gefühl gehabt hatte, Jenny sei ihr im Heim für unverheiratete Mütter gestohlen worden und nun, fast vierzig Jahre danach, sei alles zu spät. Sie hatte vielleicht herausgefunden, daß wiederherzustellen, was gestohlen worden war, zuviel für sie war. Sie fand keinen Weg, Jenny zu hüten, also hatte sie Jenny bestohlen, als wollte sie die Umkehrung der Ereignisse leugnen. Ich wußte, daß meine Spekulationen wild waren, aber ich erinnerte mich, wie Jenny geschildert hatte, daß Lilys Haus in Vancouver mit allen möglichen, teilweise noch nicht mal ausgepackten Dingen vollgestopft war.[4] Vielleicht war Lily ja eine zwanghafte Ladendiebin, vielleicht hatten der Diebstahl ihres Babys, der Verlust der eigenen Mutter und ihre Hilflosigkeit angesichts all dessen ihren emotionalen Ausdruck darin gefunden, daß sie Dinge mitnahm, die ihr nicht gehörten. Ungeöffnete Verpackungen passen zu einer Frau, die immerzu sucht, was ihr gestohlen wurde, und nicht nutzen kann, was sie sich statt dessen angeeignet hat.

Ich merkte, daß ich wie Jenny eine Erklärung suchte. Nichtbegreifen kann emotionale Not vergrößern, Begreifen die Wellen des Schmerzes auf einem gerade noch beherrschbaren Level halten, so daß eine nicht völlig überschwemmt wird. Jenny war schon untergetaucht gewesen, nun tauchte sie wieder auf. Ich hatte große Empathie für ihren Wunsch, daß sich ein befriedigendes Verstehen entwickeln möchte.

Daneben hatte ich das Gefühl, wenn ich unseren Drang nach Erklärungen einfach sein lassen konnte, statt so krampfhaft danach zu suchen, würden wir einen Weg finden, Jenny durch diese Periode hindurchzuhelfen. Sie hatte einige ihrer Gefühle wieder lebendig machen können. Sie besaß emotionale Ressourcen. Das Unbehagen, das sie gerade durchmachte, konnte durchaus toleriert werden.

Aus meinem Wunsch nach einer plausiblen Erklärung wurde die Gewißheit, wir würden keine finden; ich wollte Jenny wissen lassen, nichts zu finden, das helfen könnte, sei auch Hilfe, mir fiel aber keine Formulierung ein, die nicht als bevormundend hätte interpretiert werden können. Es ist eines, Genugtuung zu spüren, weil klar wird, daß bestimmte Themen als Fragen lange wachgehalten werden müssen – Leben heißt, immer wieder zu revidieren, was wir wissen, so daß einiges klarer wird und anderes weniger, aber Platitüden zu formulieren, ist etwas anderes. Therapeuten müssen aufpassen, was sie sagen, denn nicht ihr Wissen ist so wichtig, wichtig ist nur, daß sie andere auf den richtigen Weg bringen. Ich wußte, daß ich die Dinge viel zu sauber verpackte, wenn ich sagte, Jenny würde bald schon die kommenden Fragen begrüßen. Ich hoffte, daß sie durch die Art, wie wir miteinander gesprochen hatten, spüren konnte, wie es möglich war, Überlegungen zu addieren, zu subtrahieren, zu überarbeiten – und daß es ihre Veränderbarkeit war, die uns lebendig machte.

Die Unerklärlichkeit des Einbruchs war etwas, das Jenny irgendwann akzeptieren mußte. Das Geheimnis war etwas, das eher umgestaltet als gelöst werden mußte. Auch wenn es sich für den Augenblick jeder Verwandlung widersetzte. Anders als die konventionelle Detektivgeschichte, deren lose Enden so geordnet sind, daß sie zusammenkommen müssen, bieten Therapie und Analyse eine Lösung, in der an die Stelle von Sicherheit das Tolerieren des nicht zu Widerlegenden, nicht zu Erkennenden, des Geheimnisvollen tritt. Die Fragen bleiben, nur die Antworten werden weniger klar. Die Fähigkeit, bei den Fragen und dem Geheimnis zu bleiben, ohne etwas vorwegzunehmen, wird eine psychische Leistung, eine psychische Entwicklung.

Jennys traumatischer Verlust markierte das Ende der Unschuld. Seit der Kindheit war ihr Leben Fortschritt gewesen, das Privileg mit zunehmendem Alter nur größer geworden. Ihre Übergänge von der Schule zum College, zu Partnerschaft und Mutterschaft, waren fließend gewesen und hatten sie bestärkt, daß guten Menschen Gutes widerfuhr. Sie war aufgewachsen mit den moralischen Werten der Mittelklasse von Sussex: Höflichkeit, Ehrlichkeit, Bescheidenheit, harte Arbeit und Loyalität. In ihrer Musik hatte sie einen Ausdruck für Leidenschaft und Gefühle gefunden.

Das Treffen mit Lily in Vancouver hatte sie in ihrer Ansicht bestätigt, Leben sei Fortschritt, Unangenehmes könne gelöst werden, und das Leben zeige dabei eine gewisse Fairness. Jenny war mit dem Verlust ihrer Eltern mit Gleichmut fertiggeworden; nicht viel war passiert, das ihr Gefühl, ihre Sicherheiten stünden auf festem Grund, zerstört oder desillusioniert hätte. All dies zerbrach an den Folgen der Plünderung. Die widersprach so sehr Jennys Wahrnehmung der Welt, daß sie den Horror und die Unbegreiflichkeit nur im Schock aushielt. Nun hatte sie den Schmerz des Verlusts und der Zurückweisung annehmen können, wir konnten uns der Aufgabe zuwenden, den Schock anzugehen.

Um den Schock zu akzeptieren, mußte Jenny zur Sprache bringen, was bisher unausgesprochen und nicht bedacht, weil nie umstritten gewesen war – ihre Gewißheiten. In der Auseinandersetzung mit der Schlichtheit ihrer nicht in Frage gestellten Überzeugungen, wie die Welt funktionierte, wie Menschen miteinander umgingen, daß das Leben im Grunde gerecht war, erlebte sie einen schweren Vertrauensverlust. Sie fühlte sich hilflos, unsicher, wie die Dinge einzuordnen waren, und geistig erschüttert, weil die Ereignisse und ihre Erfahrungskategorien nicht in Übereinstimmung zu bringen waren. Jennys Bemühen, zu helfen, wo es nötig war, beruhte auf einem Glaubenssystem, das zwischen Ursache und Wirkung eine gerade Linie zog. Jetzt, im letzten Teil dieser dritten Sitzung, bewegte sie sich aus einem Zustand der Unschuld in einen der Desillusionierung und war verzweifelt.

Im Gegensatz dazu empfand ich Hoffnung für sie. So schmerzhaft Desillusionierung ist, sie gehört zum Erwachsenwerden, wenigstens erlaubt sie uns, aus unserem Kokon herauszukommen, Neues zu erfahren und Antworten zu finden, die uns wachsen lassen. Die spezielle Agonie, die Jenny befallen hatte, hatte ich nicht durchgemacht, weswegen es für mich leicht war zu fühlen, daß Jenny sich am Ende auf eine Weise entwickeln würde, von der sie ohne ihre schreckliche Erfahrung nicht hätte träumen können. In meiner Arbeit hatte ich gesehen, daß Desillusionisierung nicht nur Unglück sein muß. Ich hatte gesehen, wie einzelne aus ihrem normalen Trott herausgezwungen und angespornt wurden, sich auf eine Weise zu entwickeln, die komplexer und reicher war. Wenn Jenny akzeptieren könnte, was nicht zu begreifen war, die Spannung zwischen dem Wunsch zu verstehen und dem Wissen, daß das unmöglich war, aushalten würde, würden ihr emotionales Repertoire und ihr Leben um einiges reicher werden.

Es gehört zu den Charakteristiken der Entwicklung, daß wir die Klarheit, nach der wir suchen, und die Fertigkeiten, die wir in der Jugend lernen, um das Leben, unsere Studien und unsere Arbeit zu bewältigen, von Zeit zu Zeit der Veränderung aussetzen müssen. Gewißheiten können uns einsperren. Indem sie unsere Erklärungen, die Richtiges und Falsches enthalten, in bestimmte Bahnen lenken, beschneiden sie die Möglichkeit, auch in ganz andere Richtungen zu denken.

„Ich bin mir nicht sicher, wie ich jetzt weitermachen soll", sagte Jenny und sah mich erwartungsvoll an. Ich nahm ihre Worte als Zusammenfassung dessen, wo sie gerade stand, wie als Frage. „Ich bin wirklich nicht sicher", sagte sie nach einer Pause. „Ja, das ist schwierig." Mehr wollte ich nicht sagen, aber ich wollte ihr auch nicht den Kontakt verweigern, den sie offensichtlich suchte. Sie brauchte Unterstützung bei ihren tastenden Versuchen, keine Moralpredigt. Natürlich war ich versucht ihr zu sagen, daß es im Moment wahrscheinlich mehr darum ging zu registrieren, wie sehr sie in ihrem ersten Zusammenstoß mit der Grausamkeit in menschlichen Beziehungen, mit der Unversöhnlichkeit des Lebens und dem Kampf, mit den Grenzen unserer Macht sich zu arrangieren, an die Grenzen ihrer persönlichen Erklärungskraft gelangt war. Worte boten da wenig Erleichterung. Jenny war zu bedrückt, und der Augenblick, in dem sie erkannte und anerkannte, nichts zu wissen, war zu wichtig.

Zwei Monate später hatten wir unsere letzte Sitzung. In der Zwischenzeit hatten wir uns zweimal getroffen, und ich hatte noch einmal mit ihrem Arzt telefoniert. Jenny hatte ihn aufgesucht, weil sie die Tabletten absetzen wollte. Wir waren alle drei dieser Meinung, und es war die richtige Entscheidung. Jenny fühlte sich gestärkt und kräftig genug, sie nicht mehr zu brauchen. Ich freute mich auf unser Treffen.

Jenny unterschied sich von den meisten Menschen, die wegen oft jahrelanger Angstzustände zu mir gekommen waren. Sie hatte sich zu Beginn der ersten Sitzung zwar ziemlich verrückt angehört, aber das war eine aus der Situation entstandene Verrücktheit, sie kam aus der quälenden Verwirrung durch die jüngsten Ereignisse. Das gegenwärtige Trauma schleuderte uns nicht zurück in eine Geschichte verborgener Qual. Ihr frühes Familienleben war ja sehr gut gewesen. Sie war adoptiert worden, als sie eine Woche alt war, ungewöhnlich früh für die fünfziger Jahre, in denen die Babys in der Regel sechs Wochen bei ihren biologischen Müttern blieben. Wie auch immer, Jenny war gewünscht und geliebt und wuchs sicher auf.

Was immer sie über ihre leibliche Mutter herausgefunden hatte, verstörte selbstverständlich die unbewußten Gedanken und Fantasien, die sie wie andere Adoptivkinder über ihre leiblichen Eltern hatte. Die meisten Adoptivkinder erfinden und imaginieren Geschichten über ihre Herkunft, die revidiert werden müssen, wenn sie ihre wirklichen Eltern kennenlernen oder etwas über sie herausfinden. Aber abgesehen davon war Jenny, weil sie nie mehr als die „normale" Menge an Selbstzweifel erlitten und ihre Sicherheiten sich nicht in Luft aufgelöst hatten, psychologisch gesehen ziemlich „unschuldig".

Theoretisch wußte ich, daß Desillusionierung der Preis für den Eintritt ins Erwachsensein ist und ein Mittel zur Unterstützung psychischen Wachstums. In jeder Phase bereitet Desillusionierung den Boden für die weitere Entwicklung. Von außen betrachtet, scheint der Fortschritt in der Meisterung der Meilensteine der Entwicklung zu liegen. Von innen ist unsere Erfahrung komplizierter und umfaßt auch die Suche nach der Fähigkeit, Verlust und Desillusion zu absorbieren.

Als Babys müssen wir uns von der Vorstellung befreien, daß wir der Mittelpunkt des Universums sind. Dabei verlassen wir, was Analytiker die narzistische Entwicklungsphase nennen, und beginnen, die Anwesenheit anderer zur Kenntnis zu nehmen.

Als Kleinkinder werden wir wieder desillusioniert, wenn wir nämlich beginnen wahrzunehmen, daß wir getrennt sind, daß die, von denen wir abhängig sind, nicht Teil von uns sind, sondern eindeutig andere mit eigenen Absichten und Plänen. Wir können fragen oder bitten, aber wir können nicht befehlen, was wir zu brauchen glauben, also werden wir wieder desillusioniert. Wir realisieren, daß nicht allen unseren Wünschen entsprochen wird, und aus dieser Desillusionierung heraus experimentieren wir mit unserer Macht. Das ist nicht nur ein Augenblick der Niederlage, sondern auch einer der Freude, denn wir werden uns unseres Willens bewußt und entwickeln ein Gefühl dafür, daß es von uns abhängt, ob bestimmte Dinge geschehen. Daher kommt unser Gefühl für Wirksamkeit, unsere Fähigkeit, Situationen zu gestalten und in ihnen angemessen zu agieren.

Die Freudsche Geschichte von der ödipalen Phase bringt uns zur nächsten großen Entwicklungsdesillusionierung, wenn uns bewußt wird, daß wir unsere ersten Liebesobjekte Mutter und Vater nicht für uns allein haben. Wir registrieren, manchmal widerwil-

lig, daß sie und er andere Lieben, Interessen, Aktivitäten und Loya-
litäten haben. Wir empfinden den Verlust unserer imaginierten
Einheit, arrangieren uns mit dem Gedanken, daß wir nicht im
Mittelpunkt der elterlichen Aufmerksamkeit stehen, und werden
wieder hinausgeschleudert, diesmal aus dem Familienzirkel her-
aus, um neue Bindungen einzugehen.

Als Heranwachsende werden uns die Grenzen unserer Macht
fortwährend und demütigend bewußt gemacht. Wir beschließen,
daß die Welt, die wir als Erwachsene schaffen werden, weniger
willkürlich und mehr von uns bestimmt sein soll. Als Erwachsene
zerstören gebrochene Herzen, Enttäuschungen im Beruf, politische
Ereignisse und Krankheiten alle Illusionen über unsere Fähigkeit,
unser Leben selbst zu bestimmen. Wenn wir Glück haben, begren-
zen diese zerbrochenen Illusionen die Welt nicht, sondern öffnen
sie für uns, zwingen uns, tapferer und kühner zu sein, als wir uns
zugetraut hätten. Als Eltern erleiden wir die Desillusionierung, daß
wir das Leben unserer Kinder nach unseren Hoffnungen formen
könnten. Ständig kämpfen wir damit, wer sie sind, wie die Welt
ihnen entgegentritt und daß unsere Möglichkeiten, Einfluß zu neh-
men, begrenzt sind. Und so verstehen wir am Ende, daß unsere
Eltern gleichzeitig so mächtig waren, wie wir immer geglaubt hat-
ten, und so ohnmächtig wie wir.

Desillusionierung ist keine Erfahrung, die einengt. Sie macht es
möglich, sich in Richtungen zu entwickeln, die vorher nicht sicht-
bar waren.

Obwohl ich wußte, daß Jenny litt, spürte ich in ihr die Lebhaftig-
keit, die daher kommt, daß man Zweideutigkeit, Verwirrung und
Unsicherheit über das Verhalten in einer bestimmten Situation tole-
rieren kann. Sie konnte zulassen, daß etwas nicht fertig wurde.
Innerlich lächelte ich über die Freuden, die diese Erfahrung ihr in
Zukunft bringen würde. Durch ihre Desillusionierung gewann
Jenny eine flexible Offenheit dem Leben gegenüber, die von der
Beschäftigung mit seinen Widersprüchen kam.

Als ich Jenny zu unserer letzten Sitzung die Tür öffnete, traf ich
auf eine Frau mit Würde. Sie sagte, es wären zwei ernüchternde
und wichtige Monate gewesen. Lily entzog sich ihr immer noch,
sie hoffte immer noch, sie eines Tages wiederzufinden. Aber ihr

Augenmerk hatte sich verschoben. Was sie nun faszinierte, waren ihre Reaktionen.

„Ich habe das Gefühl, mein Leben verschlafen zu haben. Das stimmt zwar nicht ganz, denn ich habe es auch genossen, vor allem die Kinder und Robert und meine Musik... aber ich war so naiv, so behütet... Es war nicht zielbewußt, nicht bewußt, nicht lebendig, mein Leben." Sie überlegte. „Ich habe früher nie begriffen, was diese Worte bedeuteten, und ich habe immer ein bißchen gegrinst, wenn Leute von Aufklärung und Bewußtsein redeten. Ich glaube, daß ich keine Ahnung hatte, wie eingeschränkt ich gelebt habe. Nach unserem letzten Treffen hatte ich schreckliche Angst um meine Ehe. Ich war nicht sicher, ob sie überleben würde. Nein, das ist zu dramatisch. Es war mehr, daß ich mir bis dahin nicht klargemacht hatte, daß es darin Dinge gab, die ich nicht ertragen konnte, und daß ich mich verändere und Robert nicht. Ich hatte eine richtige Krise."

Das hörte sich weniger nach einer Zusammenfassung als nach dem Auftakt zu einer neuen Konsultation oder mindestens einiger weiterer Sitzungen an. Jenny schien soviel zu sagen zu haben und auch die Worte, um es auszudrücken.

„Roberts einseitige Reaktion auf die Geschichte mit Lily frustrierte mich. Ich wollte nicht bloß seinen Ärger hören. Es war falsch. Jedenfalls für mich. Ich hatte das Gefühl, mehr zu wissen als er, daß es Unmengen verschiedener Gefühle gab – Kränkung, Verwirrung, Ablehnung – und daß sie alle akzeptieren hieß, keinen Teil von sich auszuschließen. Und ich wollte ihn überzeugen."

Jenny machte eine Pause, als müßte sie weniger die Geschichte, eher den Prozeß erst einmal ordnen. „Nun, das war sinnlos. Er wollte nichts hören. Zwischen uns war ein tiefer Graben. Wir waren uns immer sehr nahe gewesen, und diese Krise um Lily bedrohte unser Glück. Wie auch immer, jedenfalls wurde mir plötzlich klar, daß ich versuchte, *Robert* zu ändern, so wie ich versucht hatte, das Ende mit Lily zu ändern. Ich wollte nicht akzeptieren, daß wir verschiedene Antworten hatten. Vielleicht hört sich das für Sie nicht wichtig an – oder vielleicht doch... Es war, als wollte ich Robert mehr zu dem machen, den ich in ihm sah, weil ich Lily nicht zu der machen konnte, die sie sein sollte. Ich übertrug meine unvollendeten Gefühle für Lily auf unsere Ehe."

Jenny redete ohne Punkt und Komma, und mir gefiel, was sie mit ihrer Einsicht angefangen hatte. Sie erzählte mir, wie sie sich zwei Wochen wie vor einer Wand gefühlt hatte, in großer Verzweiflung. Dann sei sie aufgewacht, wahrscheinlich nach einem Traum, und habe gewußt, daß sie eine Illusion loslassen mußte, die sie immer gehabt hatte – wenn sie etwas sähe oder für den besseren Weg hielte, würde oder sollte dies auch eintreten. Jetzt kämpfte sie mit dem Gedanken, daß ihre Einsicht zwar gut für sie, aber vielleicht nicht das Richtige für Robert war.

„Ich bin nicht aufdringlich", sagte sie, „aber ich habe immer geglaubt, daß das Leben weitergeht und das Bessere siegt. Ich nehme an, daß mir allmählich klar wird, wie irrelevant oft ist, was richtig ist. Es ist eine Kleinigkeit, und vielleicht fällt niemandem außer mir der Unterschied auf. Ich habe mich weiß Gott oft genug Roberts Wünschen gefügt. Aber dies ist etwas anderes. Ich fügte mich nicht ihm oder dem, was er wollte. Ich begriff ihn als verschieden von mir. Ich mußte kämpfen, um meine Meinungen und Gefühle als genauso berechtigt zu sehen wie seine Meinungen und Gefühle, statt ihn überzeugen zu wollen, weil meine so stark sind. Irgendwie war diese kleine Veränderung sehr wichtig."

Sie sah mich an, um zu sehen, ob ich die Bedeutung dieser Veränderung für sie erkannte. In meinen Augen sprach sie über den Prozeß der Trennung, darüber, daß sie und ihre Gedanken und Wünsche eine eigene Integrität hatten, egal ob andere sie bestätigten oder nicht. Sie brauchte die Bestätigung durch Robert nicht mehr. Sie mußte ihn auch nicht überzeugen. Sie hatte es nicht mehr nötig, daß die Dinge so waren, wie sie sie sich wünschte, so beruhigend und befriedigend das auch sein mochte. Sie akzeptierte, daß sie ein kleiner Ausschnitt des Lebens war und daß ihr Verzicht auf das, was Therapeuten Omnipotenz nennen, es ihr möglich machte, sich und ihre Reaktionen neu festzulegen. Lily kennenzulernen und diese Desillusionierung zu erleben und zu überleben, hatte ihr möglich gemacht, sich zu entwickeln.

„Wenn ich Sie richtig verstehe, können Sie jetzt akzeptieren, daß die Welt nicht ganz so ist, wie Sie sie sich konstruiert haben", sagte ich.

„Das stimmt", antwortete Jenny. „Ich glaube, als die Sache mit Lily passierte, konnte ich sie überhaupt nicht akzeptieren. Für

Robert war es leichter, er konnte vernünftig und wütend sein. Er hatte seine aggressive Rechtsanwaltsstimmung. Für mich war es anders, es ging tiefer. Alles, worauf ich mich verlassen hatte, hatte sich in Luft aufgelöst. Ich hatte Angst." Sie weinte ein bißchen und lächelte dann. „Wissen Sie, ich habe eine richtige Revolution durchgemacht. Eine leise, die meine Nachbarn gar nicht erkennen würden, aber ich bin nicht mehr dieselbe. Oder ich bin ich, aber etwas ist hinzugekommen. Ich fange an, Neues zu schmecken. Ich weiß nicht, wie ich das formulieren soll. Ich höre sogar mehr in der Musik. Verstehen Sie das?"

Ich glaubte schon. Wenn ich eine Brücke in meine ganz andere Erfahrung schlug, glaubte ich zu wissen, wie bereichernd diese Veränderung für sie war. Ich erinnerte mich an meine Jugend, als das Leben entschieden klarer war. Ich liebte die Entschiedenheit und Sicherheit und das Gefühl, daß wir alles neu schaffen konnten und ganz sicher wußten, wie es sein sollte. Es war erfrischend und, wie ich es heute sehe, ein notwendiger Teil des Erwachsenwerdens. Aber es war auch altersspezifisch. Der Zauber dauerte nicht ewig, als ich älter wurde, entdeckte ich auch die Freuden der Vielschichtigkeit und wie erleichternd es sein kann, wenn die Sicherheit über Dinge, über die es keine Sicherheit gibt, aufhört.

Jenny hatte sich verschlossen, weil sie Angst hatte. Sie hatte ihren Griff lockern können, als sie ihre Gefühle fließen lassen konnte. Ihr Mann Robert hatte Erleichterung darin gefunden, Lily und ihre Brut als jenseits des Erlaubten abzutun. Seine energische Reaktion hatte Jenny noch mehr isoliert, bis sie in der Lage war, ihre eigenen sehr komplexen Reaktionen zu benennen. Die gewalttätigen Polaritäten, die viele Menschen in ihrer Jugend beeinflussen, hatte Jenny nie nötig gehabt. Bis vor kurzem war ihr Leben fraglos und zufrieden gewesen. Und doch hatte die Begegnung mit Lily sie für eine Zeit erstarren lassen. Als sie Prozesse auftauen konnte, die bis dahin nie in ihr aktiviert waren, lebte sie wieder. Wenn es das war, was Jenny gerade geschafft hatte, dann kannte ich das.

Die Unmöglichkeit von Sex

Sie waren kaum eingetreten, als Maria zu schreien begann. Sie schrie wie eine, die in großer Angst ihren Fall vor mich bringt, die in diesem Augenblick Richterin und Gerichtshof des emotionalen Lebens ist. Carol, die Angeklagte, saß neben Maria auf dem Sofa und sagte gar nichts. Die eine weiß, die andere schwarz, die eine still, die andere wild – Spiegelbilder. Ich wußte nicht, ob Carol so still bleiben oder ob sie sich in eine eskalierende Wut hineinsteigern und der ganze Raum abheben würde. Da half nur abwarten.

Es gibt Paare, die dich ins Zentrum ihrer Beziehung hineinziehen, indem sie ihren Krach vor deinen Augen austragen. Andere zeigen ihre Bitterkeit. Oder ihre Verachtung, hinter der sich oft tiefe Enttäuschung verbirgt. Was in der ersten Sitzung sichtbar wird, kann wie auf dem Tablett die wesentlichen Elemente einer Paarbeziehung präsentieren.

Maries Schreien war extrem und unwiderstehlich. Solche rasende Wut bedeutete ein schreckliches Gefühl von Ungerechtigkeit, eine Kränkung, zu schwer, um sie zu besänftigen. Kam sie in die Therapie, um ganz sicher zu gehen, daß ihre Verletzung auch wirklich wahrgenommen und angesprochen wurde? Es brauchte eine Weile, um den Kontext ihrer Wut auszumachen. Betrug, Mißbrauch und Irreführung waren die Vorwürfe, die Maria ihrer Geliebten entgegenschleuderte, mit jedem Wort ihren Zorn steigernd.

Ich gehöre nicht zu den Therapeutinnen, die Wut an sich schon positiv bewerten; deshalb mußte ich – auch wenn ich nach einer Möglichkeit zu intervenieren suchte – abwarten und abwägen, was geschah.

Während der Zorn im Raum widerhallte, betrachtete ich die beiden Frauen mir gegenüber. Carol war groß und saß sehr gerade. Sie hatte feine Gesichtszüge, eine pfirsichweiße Haut, schulterlanges gewelltes Haar, gehalten von Kämmen aus Ebenholz und Elfenbein. Sie trug ein modisches schwarzes Kostüm. Ihre Fingernägel waren manikürt. Eine luxuriöse tiefbraune Handtasche lehnte an ihrem linken Bein. Sie konnte Architektin oder Designerin sein, ihre Aufmachung strahlte natürliches Selbstbewußtsein aus. Ich schätzte sie auf Ende dreißig. Maria sah ebenfalls sehr gut aus. Sie hatte feine Gesichtszüge, kurzgeschnittenes krauses schwarzes Haar, schokoladenfarbene Haut. Die staubgrüne Baumwolljacke, braune Leinenhose und beigefarbenen Stiefel strahlten eine lässige, unkonventionelle Eleganz aus. Maria war Afro-Amerikanerin, die erste Generation mit einem Hochschulabschluß. Ihr Äußeres erinnerte mich an eine Dichterin, Künstlerin, Verlegerin oder Journalistin. Ihr Alter ließ sich schwer schätzen, aber ich hatte den Eindruck, daß sie jünger war als Carol, vielleicht Anfang dreißig.

Sie waren ein auffallendes Paar. Ich hätte sie unentwegt ansehen können. Während Maria schrie und tobte, blieb Carol still. Ihr beharrliches Schweigen beeindruckte mich. Woher kam diese sphinxartige Ruhe? Gab es bei den beiden eine Art emotionaler Aufteilung – Maria wütend, Carol leise? Waren Marias Ausdruckskraft und Carols Schweigen ein Teil dessen, was sie zueinander zog? Wie war Carol in der Lage, die auf sie gerichtete Wut anzunehmen? Gingen sie normalerweise so miteinander um oder hatte die Therapieumgebung ihr jeweiliges Verhalten so verdreht?[1]

Es sah aus, als wollte Maria aus lauter Frustration Carol gleich heftig schütteln. Es war die Stille, die ihre Wut vergrößerte, und daß mein Schweigen jetzt noch dazukam, machte es nicht besser, deshalb sagte ich: „Ich verstehe, wie erregt und wütend Sie sind, Maria. Aber vielleicht könnten Sie beide sich soweit zusammennehmen, daß Sie mir sagen können, weshalb Sie gekommen sind?"

Zuvor hatte Carol mir am Telefon skizziert, weshalb sie eine Paartherapie suchten. Sie waren seit dreieinhalb Jahren zusammen. Vor vier Monaten hatte sich Carols Freundschaft mit Sonya, einer etwa zehn Jahre älteren Lehrbeauftragten, in eine Affäre verwandelt. Maria fühlte sich bedroht. Sie glaubte, Carol zu verlieren, obwohl Carol versicherte, die Beziehung nicht beenden zu wollen. Carol versuchte aus der sexuellen Beziehung zu Sonya herauszukommen, aber es bereitete beiden, Carol und Maria, immer noch großen Schmerz. Sie hatten sich für eine Paartherapie entschieden, weil sie das Gefühl hatten, sie bräuchten einen Ort, an dem sie das, was geschah, durchsprechen konnten.

Wenn ich einem Paar zum erstenmal die Tür öffne, weiß ich nie,
was auf mich zukommen wird. Kommen die beiden, weil sie zu-
sammenbleiben wollen? Wollen sie sich trennen? Lieben sie sich
nicht mehr, sind aber auf eine Art miteinander verflochten, die an
Trennung nicht einmal denken läßt?
Mit welchen Wünschen und Problemen wird mich dieses Paar
konfrontieren? Wie kann ich jeder individuell wie beiden zusam-
men hinreichend Aufmerksamkeit zuwenden? Werde ich unpartei-
isch sein können, beiden die gleiche Empathie entgegenbringen,
ihre Beziehung nicht im Spiegel meiner Beziehung und der Bezie-
hungen meiner Freundinnen sehen? Wie kann ich sicherstellen,
daß nicht ein unbewußter moralischer Vorbehalt verzerrt, wie ich
zuhöre und was ich höre, wenn unsere Wertesysteme nicht die glei-
chen sind?

Carol und Maria begannen über die Krise zu sprechen, die die Wut
und Not, deren Zeugin ich gerade geworden war, heraufbeschworen hatte. Maria versicherte mir immer wieder, wie sie betrogen
worden war, aber als Carol ihren Schmerz zeigte, verlagerte sich
das dominante Gefühl Richtung Verwirrung und Kränkung. Es war
klar, daß keine von beiden die Beziehung aufgeben wollte. Die
Energie, die zwischen ihnen floß, war aufgeladen – leidenschaft-
lich, streitlustig, beharrlich und drängend. Ich sah Carols Affäre
nicht als den Versuch, Maria zu verlassen; sie wollte offenbar auf
etwas hinweisen, das in ihrer Beziehung nicht stimmte. Was konnte das sein?

In den ersten beiden Jahren ihrer Beziehung war ihr sexuelles
Leben glücklich, fantasievoll und sehr erotisch gewesen. Dann
hörte es allmählich auf. Im Jahr vor Carols Affäre mit Sonya hatten
Carol und Maria nur noch sporadisch Sex miteinander gehabt. Aus
der Ekstase wurde gewöhnliches Leben: zur Arbeit gehen, Einkaufen, Kochen, Verabredungen treffen, wer war zu Hause, wenn
der Klempner kam, wer kümmerte sich um Chloe, Carols sieben-
jährige Tochter – ihr täglicher Kontakt konzentrierte sich auf das
Prosaische. Unzufriedenheiten tauchten auf, Differenzen, Zwänge.
Das Verschwinden ihrer Leidenschaft hatte eine gewisse Logik.

Bei vielen Paaren verwandelt sich sexuelle Intimität – die Möglichkeit, miteinander zu kommunizieren –, wird weniger häufig,

weniger drängend, ist nicht mehr sich Öffnen und gegenseitiges Erforschen, sondern ein Block zwischen zwei, ein Akt umgeben von Erwartungen, Enttäuschungen, Kummer oder Routine. Sex ist eher eine Hürde, die überwunden werden muß, als intensiver Austausch. Es ist fast unmöglich, sich vorzustellen, daß die Person im Bett neben dir einmal unwiderstehlich war. Unmöglich sich an die Zeit zu erinnern, als ihr Gesicht im Schlaf, ihr Lächeln oder wie sie ins Zimmer trat, ein erotisch aufgeladener Augenblick war. So war es auch bei Carol und Maria. Sie waren Partnerinnen, aber keine Liebenden mehr. Tagsüber freute jede sich darauf, die andere am Abend wiederzusehen, aber der Kontakt materialisierte sich nicht. Trotz gegenseitiger Erklärungen war es für beide Verlust, Angst und Verzweiflung. Es kam nicht überraschend, daß Maria ausflippte, als Carol etwas mit Sonya anfing. Die Affäre war so heftig wie damals, als Carol und Maria sich kennengelernt hatten. Sie bedrohte die Vorstellung, es mache nichts aus, daß der Sex zwischen ihnen verschwunden war.

Dramatisch und zu beider Überraschung kam mit Carols Affäre lustvoller Sex in ihr Leben zurück. Die Affäre hatte die Krise in ihrer Beziehung verschärft, was hieß, daß Miteinanderschlafen für Carol und Maria plötzlich wieder unwiderstehlich, aufregend und sehr wichtig war. Liebe, Begehren und Bindung standen plötzlich wieder im Mittelpunkt. Das bestürzende Beinahe-Zölibat des vergangenen Jahres, in dem eine kuschelige, warme, unterstützende Atmosphäre die Leidenschaft vertrieben zu haben schien, war vorbei. Drama und Gefahr traten auf und mit ihnen sexuelle Passion.

Maria, deren offeneres sexuelles Verhalten mit ihrer Wut und ihrem Verlangen nach Gerechtigkeit Schritt zu halten schien, benannte die Verwirrungen aus ihrer Sicht. Während der Periode relativen Zölibats hatte ihre Weiblichkeit und Attraktivität sich zurückgewiesen gefühlt. Carols Affäre hatte die Leidenschaft zwischen ihnen wieder entzündet, aber Maria empfand immer noch, daß sie nicht erwünscht war. Sie war unsicher und wütend und schwankte zwischen dem Gedanken, sie verstünde es, und dem Gefühl, benutzt worden zu sein, hin und her.

Für Carol hatte ihre Affäre paradoxerweise hell erleuchtet, wie sehr sie Maria schätzte und begehrte. Seit sie etwas mit Sonya angefangen hatte, fand Carol Maria fantastisch attraktiv, wie sie es das ganze letzte Jahr nicht getan hatte. Vielleicht war es unvermeidlich, grübelte Carol. Indem sie die Beziehung in Gefahr brachte, sah sie Maria als von sich getrennt und sehr begehrenswert und nicht mehr als Teil von sich. Ihre Nähe hatte sie zu sehr zu einer Einheit gemacht, hatte ihre starken Persönlichkeiten absorbiert und ihre Individualitäten verdunkelt.

Das verwirrte Carol, und obwohl ich zu diesem Problem, das viele Paare haben, ein paar Gedanken beitragen konnte, sagte ich nichts, sondern hörte zu, was Maria dazu zu sagen hatte.

Maria war immer noch ziemlich wütend und beschuldigte Carol, stets „nach dem Exotischen zu gucken, weil sie sich dadurch lebendig fühlt". Sonya, beschwerte sie sich, war „Carols neuester Versuch, Klarheit über sich zu bekommen, indem sie sich an Farbige ranmacht".

Sonya war Asiatin, Maria Afro-Amerikanerin und Carol weiß und englische obere Mittelklasse, allerdings mit einem kleinen Dreh: Sie kam aus einer jüdischen anglisierten, assimilierten Familie, war auf einer Privatschule erzogen und unsicher, so Maria, wohin sie gehörte. Irgend etwas bezauberte Carol an frisch gewaschener, gut erzogener Andersheit – Maria hatte einen Harvard-Abschluß, Sonya in Oxford studiert. Teils war es Neugier, teils der Versuch, sich selbst zu verorten. Sie suchte und fand andere Außenseiterinnen, mit denen sie protzen und das britische Klassensystem schockieren konnte.

Obwohl Marias und Carols Ansichten oberflächlich gesehen als antagonistische Positionen interpretiert werden konnten, wirkten sie doch ziemlich ähnlich. Beide nannten für sich Getrenntheit als wichtigen Zug eines lebendigen sexuellen Lebens. Beide verknüpften Differenz und Erotik. Beide setzten Erregung und Anderssein gleich. Ich hatte es nicht eilig, die Verbindungen zwischen dem, was beide sagten, zu untersuchen, denn mir war noch nicht ganz klar, wohin die Therapie ging oder was sie sich davon erwarteten. In der Einzeltherapie hat man den Vorzug, allem nachgehen zu können, was im Augenblick sinnvoll scheint. Über alles zu stolpern, was gerade da ist, sich treiben zu lassen, wohin es auch führen mag, gehört zur therapeutischen Erkundung, weshalb Gespräche in der Therapie andere Charakteristika haben als normale Gespräche. In der Arbeit mit einem Paar muß die Therapeutin genauer darauf achten, was beide wollen, und das kann eine größere Trennschärfe erfordern. Zwar hatte ich den Bericht über Carols Untreue vernommen, aber ich wußte trotzdem nicht, ob die beiden Therapie suchten, damit Carol ihre Geliebte aufgab, damit Maria Sonya akzeptieren konnte oder um die Schwächen ihrer sexuellen Beziehung oder ihrer Beziehung im allgemeinen zu diskutieren.

Die Sitzung hatte damit begonnen, daß Maria ihre Verletztheit und Wut mitteilte und Carol ihre Strafe auf sich nahm. Nun mußte ich klären, welches Ergebnis sie sich erhofften. Mit leiser, bestimmter Stimme erklärte Carol, daß sie versuchen wollte, Sonya nicht mehr zu sehen, und die Therapie sollte ihr dabei helfen. Sie hing an Maria, sie wollte mit ihr zusammenleben, und sie wollte die Kränkung wiedergutmachen. Maria wollte ebenfalls die Beziehung aufrechterhalten, aber nur, wenn Carol versprechen konnte, Sonya keinesfalls wiedersehen zu wollen, und zugab, Maria betrogen zu haben. Maria wollte Carol wieder vertrauen können.

Vertrauen ist eines der am häufigsten gebrauchten und dennoch unklaren Konzepte, die auf Beziehungen angewendet werden. Es wiegt schwer und ist besonders zerbrechlich. Wenn eine Beziehung zu Ende oder in Gefahr ist, ist oft gebrochenes Vertrauen der Grund, warum eine Person eine Therapie aufsucht. Im Gegensatz zu ihrer Beziehung fühlt sie sich in der Therapie sicher, weil sie glaubt, der Therapeutin trauen zu können. Obwohl ich natürlich verstehe, was gemeint ist – Therapie ist vertraulich, ist dazu da, zu verstehen und begreiflich zu machen und so weiter –, ist in diesem Zusammenhang von Vertrauen zu reden, in gewisser Weise auch ironisch, denn der therapeutische Prozeß offenbart ja gerade, wie schwierig es sein kann zu vertrauen. Wir vertrauen zwar, wir sehen aber auch, wie zerbrechlich diese Vorstellung ist.

Gewöhnlich ist ein zentraler Aspekt der therapeutischen Beziehung herauszufinden, welche unbewußten Hindernisse dem Vertrauen im Weg stehen. Die einzelnen entdecken ihre Widerstände und Behinderungen, selbst wenn sie glauben zu vertrauen und es für ihre Entwicklung auch am meisten brauchen. Sie entdecken, daß sie sich nicht so einfach hingeben oder vertrauen können, um etwas Wertvolles und für sie Wichtiges festzuhalten. Frühe Ent-

täuschung, die nicht bemerkt und nicht anerkannt wurde, be-
wirkt, daß Menschen einen Vorrat an kränkenden Erfahrungen
haben, der ihre Vorstellung von Vertrauen auf eine Weise geprägt
hat, derer sie sich oft nicht bewußt sind. Menschen brauchen Ver-
trauen und glauben, daß sie in neue Beziehungen mit einer intak-
ten Fähigkeit zu trauen hineingehen. Viel öfter aber ist es so, daß
sie bewußt ihr Mißtrauen *suspendieren, denn ihr Vertrauen bricht*
schnell zusammen, sobald es bedroht ist, und zeigt damit, wie ziel-
los oder fehlbar es ist.

Marias Wunsch, Carol wieder vertrauen zu können, unter der Be-
dingung, daß Carol zugab, sie „betrogen" zu haben, hieß, daß wir
klären mußten, was Vertrauen für sie bedeutete – nur so konnten
wir sehen, ob das, was sich wünschte, eine Chance hatte. Wie
sollte sie Carol vertrauen können? Was konnte Carol dazu tun? Was
mußte Carol garantieren? Was würde es für Maria heißen, Carol zu
vertrauen? Wer trug die Verantwortung? War Marias Mißtrauen in
Carol ihr Weg, weiterhin verletzt sein und sich betrogen fühlen zu
können?

Obwohl Psychoanalyse in ihrer Examinierung des Alltäglichen
manchmal ausgesprochen schwerfällig scheint, läßt ihre Befra-
gung von Alltagsvorstellungen wie z.B. Vertrauen uns die Subtilität
unserer Wünsche, Konflikte, Gefühle und Sorgen verstehen. Das
reflektierende Element, das die psychoanalytische Konversation
auszeichnet, ist auf die Befragung des Gewohnten und Ver-
standenen angewiesen, um zu klären, was wir wollen, und sicher-
zustellen, daß wir es auch beschreiben können Dies ist nicht so
sehr Nabelschau – der verlogene Begriff, mit dem das Studium des
Subjektiven herabgesetzt werden soll –, sondern ein Diskurs über
menschliche Erfahrung und Intersubjektivität. Durch die penible
Betrachtung der Themen, die auftauchen, wenn einzelne, Paare
oder Familien in Schwierigkeit sind, erweitern wir unser Verständ-
nis von der Bedeutung menschlicher Beziehungen für uns alle.

Maria beklagte sich über den Bruch in ihrer Beziehung: Sie glaubte nicht mehr an deren Vertrauenswürdigkeit und an Carol. Sie
sorgte sich, nie wieder mit Carol völlig entspannt umgehen oder

auf ihre Interessen eingehen zu können. Indem wir fragten, was Vertrauen für sie bedeutete, erfuhren wir, wieviel Mißtrauen sie entwickelt hatte, wie bestürzt sie war, sich Carols so wenig sicher zu fühlen, und wie ängstlich, das, was zwischen Sonya und Carol vorgefallen war, könnte unwiderruflich die Gestalt ihrer Beziehung verändert haben. Letzteres stimmte natürlich. Es gab keine Chance, die Affäre zu streichen, als wäre sie – und Betrug und Kränkung, die mit ihr einhergingen – nie geschehen.

Carol und Maria empfanden beide eine gewisse Erleichterung, das ausgesprochen zu haben. Paare haben oft den unausgesprochenen Wunsch, der Therapeutin möge gelingen, was dem Paar nicht vergönnt war: die Beziehung wiederherzustellen, so wie sie einmal war, als wäre sie nur vom Regal gefallen und zerbrochen, und es brauche nichts außer ein bißchen Leim, um sie zu kitten. Indem ich Carols und Marias Fantasie benannte und das Märchen zerstörte, daß die Reparatur so einfach war, kamen wir weiter. Nicht so zu tun, als ob nichts passiert wäre, war wichtig. Beide wußten sehr wohl, daß die Ereignisse sie und ihre Beziehung verändert hatten.

Aber wir durften uns ebensowenig in einer Haltung verstricken, die Affäre hätte alles verändert. Wir mußten den Graben überwinden, der Maria ermutigt hätte, sich ans Opfersein zu gewöhnen, und Carol, sich endlos schuldig zu fühlen. Es war besser zu prüfen, ob die Affäre zu verstehen – warum sie passiert war und was sie bedeutete – Carol wie Maria erlauben würde, sich dem Griff emotionaler Überwachung zu entziehen und so wieder zusammenkommen zu können. Carols Erklärung, es nicht wieder tun zu wollen, konnte einen Teil ihres gemeinsamen Schmerzes lindern, aber nicht falsch in richtig verwandeln. Diese Spannung und die Unlösbarkeit der Situation auf kurze Sicht mußten angenommen werden.

In dieser ersten Sitzung war Grundlegendes geschehen. Wir hatten eine Basis für die Therapie gefunden. Was mit einem Schrei angefangen hatte, hatte sich in eine Tagesordnung verwandelt: Wie läßt sich vertrauen? Wie lassen sich die psychischen Faktoren verstehen, die zum Verschwinden und Wiedererstehen ihres sexuellen Lebens geführt hatten? Was würde sich daraus entwickeln? Wir verabredeten, uns einmal in der Woche zu treffen.

Einige Monate danach fiel mir auf, daß der Charakter der Sitzungen sich verändert hatte. Carol und Maria strahlten Erregung und Intensität aus, der Atmosphäre gleich, die frisch Verliebte umgibt. Wenn ich an die beiden dachte, mußte ich unwillkürlich lächeln. Ich freute mich auf sie, als brächte ihr Kommen die Luft zum Schwingen.

Ihr Zusammenleben war ein Triumph über ihre Herkunft. Carol, aufgezogen von einem Kindermädchen und sehr früh aufs Internat geschickt, als sollte alles Jüdische in ihr ausgelöscht werden, hatte sich mit Maria verbunden, die mit vier Geschwistern an der Nordküste von Long Island, New York aufgewachsen war, wo ihr Vater als Tischler und ihre Mutter als Lehrerin gearbeitet hatten. Keiner der beiden Frauen war prophezeit worden, sie würde so grundlegend die Grenzen von Klasse, Ethnie und Nation überschreiten, wie sie es getan hatten. Noch vor zehn Jahren hätte Maria nicht mal davon geträumt, in London zu leben. Aber eine Kombination aus der lesbischen Kultur, in der sie verkehrten, und Carols Beruf als Umweltdesignerin hatte ihnen die Welt geöffnet. Sie waren Frauen ihrer Zeit, hatten ihren Beruf, betraten gesellschaftliche Bereiche, die früher unzugänglich waren, waren mehr oder weniger offen über ihre Sexualität, sie gestalteten ihr Leben, statt sich vorgeschriebenen Rollen anzupassen.

Sonya war inzwischen längst nicht mehr *das* Thema. Sie war von ihrem großen Bekanntenkreis absorbiert worden und deshalb auch für Maria keine Bedrohung mehr. Die Persönlichkeiten, die sich mir in der ersten Sitzung vorgestellt hatten, waren deutlicher geworden, und es war leicht, sich von ihnen einnehmen zu lassen. Beide waren attraktive, wortgewandte Frauen, die Freude an ihrer Arbeit hatten – Carol in Umweltgestaltung, Maria in Landschaftsarchitektur. Sie verdienten gut, liebten ihre Berufe und fanden sie wichtig, aber sie wollten nicht ausschließlich von ihnen beherrscht werden. Groß geworden in einer Zeit, in der für Frauen der ökonomische Rückhalt in der Ehe noch selbstverständlich war, kämpften sie mit den einander widersprechenden Möglichkeiten, die Frauen ihres Alters offenstanden – daß für sie gesorgt wurde und sie sich auf andere verlassen konnten, daß sie sich um die emotionalen und häuslichen Bedürfnisse anderer kümmern sollten, daß sie unabhängig sein und niemand brauchen sollten oder, umgekehrt, daß sie die Unabhängigkeit fahrenlassen sollten, die sie erreicht hatten. Sie kümmerten sich beide um Carols Tochter Chloe und überlegten, noch ein zweites Kind aufzuziehen. Sie waren häuslich und schafften die Hausarbeit mehr oder weniger allein. Carol war die stillere von beiden und Maria die lebhaftere, aber sie hatten eine ausgesprochene Sensibilität füreinander und konnten einander zuhören, wenn sie von den Problemen sprachen, die sie miteinander hatten. Ihre Klarheit über die Sichtweise der jeweils anderen beeindruckte mich. Ihre Erziehung, die unabhängig von den großen Unterschieden in ihrer Herkunft betont hatte, daß Mädchen für andere sorgten, sich in andere hineinversetzten, die Bedürfnisse anderer wahrnahmen, hatte sie als Frauen aufmerksam für die Wünsche der anderen gemacht. Und dieser Aspekt weiblicher Psychologie, der oft lähmend wirkt, weil er auf Kosten der eigenen Entwicklung geht, war in ihrem Fall sehr bereichernd.[2] Er half ihnen, einander zu hören, empathisch und fürsorglich zu sein; daß sich keine bedroht fühlte, erleichterte ihnen, die Komplexität ihrer Gefühle zu akzeptieren.

Man hätte denken können, daß mittlerweile zwischen ihnen alles so gut lief und sie sich so weit von der therapeutischen Ausgangssituation entfernt hatten, daß wir die Therapie beenden konnten. Aber ich hatte das Gefühl, auch wenn es bisher nicht ausgesprochen worden war, daß etwas in unserem Trio sie und ihre Beziehung belebte. Ich hatte den Hauch einer Ahnung, wenn die Therapie zum Ende kommen würde, würde die Lebendigkeit zwischen ihnen verschwinden oder die Energie, die zwischen uns dreien entstanden war, negativ über den beiden implodieren. Meine Anwesenheit *als dritte Partei sowohl innerhalb wie außerhalb ihrer Beziehung* schien wichtig – als hätte diese dritte Achse die Beziehung zwischen ihnen beiden erotisch und emotional remagnetisiert.

Ich dachte, ich verstünde das. Kolleginnen, die auf dem Gebiet weiblicher Psychologie arbeiteten, hatten die Themen genannt, die Frauen bedrängen können, wenn ihre intimen Beziehungen sie in Konflikte und Schwierigkeiten über Gleichheit und Differenz bringen, unabhängig vom Geschlecht des Gegenübers. Eine befriedigende Intimität, die von Offenheit, Verständnis und Anerkennung ausgeht, kann entgleisen, weil der Zauber, die Meinungen, Gedanken und Sensibilitäten, die die beiden Menschen ursprünglich zusammengebracht haben, plötzlich Angst machen. Was verführerisch und anders ist, ist, einfach weil konträr, potentiell auch bedrohlich: *Wenn diese Person so anders ist als ich, wie kann sie mich lieben und akzeptieren?* Die scharfen Kanten der Differenz können sich abschleifen und eine Beziehung entstehen lassen, die von den Aspekten der beiden Individuen bestimmt wird, die miteinander verschmelzen: Die frühere Freude an der Überraschung wird für ein Ambiente geopfert, das unter Umständen sogar anwidert und erstickt. Was der einen gehörte, soll die andere nun mit versorgen. Was da nicht hineinpaßt, ärgert nur noch.

Wenn zwei Frauen zusammen sind, verstärken sich das Gefühl, verstanden zu werden, und das Gefühl von Gleichheit. Für Carol und Maria schuf diese Gleichheit eine psychische Fusion, die eine dritte Person brauchte, um sie aufzubrechen. Anders als Heteropaare, die unbewußt ihr Geschlecht nutzen, um die Differenz zwischen sich zu symbolisieren, brauchten Carol und Maria eine Person außerhalb der Beziehung, aber noch in deren emotionalem Umfeld, um sich voneinander abzugrenzen.

Solche theoretischen Stützen, die meine Überlegungen strukturierten, ließen mich fragen, ob sie jetzt mich „benutzten", um zu durchbrechen, was immer in jenem zölibatären Jahr ihr sexuelles Leben abgetötet hatte. „Benutzt" meine ich nicht pornografisch oder erotisch, sondern als dritte Person, wie Sonya eine gewesen war. Nur daß ich ihnen beiden gehörte.

Ich fühlte, daß ich zur *anderen* bestimmt war, und das in einem professionellen wie einem psychischen Sinn. Indem ich mich für beide einzeln wie als Paar interessierte, hatte ich die verschmolzene Natur ihrer Bindung zeitweise unterbrochen, sie auseinandergerissen, das unzertrennliche Paar getrennt und danach aus zwei anregenden spannenden Individuen neu zusammengesetzt. In dieser Art hatte wahrscheinlich auch Carols Affäre bei der Rettung ihrer Beziehung eine Rolle gespielt. Nun, so schien es, spielte ich diese Rolle – daß ich für beide und ihre Beziehung da war und nicht Carols spezielle Freundin, hatte nur die Gewichtung verschoben.

Ich hatte keine Lust, meine Überlegungen zu diesem Zeitpunkt mit Carol und Maria zu teilen, ich hatte genügend mit mir selbst zu tun. Basierte mein theoretisches Konstrukt hinreichend auf der Grundlage praktischer Arbeit mit Frauen? War ich wirklich eine andere für sie oder nur zufällig in ihre Liebesgeschichte hineingeraten? Wollte ich an der Nähe teilhaben, die sie verströmten? Ich hatte Freundinnen und schätzte meine Freundschaften. Meine Freundinnen gaben mir Kraft, waren ein wichtiger Teil meines Alltags, aber ich schwang nicht in ihnen mit.

Hatten sie mich gebeten, die dritte im Bunde zu sein, die in der psychoanalytischen Theorie für gewöhnlich den distanzierteren Elternteil repräsentiert, den ödipalen Vater, der die enge Beziehung zwischen Mutter und Tochter aufbricht und durch seine Maskulinität die Tochter befähigt, den Übergang zu heterosexueller Liebe zu bewältigen? Es stimmte, ich war die dritte im Bunde, aber diese Interpretation war denn doch zu abgegriffen und kalkulierbar. Wenn ich die andere, die ödipale Figur war, dann mußte ich fragen, für wen? War ich Außenseiterin für das Paar oder für zwei Individuen?

War ich die erregende andere? Als Therapeutin nur einmal die Woche für fünfzig Minuten verfügbar, sie ermutigend, sich zu öffnen und ihre Probleme auszusprechen, und dabei das Gefühl vermittelnd, mit ihnen schon fertigzuwerden, hatte meine Stellung durchaus etwas mit dem distanzierten, potentiell unwiderstehlichen Vater gemeinsam. Aber auch diese Interpretation fand keinen Widerhall in weiblicher Psychologie, wie ich sie in mehr als zwanzig Jahren therapeutischer Praxis kennengelernt hatte. Viele Mädchen und Frauen suchen ganz unabhängig von ihrer sexuellen Orientierung eine Beziehung mit einer Frau, die sich auf sie einlassen, ihnen nahe sein kann, ohne mit ihnen zu verschmelzen. Daß Frauen dies auch bei Männern suchen und dabei oft schwer enttäuscht werden, ist kein Geheimnis. Daß Frauen dies bei anderen Frauen suchen und dann über den gegenseitigen Drang zu verschmelzen stolpern, gehört zu den verborgenen Aspekten weiblicher Psychologie, die erst ein gender-bewußtes Ohr in der Psychotherapie aufgespürt hat.[3]

Woher kam dies Bedürfnis? Was an den Beschränkungen und Zwängen, den unerwiderten psychischen Wünschen, die Mütter in die Beziehungen zu ihren Töchtern einbrachten – die selbst eine

Fortentwicklung der Beziehungen der Mütter zu ihren eigenen Müttern waren –, gab der Psychologie der Mädchen diese ganz bestimmte Gestalt? Warum scheiterten Töchter (wie ihre Mütter vor ihnen) so oft daran, unkomplizierte Bindungen zwar zu wollen, aber nicht herstellen zu können? Wie konnten Töchter sich von der emotionalen Fessel befreien, die seit Generationen in verstümmelnder Verschmelzung Mütter an Töchter und Töchter an Mütter gebunden hatte? Wie konnten Frauen verhindern, daß sie ähnlich verschmelzende Dynamiken in anderen intimen Beziehungen reproduzierten?

Wir wünschen uns Liebe ohne Beeinflussung. Wenn wir uns verlieben, stellen wir uns vor, wir erschüfen eine Beziehung auf einer jungfräulichen Leinwand. Aber das Pigment unserer frühen Beziehungen (vor allem der zu unserer Mutter) drückt seinen Stempel auf unsere erwachsenen Liebesgeschichten, deren Probleme kennzeichnen die gegenwärtigen. Wir verschmelzen mit unserer Partnerin, so daß unsere Individualität sie mit umfaßt. Wir berühren uns so eng, daß die Ängste, Hoffnungen und Wünsche der anderen nicht als die einer getrennten Person erfahren werden, sondern als Teil von uns. Wir können nicht anders als reagieren. Unsere emotionalen Antworten umschlingen einander, und die Grenzen verwischen sich. Wir wissen vielleicht gar nicht, wo wir anfangen und aufhören, wessen Emotionen wem gehören. Wir haben die andere in unser Gefühl von uns selbst inkorporiert.

Frauen in heterosexuellen Beziehungen vermögen oft das andere Geschlecht ihres Partners dafür zu „nutzen", ein Gefühl für Differenz zu entwickeln; Frauen mit Frauen als Partnerinnen müssen dem Bedürfnis, sich abzugrenzen, direkter ins Gesicht sehen, und oft wird dem Bedürfnis nach Differenz durch die Einführung einer dritten Person entsprochen.

Bei der Vorstellung, ich sei die erregende unabhängige Dritte, mußte ich kichern. Göttin weiß, daß niemand weniger aufregend ist als die fleißige Arbeiterin im Beratungszimmer. Aber ich wußte, daß ich diese Rolle der Außenseiterin für Carol und Maria durch Übertragung auf die Therapeutin ausfüllen, die Verschmelzungsaspekte ihrer Verbindung aufbrechen und ihnen so helfen konnte, sich gegenseitig in ihrer Individualität wahrzunehmen. Einfach indem ich sie als Individuen *und* als Paar akzeptierte und nicht versuchte sie zu spalten, war ihr Gefühl von sich als Individuen mit je eigener Einzigartigkeit wiederhergestellt.

Mit dieser Vorstellung, woher die warmen Gefühle zwischen uns kamen, war ich einverstandener als mit der reduzierenden ödipalen Interpretation. Carols und Marias Nähe hatte das unerwartete Risiko Intimität bewirkt. Indem sie intim wurden und Liebe, Unterstützung und Akzeptanz beanspruchten, hatten sie sich als Individuen *gefunden und gestärkt*. Sie spiegelten und achteten ihre jeweiligen Begabungen und Bedürfnisse, respektierten ihre Sorgen und Wünsche. Sie hatten einige ihrer Kindheitskränkungen geheilt. Sie waren über die Zwänge, die sich ihnen entgegengestellt hatten, hinausgewachsen. Aber genau dieses Medium des Wachsens, die Liebe, Akzeptanz und Nähe innerhalb des Paars, hatte auch das gegenteilige Gefühl produziert, daß sie sich nämlich als Individuen *verloren* hatten. Sie waren ein Paar, nicht zwei Menschen, die in einer Beziehung verbunden waren. Ich dachte plötzlich, daß sie dem Sex ausgewichen waren, weil er sie einander näher brachte, als sie psychisch verkraften konnten, seit sie sich so gut kannten. Hatten sie das Gefühl, ihre individuellen Identitäten würden sich ganz und gar auflösen, wenn sie füreinander sexuell und psychisch so offen waren? Für Frauen ist Sexualität mit ihren mächtigen Metaphern von Schmelzen und Verschmelzen oft ein Weg, Barrieren zu überwinden. Was aber, wenn sie bereits zu nahe waren? Wurde es dann psychisch zu gefährlich?

Auch hier gibt es eine Genderdifferenz, jedenfalls hat sich das in meiner therapeutischen Praxis gezeigt. Frauen finden Identität und Selbstgefühl anfänglich durch Wiedererkennen und Ähnlichkeit bestätigt; Männer finden ihre Identität durch Bestätigung der Differenz und Getrenntheit. Für Frauen ist in der sexuellen Intimität Verbindung das primäre. Für viele Männer, die mit mir darüber gesprochen haben, was Sex für sie bedeutet, ist neben der Verbindung ein weiterer ebenso bedeutender Aspekt der sexuellen Begegnung die Bestätigung ihres Ich-Gefühls, ihrer Potenz und ihrer Getrenntheit.[4]

Als Carol und Maria ihre Beziehung anfingen, noch nicht als die Erschafferinnen eines gemeinsamen Universums, sondern als Individuen, die den Raum zwischen sich überbrückt hatten, um Nähe zu teilen, war Sex ihr Weg, sich nahe zu sein. Der sexuelle Stempel, den Carol und Maria auf dem Körper der anderen sahen, veränderte beide physisch, und oft blieben sie voll schmerzendem Verlangen nach erneuter Verbindung zurück. Jede hatte das Gefühl, ohne die andere sowohl weniger als auch mehr zu sein. Das erotische Band zwischen Carol und Maria und die Art, wie es ihren Körper markierte, füllte den Raum zwischen den Zeiten aus, die sie zusammen waren. Es benannte ihr Bedürfnis nacheinander. Bevor sie zusammenlebten, trug das Spiel ihrer Körper das ganze Gewicht ihrer Intimität.

Dann verschränkten sich ihre Leben. Sex war nicht mehr *der* Moment der Nähe. Sie waren einander nah, wenn sie kochten, gemeinsam ein Bild betrachteten, Freundinnen einluden. Sie waren sich so nahe, daß Streitereien oder Meinungsverschiedenheiten der Weg wurden, ihre Individualität zu behaupten. Und noch etwas kam hinzu: Jede wußte soviel von der anderen, sie hatten soviel gemeinsam geschaffen, daß miteinander zu schlafen, emotional und physisch nackt voll Begehren und Liebe füreinander dazustehen, zuviel war.

Flüchtiger Sex, das rasche sich Paaren zweier Menschen, die Körper und Vorlieben des anderen nur zu gut kennen, war durchaus möglich. Aber wenn sie ihrem täglichen Beieinandersein die sexuelle Vertrautheit hinzufügten, die sie am Anfang ihrer Beziehung hatten, ergab das eine Situation, von der sie nicht wußten, ob sie sie beherrschen konnten.

Warum dies bei Carol und Maria so war und bei vielen Paaren in engen Beziehungen so ist, wissen wir nicht.

Wir gehen davon aus, daß Sexualität schwindet, weil das Bekannte so vertraut ist. Oberflächlich betrachtet, mag das stimmig erscheinen, aber es überzeugt nicht. Zwar verblassen bestimmte Aktivitäten durch Wiederholung, weil sie vom damit verbundenen Risiko leben (zum Beispiel Fallschirmspringen oder Bungeejumping), sexueller Austausch aber wird durch Wiederholung nur intimer, denn die Menschen fühlen sich zunehmend geborgen,

wenn sie ihre privatesten Empfindungen und Wünsche zeigen.
Körperliche Wünsche entfalten sich, und gerade das Enthüllende
und Authentische an der Begegnung macht sie aufregend und tief
befriedigend. Natürlich ist es ein Risiko, sich zu öffnen, die andere
zu entdecken und sich in der anderen wiederzuentdecken, die
wiederholte sexuelle Begegnung aber mindert die Gefahr.
Bei vielen Aktivitäten, ob allein oder mit anderen, wie Musik
hören oder spielen, neue Gerichte ausprobieren oder Sport treiben,
erhöht die Wiederholung das Vergnügen. Vertrautheit befriedigt.
Deshalb ist es durchaus eine Überlegung wert, warum Sex, einst
das überwältigende Juwel einer Beziehung, gemieden wird. Welche
Faktoren im Individuum wie im Paar begründen eine Phase der
Langeweile in ihrem sexuellen Leben?

Carols und Marias sexuelle Aktivität ging zurück, als ihre Beziehung achtzehn Monate bis zwei Jahre alt war. Obwohl es keinen Beweis gibt, daß dies mehr ist als Zufall, ist doch die Regelmäßigkeit verblüffend, mit der diese Zeitvorgabe immer wieder in meiner Praxis auftaucht. Das läßt mich fragen, ob der „Lebenszyklus" erotischer Vertrautheit etwas fast Vorsprachliches, Vorbewußtes spiegelt, etwas über unsere Erinnerung an und Beziehung mit Intimität als solcher aussagt. Wenn zwei Menschen einander nahekommen, ziehen sie sich in einen privaten Raum zurück, erschaffen sich selbst als Paar und kehren als Paar in die Welt zurück.

Die erste Intimität erlebten wir mit unserer Mutter oder mit denen,
die als erste Verantwortung für uns übernehmen. Bevor wir spre-
chen konnten, kommunizierten wir körperlich und gestisch.
Gehalten und genährt in einer intensiv körperlichen Beziehung,
waren sinnlicher Austausch und die Beachtung körperlicher Be-
dürfnisse die Art, wie wir Liebe ausdrückten und empfingen.
Unsere Mutter oder die Person an ihrer Stelle war unsere Welt, der
Leuchtturm, nach dem wir uns richteten. Alles – die Wörter, die wir
lernten, die Bewegungen, die wir verstanden, die Aussichten, die
uns erklärt wurden, und die Antworten auf unsere Initiativen –
wurde innerhalb dieser Grenzen formuliert. Mit etwa achtzehn
Monaten waren wir in der Lage, auf unsicheren Beinen zu gehen
und mittels weniger Wörter mit anderen zu kommunizieren. Wir

konnten unsere Bezugsperson für kurze Zeit verlassen und Dinge am Rand ihres Universums ausprobieren, ohne zu leiden. Unsere Welt trennte sich nun von der physischen Intimität der Kindheit, in der jede Nuance, jeder Wunsch (ob wahrgenommen oder nicht) im körperlichen Umfeld von Mutter und Kind formuliert wurde.

Zwischen achtzehn Monaten und zwei Jahren lernt das Kind sich als Subjekt kennen, als „Ich", mit Anfang und Ende und einer Beziehung zu anderen Subjekten; Margaret Mahler hat das „die seelische Geburt des Menschenkinds" genannt.[5] Selbstverständlich ist das kein abgegrenzter Prozeß. Der Analytiker Daniel Stern hat gezeigt, daß Babys sehr wohl in der Lage sind, andere wahrzunehmen, ihr Kommen und Gehen und die emotionalen Nuancen ihrer Beziehungen zu registrieren. Aber dieses Wissen ist instinktiv, sinnlich und selbstbezogen. Das Baby ist nicht in der Lage, die anderen als Subjekte mit eigenen Rechten, Bedürfnissen und Wünschen zu sehen. Im Gegenteil, die anderen werden als Antwort auf die Bedürfnisse des Babys gesehen, gewissermaßen als Objekte des Babys. Erst im Alter von etwa achtzehn Monaten beginnt das Kleinkind zwischen eigenen Bedürfnissen und denen anderer zu differenzieren. Tatsächlich liegt der Zauber dieses Alters in der Illusion des Säuglings, seine Bedürfnisse zu erfüllen sei das dringende Bedürfnis der anderen. Begehren und Empfangen sind nicht unterschieden, was das Baby will, geschieht.

Die Desillusionierung dieser Vorstellung ist ein wichtiger Schritt auf unserem Weg zur Personwerdung. Wie wir die Fehlbarkeit derer erkennen, von denen wir abhängen, erkennen wir auch die individuelle Natur unseres Begehrens und damit unsere Grenzen und die Grenzen unserer Macht. Diese Entdeckung läßt das Kind, das nicht mehr gestillt wird, nach anderen Quellen emotionaler Nahrung suchen. Es wendet sich anderen zu – Erwachsenen, Gleichaltrigen, Geschwistern – entwickelt neue, sehr verschiedene Beziehungen, die weniger intensiv, persönlich und asymmetrisch und mehr auf Gegenseitigkeit gerichtet sind als die Paarbeziehung Mutter und Kind.

In der erwachsenen Liebesgeschichte scheint es einige Parallelen zu geben. Auf sehr persönliche Weise berührt, ziehen wir uns mit der geliebten Person zurück, spinnen uns ein mit ihr und haben das Gefühl, wir wären „neugeboren".

Wenn wir genug in diesem Geben und Nehmen gebadet haben,
fühlen wir uns hinreichend sicher, nach außen zu gehen – wie das
Kleinkind, das laufen lernt –, um zu sehen, was der Rest der Welt
dazu sagt. Mit diesem Unterfangen wird Sex unausweichlich neu
formuliert. Die sexuelle Beziehung des Paars kann weiterhin ihre
private Sprache bleiben, die den Ort der Intimität, des emotionalen
Nachtankens beschreibt. Sie kann die exklusive Aktivität bleiben,
die diese Beziehung von anderen Beziehungen unterscheidet. Es
kann der Akt sein, der Besitz oder Bindung an die andere Person
impliziert. Ebenso aber kann das Gegenteil passieren und die sexu-
elle Beziehung sich aus der Intimität zurückziehen, eine Aktivität
werden, in der wir weniger die andere Person erreichen und uns
ihr offenbaren wollen als uns verstecken und zurückziehen.

Warum das? Warum sollte, was so wertvoll war, nun problema-
tisch werden, prosaisch und enttäuschend? Wenn sexuelle Intimi-
tät eine Wiedererweckung der emotionalen und physischen
Intimität des Lebensanfangs beschwört, braucht dann die sexuelle
Beziehung eine bestimmte persönliche Geschichte, um zu überle-
ben? Braucht sie eine frühe intime Beziehung, in der die Mutter
zum Abenteuer außerhalb des nährenden Paars ermutigte, so daß
Bindung und Interesse anderswo die Erotik und Intimität des
Paars nicht verringert oder bedroht?

Wir können vielleicht nicht adäquat erklären, wie sexuelle
Intimität zwischen Menschen, die sich so gut kennen, so gefährlich
werden kann, aber wir können die Parallele von Separation und
Individuation – die emotionale Entwicklung des Kleinkinds – nut-
zen, um darüber zu reflektieren. Das könnte uns einer Antwort auf
die Frage, warum Intimität zurückgewiesen wird, einen Schritt
näher bringen.

Darauf hatte Carol angespielt, als sie sich fragte, ob die größere
Intensität ihrer Liebe die Leidenschaft vertrieben hätte. Nicht daß
sie sich weniger liebten. Wenn überhaupt, sagte Carol einer beru-
higten Maria, dann liebte sie sie noch mehr oder wäre ihr tiefer
verbunden. Mangel an Liebe war es wirklich nicht.

Ich glaubte, was Carol sagen wollte, hatte mit dem Auflösen
persönlicher Grenzen zu tun. Die sexuelle und emotionale Intimität zwischen ihnen hatte beide Frauen in einen Zustand der Ver-

schmelzung gedrängt, der einige Übereinstimmungen mit frühen Kindheitserfahrungen aufwies. Anders gesagt, es war eine Intimität entstanden, wie beide sie zuerst erfahren hatten.

Während zu Beginn ihrer Beziehung sexuelle Intimität deshalb befriedigend war, weil sie eine Intimität zwischen zwei erwachsenen Menschen darstellte, war es, als hätten sie etwas verloren, als Aspekte einer psychischen Verschmelzung zwischen Carol und Maria auftauchten. Sie entwickelten sich zurück, ihre Verschmelzung löschte die jeweils andere aus. In gewisser Weise gab es keine andere mehr, mit der Sex möglich gewesen wäre. Sex im Zustand der Verschmelzung ist eher Masturbation als Kommunikation.

Ich überlegte, wie ich ihnen dieses seltsame Phänomen erklären sollte. Die theoretische Klarheit, die ich dabei gewann, mußte nicht notwendigerweise auch bei ihnen wirken. Ich war sicher, sie würden verstehen, wie aus zwei eins geworden war und sie eine andere, eine Außenseiterin brauchten, um wieder zwei zu werden, aber ich war mir nicht sicher, ob das als Erklärung genügte. Für mich funktionierte es, weil es unterfüttert war durch die psychologische Theorie von Separation und Individuation, aber davon abgelöst wirkte es vereinfacht und reduziert wie die ödipalen Theorien, die ich ablehnte. Ich war nicht überzeugt, daß Verständnis für die Dynamik das Problem für sie erledigen würde.

Carol und Maria nannten mich beide ihre gute Mutter, und auch wenn das ein Scherz war, war etwas Wahres dran. Wenn wir darüber sprechen könnten, welche Eigenschaften sie mir zuschrieben und welche Funktion ich als gute Mutter hatte, konnten wir mich vielleicht aus ihrer Beziehung herauslösen, ohne daß sie ihr neues erotisches Leben aufgeben mußten. Vielleicht sahen sie in mir die, die ihre Getrenntheit genauso unterstützte und ermutigte wie ihre Zusammengehörigkeit. Vielleicht schrieben sie mir das Gefühl zu, was außerhalb des Paars lag, müßte sie nicht unbedingt bedrohen, sondern könnte auch bereichernd sein. Vielleicht spürten sie, daß ich ihnen eine Bindung anbot, die nicht auf Verschmelzung, sondern auf Getrenntheit beruhte, und so eine neue Form der Intimität möglich war.

Bevor ich das mit ihnen besprechen konnte, verließen Carol und Maria die Therapie. Sie wären glücklich, sagten sie. Die Therapie hätte geholfen. Sie vertrauten einander und fühlten sich sexuell lebendig, und so gern sie mit mir zusammen wären, sie wollten gehen. Ich verstand ihren Wunsch, aber er machte mir Sorgen. Sie hatten tatsächlich ihr erotisches Leben wiederbelebt, aber sie hatten Carols andere – Sonya – nur gegen mich ausgewechselt. Eine gewisse Entwicklung lag darin, daß ich für beide wichtig war, aber die Bearbeitung dieses Bedürfnisses nach einer anderen, dritten war bisher zu kurz gekommen, um wirklich die Veränderungen zu konsolidieren. Ich bat sie zu bleiben, bis wir gemeinsam den Aufschwung verstanden hätten, statt ihn für gegeben zu nehmen. Sie zogen mich auf, ich wollte bloß nicht verlassen werden, und gingen.

Vielleicht, dachte ich, hatte ich sie unterschätzt. Vielleicht hatten sie ein größeres Maß an psychischer Separation geschafft, als ich annahm. Vielleicht hatte ich übersehen, wie gut es ihnen schon ging, weil ich als die dritte noch im Nebel stocherte.

Aber ich mußte mich zwingen, so zu denken, es war der Versuch, eine Situation schönzureden, die weniger schön war, als ich es mir gewünscht hätte. Ich fühlte mich hin und her gerissen zwischen dem Ziel der Therapeutin und dem Ziel des Paares. Ich hatte mir eine Lösung gewünscht, der ich eine gewisse Dauer zutraute, eine, in der Carol und Maria mehr Raum zwischen sich lassen konnten. Aber sie waren in die Therapie gekommen, um ihre Beziehung fortzusetzen und mit dem Sonya-Problem fertigzuwerden. Und aus ihrer Sicht hatten sie das erreicht.

Sie fehlten mir. Die Arbeit mit ihnen war spannend gewesen. Ich mochte ihre Ansichten, ihre Reaktion auf die Welt, ich hatte ihnen gern zugehört. Wieder einmal empfand ich, was für einen wundervollen Beruf ich hatte, der mir Einblicke in Welten gab, die ich unter anderen Umständen nie kennengelernt hätte. Ich beendete meine Aufzeichnungen, schloß die Akte und versuchte, über das, was nicht erledigt war, nicht beunruhigt zu sein.

Zehn Monate später rief Carol an. Sie waren in Schwierigkeiten. Es war zu kompliziert, um es am Telefon zu erklären. Konnten sie ganz schnell kommen? Dienstag. Danke.

Diesmal fing Carol an. Maria hatte versucht, schwanger zu werden, und Carol hatte alles ganz unerträglich gefunden. Sie wollten so etwas wie einen Vater für das Baby, nicht bloß Sperma. Sie wollten jemand, den sie kannten und auf den Verlaß war. Charles, mit dem Maria während des Studiums befreundet gewesen war, schien der richtige. Er war bisexuell, wollte eine Beziehung zu dem Kind, liebte Maria und war glücklich, ihnen den Gefallen tun zu können.

Die drei hatten entschieden, das Beste sei, wenn Maria mit Charles schliefe. Sie wollte ihr Baby nicht mittels Masturbation und Kanüle empfangen. Selbstverständlich wollte sie aus dem Geschlechtsverkehr keinen Liebesakt machen, aber sie wollte, daß an der Entstehung ihres Kindes ein Penis und eine Vagina beteiligt waren. Carol fand die Idee theoretisch gut – sie hatte ihre Tochter durch Geschlechtsverkehr mit einem Freund empfangen –, aber sie entdeckte, daß sie mit dem Gedanken nicht umgehen konnte, daß Maria mit Charles schlief. Sie fühlte sich unerträglich eifersüchtig, schrecklich ängstlich und war überzeugt, Maria damit zu verlieren. Vor dieser Krise hatte ihr Sexleben wieder nachgelassen. Jetzt hatte sie Angst, daß Charles und Maria sich gut vertragen könnten: sie würden sich wieder ineinander verlieben, das Baby haben wollen, sie ausschließen. Sie hatten die gleiche Herkunft, hatten auf ihrem Weg aus der schwarzen unteren Mittelklasse ähnliches erlebt. Maria würde eines Tages in die Vereinigten Staaten zurückkehren wollen, egal was sie jetzt sagte, und Charles konnte ihr das bieten und anderes, das Carol nicht hatte. In ihrer leisen englischen Art war Carol außer sich.

Da war viel zu besprechen. Carols Panik entstammte ihren speziellen Lebensentscheidungen und umfaßte Themen wie Klasse, Heterosexualität, Rasse, Zugehörigkeit, Gleichheit und Differenz. Carol hatte das Gefühl, nichts bieten zu können. Sie konnte Maria kein Baby machen, sie nicht halten. Heterosexualität war eindeutig mehr als Homosexualität, Schwarz kam vor Weiß, die USA waren England überlegen.

Carols bisheriger Gleichmut hatte nicht ahnen lassen, wie sie auf tiefe Qual reagieren würde. Aus ihrer Beschreibung schloß ich, daß ihre Panik begründet war. Wollte Maria sie verlassen? Hatte sie sich in Charles verliebt? War die mit lesbischem Leben immer noch verbundene Diskriminierung zuviel für sie? War es zu schwer, mit einer weißen Frau, dazu einer Jüdin, zu leben? Oder hatten Carols Vertrauen und Liebe sie ermutigt, neue Wege zu gehen?

Es gab keinen Beweis, daß Maria Carol verlassen wollte. Ja, sie war froh, daß Charles eingewilligt hatte; ja, sie wollte ein schwarzes Kind; ja, manchmal hatte sie Heimweh. Aber nein, sie hatte nicht vor, Carol und ihre Beziehung im Stich zu lassen.

Worüber Carol sich Sorgen machte, war nicht im geringsten banal. Ich an ihrer Stelle hätte auch Angst gehabt. Carol wähnte Maria auf dem Rückzug von den Problemen, die eine lesbische, die Rassengrenzen überschreitende Beziehung aufwarf. Sie stellte sich vor, daß Maria sich mit einem der Ihren zusammengetan hatte, und sie, die nie eine verwandte Seele hatte finden können und sich immer Partnerinnen suchte, die extrem anders waren, würde im Stich gelassen und die Unsinnigkeit ihrer Entscheidungen offenbar werden. Sie fühlte sich geängstigt und erniedrigt.

Carols biologische Grenzen und ihre Machtlosigkeit, das zu ändern, waren ein wichtiger Ausgangspunkt für ein Gespräch. Aber im Augenblick war ich mehr daran interessiert herauszufinden, wie die Fragen von Gleichheit und Differenz und der richtigen Distanz zueinander, die früher zwischen Carol und Maria aufgetaucht waren, nun in einem anderen Kontext wiederkehrten.

Ich freute mich mit den beiden über ihre Entscheidung, ein zweites Kind in ihre Beziehung aufzunehmen. Ich fühlte mit ihnen die Schwierigkeiten, die ein Baby für sie mit sich brachte. Aber ich entdeckte in mir auch eine Ungeduld, die mich überraschte. Ich fragte mich, woher sie kam und wen oder was sie betraf.

War ich ungeduldig, daß Maria schwanger wurde, damit wir die Bedrohung, die Charles verkörperte, verlassen und uns auf die Fragen der Schwangerschaft konzentrieren konnten? Wollte ich mich von ihrem Drama distanzieren, außerhalb bleiben, lehnte ich die Verschwommenheit ihrer Verschmelzung ab? Konnte ich mein Getrenntsein von ihnen nur um den Preis dieser Ungeduld aufrechterhalten – einer Ungeduld, die auch etwas Selbstgefälliges hatte, das daher kam, daß ich mich ihren Problemen nicht stellen mußte? Spielten meine Gefühle irgendeine Rolle, wenn es darum ging, ihr Dilemma zu verstehen?

Ich spielte verschiedene Möglichkeiten durch in der Hoffnung, auf etwas zu stoßen, das meiner Ungeduld einen Sinn gab und ihnen weiterhalf. Fehlanzeige. Selbstverständlich konnte ich theoretisch zu allem etwas sagen, aber ich mußte wohl erst herausfinden, was meine Ungeduld für mich bedeutete. Wenn ich verstand, was *ich auflösen mußte,* fand ich vielleicht einen Weg, Carol und Maria bei diesem schwierigen Übergang zu helfen.

Die Sitzung endete. Ich stellte mir vor, zwischen ihnen zu schwimmen, sie mit meinen Händen auseinanderzuhalten; ich wünschte, Carol würde sich aus Marias Geschichte mit Charles heraushalten. Ich hätte Carol gern gepackt und auf die Seite gestellt, so daß Maria sich ihren eigenen Problemen zuwenden konnte: was es hieß, mit einem ehemaligen Freund zu schlafen; was ihre Nähe zu einem Afro-Amerikaner bedeutete; Fragen über ihre Herkunft und ihre Zukunft. Ich verstand Carols Ängste und konnte mir vorstellen, wie es in ihr aussah, aber meine Ungeduld stand wirklicher Empathie im Wege. Ich konnte in ihre Erfahrung nicht einsteigen, denn das hätte bedeutet, daß ich in die Verschmelzung eingestiegen wäre.

Ich wunderte mich über meine Intoleranz. Hieß das, daß ich mit meinen eigenen Konflikten mit Verschmelzung und Separation weniger gut umgehen konnte, als ich gedacht hatte? Bedrohten ihre Probleme mein persönliches Gleichgewicht, das instabiler war, als ich wußte? War meine Beziehung mit meinem Partner genauso verschmolzen? Wenn das so war und ich mit den beiden identisch, worüber mußte ich dann Klarheit gewinnen, damit ich ihnen helfen konnte?

In den nächsten Sitzungen tat sich wenig. Die Arbeit war Routine und Technik. Ich versuchte Carol zu helfen, ihre Projektionen auf Maria zu zügeln, so daß sie hören konnte, was Maria *tatsächlich* mit Charles durchmachte. Ich ermutigte Carol auszusprechen, was sie empfand, ohne daß Maria dabei das Gefühl hatte, gemeint sei, sie solle den Gedanken einer Schwangerschaft nicht weiterverfolgen. In gewisser Weise hieß ihre Sensibilität füreinander, daß starke Emotionen in der einen die andere zur Unbeweglichkeit verdammten. Indem ich ein Gefühl aufnahm und es seiner Eigentümerin zurückgab, war ich Teil einer Befreiungsoperation. Als säße ich mit meiner Tochter und ihrer Freundin auf dem Fußboden und sortierte ihre Spielsachen in getrennte Haufen. Wie bei meiner Tochter wußte ich auch hier, daß die Haufen wieder durcheinandergeworfen werden würden, aber es schien wichtig, geltend zu machen, wem was gehörte. Ich verrichtete die pedantische, aber notwendige Arbeit der Paartherapie und wartete darauf, meine eigenen Reaktionen zu verstehen. Was lehrten mich meine Ungeduld und fehlende Empathie? Wie in jeder Therapie gab es auch hier verschiedene miteinander konkurrierende Geschichten. Es gab ihre Erzählung, ihre Gefühle, das, was unausgesprochen blieb, und meine Interpretation des Geschehens. Da war das, was zwischen den beiden passierte, die individuelle Erfahrung jeder einzelnen und unsere gemeinsame Erfahrung der Beziehung während der Sitzung. Alles, was sie sagten, schien in meine anfängliche Hypothese zu passen. Die beiden waren in den Morast einer Verschmelzung eingesunken, in der eingebildeter oder tatsächlicher Betrug die einzige Möglichkeit war, sich psychisch abzusetzen. Beim erstenmal war es Sonya gewesen. Jetzt ging es darum, daß Maria Carol wegen Charles verlassen könnte. Ich mußte einen Weg finden, wie sie sich psychisch voneinander separieren und trotzdem, wenn auch auf einer neuen Basis, einander verbunden bleiben konnten.

Wir wußten bereits, daß Sex zwischen ihnen nur dann befriedigend war, wenn es ein gewisses Maß an Separation gab. Charles' Eintritt in ihr Leben bewies das aufs Neue, seitdem hatten sie wieder Lust aufeinander. Seine Position außerhalb der Beziehung, und daß er eine von ihnen an sich zog, hatte ihr erotisches Leben neu belebt, das wenige Monate nachdem sie die Therapie bei mir abgebrochen hatten, nur noch leise geglimmt hatte. Seit ich sie kannte, hatten drei Menschen – Sonya, ihre Therapeutin, Charles – für sie in dieser Weise funktioniert.

Da es für meine Ungeduld keine rationalen Gründe gab, mußte ich mich fragen, ob ich mich damit gegen meine Entdeckung oder das Wissen von etwas, das *mir* unangenehm war, verteidigte. Gab es Ähnlichkeiten zwischen ihrer Sexualgeschichte und meiner? Schrieb ich ihren Erfolg, ihr sexuelles Leben wiederbelebt zu haben, mir zu? War ich deshalb jetzt von ihnen enttäuscht und fühlte mich als Therapeutin unzulänglich?

Und plötzlich begriff ich. Beide, Carol und Maria, waren auf ganz bestimmte Weise an die Vorstellung von Betrug gekettet, von Mißtrauen, von wahrer Liebe als Schmerz und Unmöglichkeit. Sie schienen darauf zu bestehen, daß sie überall Ablehnung sahen außer in ihrer Liebe.

Meine Ungeduld bekam einen Sinn. Ich wünschte, sie könnten Kränkung und Mißtrauen, die jede in die Beziehung eingebracht hatte, beiseiteräumen. Ich wünschte, sie könnten sich auf ihre Liebe, die sie gemeinsam geschaffen hatten, einlassen, ohne daraus so ein Drama zu machen. Als ich begriff, was ich mir für sie wünschte, verschwand meine Ungeduld. Ich hatte das Gefühl, nun ein Gespräch darüber anfangen zu können, wie die Fülle ihres Gebens – so liebenswürdig und großzügig es war – seltsamerweise ihre Probleme zudeckte, etwas voneinander anzunehmen, und diese Dynamik auf eine Form des Nichtvertrauens hinauslief, die die andere als Zurückweisung empfand.

Das erklärte, wie Carol und Maria sich beide als „Gebende" erfahren konnten, als erwartungsvoll und offen für die Beziehung, ohne darüber nachzudenken, in welcher Weise sie gleichzeitig die Liebe der anderen zurückwiesen. Ich wußte, wenn sie das begriffen, konnten sie auch vertrauen, daß das, was gegeben wurde, real war.

Ich war erleichtert. Ich verstand meine Ungeduld und meine Reaktion auf ihr Bedürfnis, aus der Sache ein Drama zu machen, und auch, daß ihre immer wiederkehrende gegenseitige Zurückweisung in meinen eigenen Bindungen mitschwang. Ich erinnerte mich an eigene Versuche, mich aus verschmolzenen Beziehungen zu lösen. Manchmal dauert es unendlich lange, frühe psychische Prägungen zu revidieren; manchmal sind schwierige Dinge ganz einfach zu ändern, und andere, scheinbar einfachere müssen ein Leben lang immer wieder bearbeitet werden. Wie konnten Carol und Maria die gegenseitige Zurückweisung ablegen und zu einer Umarmung kommen, ohne das Gefühl für Differenz zu opfern?

Die richtige Distanz zu finden, würde ihnen nicht in den Schoß fallen. Leicht fiel nur der Verlust der Distanz. Wichtig war auch, sich der Zweideutigkeit bewußt zu sein. Getrenntheit wie Verschmelzung hatten ihre Gefahren. Die Frage für Carol und Maria war, wie sie das richtige Maß psychischer Separation aufrechterhielten, ohne ihre Intimität zu opfern. Oder anders: *Wie ließ sich darauf vertrauen, daß Intimität einen bestimmten Grad an Separation braucht.* Ich versuchte ihnen zu erklären, daß ihre Tendenz zu verschmelzen ihnen Nähe möglich machte, aber untauglich war, Intimität aufrechtzuerhalten.

Zurückweisung, erklärte ich weiter, war der Mechanismus, mit dem sie die Distanz zwischen sich regulierten, um den Grad an Intimität zu erreichen und aufrechtzuerhalten, den sie verkrafteten. Wie würden sie es verhindern, durch Bindungen an eine dritte Person – Carol an Sonya, beide an mich, Maria an Charles – Zurückweisung als eine Möglichkeit zu benutzen, einander mit Abstand zu begegnen?

Wir hatten jetzt vier mit einander verknüpfte Gründe, warum Zurückweisung oder Mißtrauen psychologisch so wirkungsvoll war. Erstens schützten ihre Zweifel an der Liebe der jeweils anderen sie davor, sich zu öffnen und zu empfangen. Zweitens stand als Konsequenz ihres Zweifels ihre Beziehung regelmäßig vor dem Zusammenbruch. Vom potentiellen Verlust auszugehen, war eine psychologisch sichere Position, von der aus sie kämpfen und sich gegenseitig ihre Liebe beweisen konnten. Drittens hielt gegenseitige Zurückweisung sie in einer leicht zu handhabenden Distanz, so daß sie dem Gefühl, miteinander zu verschmelzen, ausweichen konnten. Viertens machte eben diese Distanz es ihnen möglich, sich als voneinander getrennt und deshalb als sexuell begehrenswert zu sehen.

Wir diskutierten diese Fragen und wie sie ihre gegenwärtige Krise beeinflußten. Was würde Carol empfinden müssen, was müßte sie aufgeben, wenn sie akzeptierte, daß Maria ihr Zusammenleben fortführen wollte und daß ein Kind ihre Beziehung bestätigte und erweiterte und nicht unterminierte? Was für ein Sprung wäre es für sie, darauf zu vertrauen, daß sie geliebt wurde?

Mit den gleichen Fragen mußte Maria sich auseinandersetzen, wenn sie sich nach Carols Affäre mit Sonya für Carol wieder öffnen wollte. Beide mußten ihre Affinität zu einer Liebe aufgeben, die auf der einen Seite Betrug und Schmerz und auf der anderen Über-Identifikation und Identitätsverlust einschloß. Sie mußten wagen, eine Liebe zu erfahren, die real war und verfügbar.

Carol und Maria hatten Spaß an den Herausforderungen. Sie sahen, auf welchem Karussell sie im Kreis gefahren waren, und daß sie nach vorn sahen, gab ihnen Kraft. Sie griffen den Vorschlag auf, ihre individuellen Reaktionen zu überprüfen und herauszufinden, wann sie zurückwiesen oder zweifelten. Sie fanden es sinnvoll, sich selbst und die andere zu fragen, was beiden Angst machte. Sie wollten wissen, wann Zweifel, Furcht, der Wunsch nach Distanz durch Zurückweisen oder der Drang zu verschmelzen auftauchten; sie wollten sich in das, was hinter diesen Gefühlen lag, hineinfühlen, so daß sie sich von den klebrigen Teilen ihrer Beziehung verabschieden konnten. Kinder, deren Eltern in der Lage waren, die richtige Menge an Aufmerksamkeit und Kontakt zu geben, ohne übergriffig oder zu zurückhaltend zu sein, sind vielleicht Kandidaten für Partnerschaften ohne die Neigung, zu verschmelzen oder zurückzuweisen. Carol und Maria wußten, daß sie nicht zu diesen Glücklichen gehörten. Mit einer Tochter und der Aussicht auf ein zweites Kind blieb ihnen nichts übrig als ihre Probleme ernst zu nehmen, wenn sie ihre Beziehung nicht noch mehr destabilisieren wollten.

Drei Monate schlief Maria mit Charles, wenn sie ihren Eisprung hatte. Beim dritten Versuch wurde sie schwanger. Carol war überglücklich. Charles war überglücklich. Maria hatte Angst. Die Schwangerschaft versetzte sie in helle Aufregung. Sie machte sich Sorgen, ob mit dem Baby alles in Ordnung war, ob sie weiter ihrem Beruf nachgehen konnte, ob ihre Beziehung dem neuen Leben in ihrer Gebärmutter bekommen würde, wie Chloe damit umging, wie sie ihren Eltern beibringen würde, daß sie mit einer weißen Frau ein schwarzes Baby bekam. Carol verstand einen Großteil ihrer Ängste, weil sie selbst ein Kind geboren hatte. Charles rückte an den Rand. Carol und Maria begannen ihr Heim für das neue Baby vorzubereiten. Ihr Sexleben, das während der monatlichen Begegnungen mit Charles eingeschlafen war, wurde wieder aktiv.

Selbstverständlich registrierte ich, daß Charles aus ihrer Beziehung vertrieben war. Es war nie beabsichtigt gewesen, ihn besonders einzubeziehen, aber ich fragte mich doch, welche Parallelen es zu der Rolle, die Sonya und ich gespielt hatten, gab und warum Carol und Maria immer wieder Dreiecksverhältnisse aufbauten, um sie anschließend zu zerstören. Weiter hätte ich wahrscheinlich nicht gedacht, wenn nicht eine neue Krise aufgetaucht wäre.

Als sie anfingen, die gesetzliche Seite der gegenseitigen Vormundschaft für ihre Kinder zu betrachten und ihre Finanzen in Ordnung zu bringen, wurde Carols beträchtliches Erbe (das sie bisher nicht gebraucht hatten) zum Problem zwischen ihnen. Carol hatte dieses Geld ignoriert, bis Chloe geboren wurde, und dann den größten Teil in eine Stiftung für sie umgewandelt. Die übrige Summe, die vor acht Jahren eine auskömmliche Rente garantiert hätte, hatte sich weiter vermehrt; Carol besaß jetzt sehr viel mehr Geld, als ihr recht war. Sie legte also wieder eine größere Summe in einer Stiftung für das neue Baby an.

Carol und Maria hatten kein gemeinsames Geld, das Haus, in dem sie wohnten, hatte Carol von ihrer Familie geerbt. Sie verdienten beide genug, daß Carols Erbe für den normalen Alltag kein Thema war. Aber die finanzielle Seite von Marias Schwangerschaft hatten sie bisher nie diskutiert, und Maria hatte zwar ein gutes Einkommen, aber nicht genug auf die Seite gelegt, um ein oder zwei Jahre weniger oder gar nicht arbeiten zu können. Sie hoffte, daß Carol ihre Berufstätigkeit ebenfalls einschränken und sie das Kind gemeinsam aufziehen würden. Und sie wünschte, daß Carol einen Teil ihres Geldes dafür verwendete, daß das möglich wurde.

Carol kam mit Marias Wünschen in bezug auf Geld nicht klar. Sie hatte nichts dagegen, daß Maria von ihr abhängig war, während sie schwanger war, solange das Kind klein war und solange Maria nicht arbeitete, aber sie war nicht bereit, Geld auf Marias Konto zu überweisen oder ein gemeinsames Konto einzurichten. Carol ertrug es nicht, sich in der Rolle des Wohltäters zu sehen. Ihre Eltern waren jahrelang finanziell von deren Eltern abhängig gewesen, obwohl Geld im Überfluß vorhanden gewesen war. Nur widerwillig hatten sie wiederum Carol und ihrem Bruder Geld gegeben, das ihnen zustand, sobald sie beide ein Kind hatten. Geld war in Carols Familie als Mittel zur Kontrolle genutzt worden, und es machte sie vorsichtig. Sie hatte immer ein schlechtes Gewissen gehabt, soviel zu besitzen, und jahrelang einfach ignoriert, wieviel existierte und wie es angelegt war. Ihre Haltung zu Geld stand im Gegensatz zu ihrem ruhigen und selbstbewußten Herangehen an andere Themen.

Es hatte mit Maria zu tun, daß Carol über Geld nachzudenken begann, zur Kenntnis nahm, wieviel es war, die Verantwortung dafür übernahm. Carols Unbehagen hatte verschiedene Gründe. Sie hatte die Vorstellung der englischen Oberklasse übernommen, Geld wäre irgendwie vulgär. Es war ihr peinlich, weil sie den demokratischen Gedanken einer Gesellschaft von Gleichen verfocht. Mit einem silbernen Löffel geboren zu sein, wenn auch mit einem emotional angelaufenen, schien sie da herauszuheben. Sie gab großzügig, wenn sie eine Sache unterstützte, aber sie fand, daß sie inzwischen auf zu vielen Listen stand. Die Vorstellung, sie könnte als Geldmaschine betrachtet werden, bereitete ihr Magenschmerzen, und sie begann, sich über die an sie gestellten Erwartungen zu ärgern. Und was Maria und das Kind anging: Ihr Geld zu geben oder ein Konto für sie eröffnen, verschaffte Carol das Gefühl, Maria sei eine Wohlfahrtseinrichtung, ein Sozialfall, jedenfalls nicht ihre Geliebte und ihr gleich.

Maria war gekränkt und verletzt. Sie sah nicht ein, warum sie kein gemeinsames Geld haben konnten, warum Carol darauf bestand, für Maria zwar sorgen zu wollen, ihr aber kein Konto einrichtete. Maria fühlte sich infantilisiert. Sie hatte hart für ihren Erfolg gearbeitet, hatte bisher gut verdient und nicht vor, Carol auszubeuten. Lebte sie mit einem Mann zusammen, hätte sie finanzielle Unterstützung selbstverständlich gefunden – Geld war dazu da, Gutes zu tun. Weil sie Carols Probleme mit ihrer Erbschaft besprochen hatten, fühlte sie sich wie im falschen Film, ausgeschlossen und alleingelassen.

Ich selbst war neugierig, welchen Grad an Not die finanziellen Arrangements zwischen den beiden aufrühren würden. Wie beim Sex zeigt sich im Umgang mit Geld, wie Emotionen und Fragen über Geben und Nehmen, Kontrolle, Separation, Zuneigung, Gleichheit und Differenz ausgespielt werden. Ich sah Marias Pein, Carol um Geld bitten zu müssen. Ich sah, daß es sie herabsetzte und unsicher machte. Gleichzeitig merkte ich, wie schwierig es für Carol war, Maria Geld zu geben. Ich war sicher, daß dieser „Schluckauf" zu lösen war und daß es eigentlich darum ging, was die Angst, die Marias Schwangerschaft hervorrief, für die Beziehung und für Chloe bedeutete.

Aber der Schluckauf verwandelte sich in Krämpfe, die mehrere Monate dauerten und bei denen keine von uns sicher war, daß die Beziehung sie überleben würde. Marias Gefühl, verlassen und betrogen worden zu sein, wurde größer. Auch noch soviel Reden konnte das nicht lindern. Sie sprach davon, sich eine Wohnung zu suchen und zu gehen. Daß es diesmal, anders als in früheren

Krisen, keinen Sex gab, vertiefte den Graben in ihrer Beziehung. Der fehlende Sex hatte diesmal nicht damit zu tun, daß sie zu nah und verschmolzen waren, sondern daß sie zu weit voneinander entfernt waren. Maria fand, Carol hatte sie in dem Augenblick verlassen, als sie schwanger war. Carol beschuldigte Maria, Theater zu spielen und, wenn auch aus Hormongründen, überzureagieren. Sie konnte nicht zurück, denn sie fand nicht, im Unrecht zu sein. Sie war bereit, Maria zu unterstützen, also wo lag das Problem? Maria konnte Carols Angebot nicht annehmen, denn dabei fühlte sie sich zu abhängig und zu wenig selbstbestimmt. Es war eine Pattsituation. Während das Baby in Marias Bauch wuchs und eigentlich ihr Paarsein hätte stärken sollen, schienen sie als Paar auseinanderzustreben. Es war paradox, aber nichts Ungewöhnliches. Ungewöhnlich war nur, daß es so explizit durch Geld und Sex ausgespielt wurde.

Eine verzweifelte Unterströmung bestimmte unsere Sitzungen, die sie antrieb, ihre Beziehung zu kitten, bevor das Baby kam. Ich kam mir vor wie die Autorin eines Thrillers, die ein Problem mit dem Plot hat. Wir hatten fast die Lösung, aber es gab keinen Anknüpfungspunkt. Maria bot einen an, indem sie zu gehen drohte. Aber das würde zu viele ungelöste Fragen zurücklassen. Außerdem nahm Carol die Situation nicht ernst, weil sie glaubte, Maria dramatisierte sie.

Ich kehrte zurück zu dem, was beide gesagt hatten. Carol konnte kein gemeinsames Konto mit Maria haben, weil sie es nicht aushielt, Maria als Sozialfall und ihr zu Dank verpflichtet zu sehen. Maria ertrug es nicht, um Geld bitten zu müssen. Sie kam sich dabei wie die arme Verwandte vor. Beide schienen das Gleiche zu sagen. Beide suchten nach einer Möglichkeit, ihren Wunsch nach Gleichheit auszudrücken, jede in ihrem speziellen Idiom.

Meine Sympathien waren zunächst bei Maria. Auf den ersten Blick die Verletzlichere, fühlte sie sich weniger mächtig, bedürftiger. Aus ihrer Sicht bedeutete Carols Verhältnis zu Geld, daß sie Maria nur zu ihren Bedingungen gab. Wieder war es eine Dreieckssituation, diesmal war das Geld die dritte Seite, und Carol hatte das Sagen. Daher kam Marias Gefühl, hinausgeworfen, verlassen zu sein. Ich verstand, warum Maria glaubte, ihre einzige Macht bestünde darin, die Beziehung zu verlassen. Wenn sie demonstrierte, daß sie nichts brauchte, gewann sie etwas von ihrer Selbstachtung zurück.

Carols Dilemma war: Sie fühlte sich in der Falle. Sie gab gern, aber sie wußte nicht wie. Ihre Eltern hatten sie durch Geld so unter Kontrolle gehalten, daß sie es gar nicht erst haben wollte, und ich verstand, wie tyrannisch sie Marias Forderung fand, auf eine ganz bestimmte Weise geben zu sollen. Sie fand Maria unfreundlich, unflexibel und grundlos mißtrauisch.

Die Parallelen, die ich in ihren Gefühlen entdeckte, ließen mich hoffen. Ich spürte, es gab einen Weg aus der Krise. Wenn sie erkennen konnten, daß sie beide mißtrauten und sich mißverstanden fühlten, dann konnten sie sich auch wieder aufeinander einlassen.

Seit das Geld im Mittelpunkt stand, war die tiefe Bedeutung, die darin lag, ein neues Leben auf die Welt und in ihre Beziehung zu bringen, in den Hintergrund getreten. Die Sitzungen konzentrierten sich auf Enttäuschung, Groll, zerschlagene Erwartungen. Es war, als wären sie sich über alles einig, was schlecht war, nur nicht über das Gute. Das Gute, die Liebe, die Kreativität waren zum Problem geworden. Sie wußten nicht, wie sie sie halten, wie sie ihre Freude aneinander wertschätzen sollten.

Wir hatten nicht so sehr ein neues Problem, das mit Geld zusammenhing, sondern eine bekannte Spannung über Nähe, die sie in eine Verschmelzung stürzte, der sie mit aller Kraft zu entkommen versuchten. Ich war erleichtert, daß ich das sah, und versuchte ihnen meine Sicht der Dinge zu erklären. Sie seufzten beide zustimmend. Plötzlich war es hell um uns. Einen Augenblick freuten wir uns alle darüber. Mein stiller Seufzer gesellte sich zu ihren, als wir die Ruhe nach all dem schmerzvollen Streit erlebten.

Gleich darauf fühlte ich starke sexuelle Gefühle zwischen den beiden fließen. Sie verbanden sich, redeten und lachten, wie sie in diesem verrückten Boxkampf um Geld verfangen gewesen waren. Sie realisierten jetzt, daß sie, während sie ihre individuellen Antworten auf Zurückweisung, auf Zweifel beobachtet und analysiert hatten, nicht bedacht hatten, was sie als Einheit, als Beziehung taten, um das Glück, das zwischen ihnen war, zu untergraben. Dieser Gedanke, daß die Beziehung ihr Werk war und deshalb mehr als sie, schien es ihnen schließlich möglich zu machen, die

Muster zu durchbrechen, die ihr sexuelles Leben abtöteten. Als sie an die Beziehung wie an eine andere, eine dritte, die sie ins Leben gerufen hatten, dachten, machte ihnen ihre Nähe weniger Angst. Die Beziehung war ein Ort, an den sie beide kommen und Behaglichkeit, Sicherheit und Sexualität erfahren konnten. Sie verschlang sie nicht und überwältigte nicht ihre Individualität, sondern war Ausdruck ihrer Intimität.

Carol und Maria schafften es, vor und nach der Geburt ihres Sohnes Claude ein gemeinsames sexuelles Leben wiederzubeleben und aufrechtzuerhalten. Wenn sie die Probleme, die sie bedrängten, auch nicht vollständig durchgearbeitet hatten, hatten sie zumindest genügend Ahnung davon. Sie verstanden, wie sehr intensive Nähe sie ängstigte und wie sie Zurückweisung oder eine Außenseiterin oder Mißtrauen als Mittel benutzten, ihre Intimität zu regulieren. Sie begriffen, daß die Alternative darin liegen konnte, gemeinsam das Beängstigende an ihrer Intimität wahrzunehmen. Das schien wirkungsvoller als Explosionen, andere Geliebte oder Zurückweisen. Es war anstrengend, aber wenigstens verlegte es das Problem nicht in Sex oder Geld oder Geliebte, sondern dahin, wohin es gehörte.

In den folgenden Jahren teilten Weihnachtskarten mir regelmäßig mit, daß sie immer noch nutzten, was wir gemeinsam erarbeitet hatten. Zeitweise war es eine schwierige Therapie gewesen, manchmal auch eine anregende. Ich hatte gern mit ihnen gearbeitet. Aber unabhängig davon, daß ich ihnen hatte helfen können zu verstehen, wie Zurückweisung in ihrer Beziehung für sie auf unterschiedlichste Art funktionierte, und abgesehen von ihrem Erfolg, die Sexualität in ihr Leben zurückgeholt zu haben, ohne auf andere zurückgreifen zu müssen – ich blieb mit dem Rätsel von Sex in langjährigen Beziehungen zurück. Mich interessierte nach wie vor, wie oder warum Quasi-Zölibat so viele Paare (und Individuen in Paaren) kennzeichnet. Mich faszinierte, wie Sex entbehrlich wird.

Je mehr ich darüber nachdachte, um so weniger schien ich das Erotische wirklich zu verstehen. Natürlich konnte ich meinen früheren Erklärungen plausible Argumente hinzufügen, welche Hindernisse eine verschmolzene Bindung in die sexuelle Beziehung hineinbringt. Einige Menschen erinnert die Nähe des täglichen Zusammenlebens emotional an die frühe Kindheit. Inzest ist ein starkes Tabu, und wenn das Unbewußte die Geliebte als Mutter, Vater, Schwester oder Bruder darstellt, erscheint eine erotische Beziehung unmöglich: eine undenkbare Übertretung.

Vor rund hundert Jahren befreite uns Freud von dem Irrtum, Kinder seien asexuell. Für die meisten psychoanalytischen Theoretiker ist die erwachsene sexuelle Beziehung eine reifere Version der kindlichen Sexualität. Freud beschreibt Heterosexualität in der Form[6], daß Mädchen – aus Enttäuschung über ihre Mutter, die nicht in der Lage ist, ihnen einen Penis zu geben – sich dem Vater zuwenden, der sie mit dem Zweitbesten ausstatten soll, einem Kind. Reife bedeutet dementsprechend, daß das Mädchen erkennt, weder ihre Mutter noch ihren Vater haben zu können, und deshalb als Erwachsene ihr erotisches Interesse auf einen Mann ihrer Wahl überträgt. Für Jungen funktioniert die Übertragung direkter. Für gewöhnlich war die Mutter der Elternteil, mit dem im Säuglings- und Kleinkindalter körperliche und emotionale Intimität geteilt wurde, weshalb die ödipale Übertragung in Freudschen Begriffen heißt, der Junge will den Platz des Vaters einnehmen, und wenn er erkennt, daß das nicht geht, sein Begehren der Mutter aufgeben und als Erwachsener eine Frau für sich finden.

Die Freudsche Schilderung verlangt von uns, uns eine Situation vorzustellen, in der das Erotische in der Mutter-Kind-Beziehung vorhanden ist, aber (jedenfalls in den meisten Fällen) irgendwie erfolgreich beherrscht und genügend sublimiert wird, um daraus keine inzestuöse Beziehung werden zu lassen. Die Freudsche Geschichte erzählt uns auch, daß als praktizierende Analytikerinnen und psychoanalytische Therapeutinnen wir damit rechnen müssen, daß im analytischen Setting die erotischen Wünsche unserer Patientinnen auf uns projiziert werden, was wir nicht persönlich nehmen sollen, sondern als einen Aspekt der Übertragung verstehen müssen – das, was notwendigerweise in der Therapie auf die Therapeutin übertragen wird.[7] Die erotische Agenda der Patientin zu bearbeiten, ist Teil der Therapie.[8]

Das Schöne an der Psychoanalyse ist, daß der Versuch zu verstehen, was Erotik für ein Individuum bedeutet, für uns ein Fenster ist, durch das wir auf Aspekte der Erotik für uns alle blicken. Die

Tiefenanalyse dessen, was sich im Bewußten und Unbewußten der einzelnen, in der subjektiven Erfahrung der einzelnen und zwischen Patientin und Therapeutin darstellt, öffnet Wege, über das Erotische nachzudenken und zu theoretisieren. Meine Erfahrung aus mehr als zwanzig Jahren Arbeit mit vielen Frauen – heterosexuellen, bisexuellen und lesbischen – hat spannende und provozierende Hinweise geliefert, wie Sexualität und Erotik für Frauen in neue Begriffe gefaßt werden können.

Deshalb...

Die Geschichten von Adam, Joanna, Edgar, Jenny und Carol und Maria enden nicht dramatisch, triumphieren nicht über Probleme, die nie wieder das Leben der Patientinnen verdunkeln werden, und in Belles Fall gibt es überhaupt keine befriedigende Lösung. Psychotherapie, das habe ich zeigen wollen, fängt oft holperig an, hat unerwartete Mittelteile und unfertige Schlüsse. Ihr Ziel ist nicht, die vergangenen Traumata zu regeln und für immer festzuklopfen, was verstanden wurde, sondern Wege des Denkens zu eröffnen, die für die Betroffenen auch noch lange nachdem die Therapie abgeschlossen ist, dauerhaften Wert haben.

In der Psychoanalyse geht es für mich nicht so sehr darum, herauszufinden, was falsch gelaufen ist – obwohl dieser Aspekt im Zentrum der analytischen Begegnung steht –, sondern darum, der anderen, der Patientin eine Beziehung anzubieten, in der sie befähigt wird, über ihre Probleme weniger bestürzt zu sein. Die Psychotherapeutin setzt einen Prozeß in Gang. Sie ist nicht da, um etwas über die Patientin zu entdecken, dessen sich die Patientin nicht bewußt ist, sondern um die Bedingungen zu schaffen, unter denen Entdeckung, Verständnis und Verbindung möglich werden. Wenn die einzelne (das Paar, die Gruppe) nach Hause geht, ist sie hoffentlich in der Lage, ihren Emotionen oder Konflikten ins Gesicht zu sehen. Wenn emotionale Konflikte, bewußte und unbewußte, ausgehalten werden können, ohne daß sie ausgeblendet oder sofort gelöst werden müssen, können sie in ihrer Komplexität erfahren werden. Für meine fiktiven Patientinnen und für die realen, mit denen ich zu tun habe, wünsche ich mir, daß das psychotherapeutische Bemühen ihnen den Rahmen liefert, innerhalb dessen sie verstehen, welche Bedeutung bestimmte Fragen für sie haben.

Psychoanalyse ist ein Bemühen des Herzens und des Verstands. Die Therapeutin kann gar nicht anders als von ihren Patientinnen tief angerührt zu sein. Auch wenn eine Patientin das Gefühl hat, die asymmetrische Natur der Beziehung bedeute, daß sie nur von klinischem Interesse ist und auf die Therapeutin keine persönliche oder emotionale Wirkung hat, hoffe ich mit diesen Geschichten gezeigt zu haben, daß die Begegnung für die Therapeutin viel mehr ist. Jede Therapie bietet der Therapeutin etwas Neues, egal wie viele Patientinnen mit ähnlichen Problemen sie kennengelernt hat. Jede Therapie verlangt von der Therapeutin, neue Dinge zu erfahren und neue Gedanken zu denken.

Als wären sie real, haben meine erfundenen Patientinnen meine erfundene Therapeutin mit unerwarteten Herausforderungen konfrontiert. Als ich anfing, über Joanna zu schreiben, wollte ich die Geschichte einer Frau erzählen, zu deren psychischer Ausstattung eine gewisse Gewalttätigkeit gehört und die Ungewißheit, eine liebende intime Beziehung aushalten zu können. Als ich anfing, sie mir vorzustellen, hatte ich keine Ahnung, daß sie als kleines Mädchen an Scharlach erkrankt und auf der Isolierstation eines Krankenhauses weit weg von zu Hause untergebracht sein würde. Ich wußte auch nichts von Gewalt gegen sich selbst oder daß Joanna in dissoziiertem Zustand in die Therapie kommen würde. Daß sie das tat, war für mich genauso überraschend wie in einer tatsächlichen Therapie.

Vergleichbar überrascht war ich, als Adam in meiner fiktiven Therapeutin derart extreme sexuellen Gefühle weckte. Solche Gefühle kenne ich persönlich aus dem Sprechzimmer nicht. Aber ich habe Kolleginnen die Probleme diskutieren hören, die sich auftun, wenn sie auf der empfangenden Seite einer erotischen Übertragung oder Subjekt der Gefühle anläßlich einer erotischen Gegenübertragung sind. Diese Probleme sind verstörend und brisant, und doch ist es relevant für die Patientin, wenn ihre Gefühle durch die Art innerer Hingabe an die Fantasie, die ich beschreibe, betrachtet werden können. In der Praxis würde solche Hingabe zu den Überlegungen der Therapeutin gehören. Ein realer Adam und ich hätten Erfahrungen und emotionale Ausdrucksmöglichkeiten – Humor, Wut und Verführungen aller Art, die nicht nur um das Sexuelle kreisen müssen –, durch die starke sexuelle Gefühle, wenn sie wirklich auftreten, vermittelt und moduliert würden.

Überraschung war ein Schlüsselelement in meiner Erzählung von Belle. Obwohl ich eine Person gezeichnet hatte, die eine Betrügerin par excellence war, überraschte mich doch, daß sie gleich in der ersten Sitzung eine Lüge auftischte. Daß es so plötzlich kam, hatte ich nicht erwartet. Während ich die Geschichte schrieb und überlegte, was Belle in einer Therapeutin hervorrufen mochte, fiel mir auf, wie sehr sie mich auch außerhalb der Zeit des Schreibens beschäftigte. Ihre Fragilität war so eindrücklich, daß es schien, als müßte sie sich auch außerhalb der Sitzungen bei der Therapeutin einnisten. Als die, die ihre Geschichte aufschrieb, wünschte ich, daß sie das Lügen und Betrügen überwand. Obwohl ich ihre Rolle und die der Therapeutin erfunden hatte, wußte ich nicht, daß es am Ende eine „erfolglose" Therapie sein würde. Ich fand aber auch, daß für ein Buch dieser Art ein solches Ergebnis wichtig war. Es wäre falsch, Psychoanalyse und -therapie schönzureden. Auf beiden Seiten gibt es Scheitern, Ungleichzeitigkeiten und Enttäuschungen.

Da meine Charaktere manchmal anders handelten, als ich es mir vorgestellt hatte, war ich während des Schreibens wie im Verlauf einer tatsächlichen Therapie gezwungen, ihre Probleme immer wieder neu zu betrachten. Bei Edgar zum Beispiel gab es monatelang so gut wie nichts zu schreiben. Die Schreibhemmung war wie ein toter Punkt in einer realen Therapie. Ich mußte es nur aussitzen und sehen, was die Geschichte wieder in Gang bringen würde, wie ich es getan hätte, wenn die Patientin wirklich und ich die Therapeutin gewesen wäre und wir an einen Punkt gekommen wären, an dem die Therapie ins Stocken geriet.

In allen Geschichten bin ich mit Ereignissen überrascht worden, die ich nicht vorausgesehen hatte, mit psychischen Zuständen, die ich nicht erwartete, und Antworten, die mich in Bereiche mitnahmen, die ich nicht vermutet hätte. Ich habe versucht, zwischen dem Ausformen einer Geschichte und meinem Assoziieren die Spannung zu halten. Ich hätte erwartet, daß ich mich bewußt auf die eigene Praxis beziehen würde, um auf die Situationen, in denen sich meine erfundene Therapeutin wiederfindet, angemessen zu reagieren, aber der Anstoß kam immer von der erfundenen Patientin, die wie jede Patientin, mit der ich gearbeitet habe, mich mit etwas Authentischem in ihr konfrontierte.

Jennys Geschichte habe ich geschrieben, weil ich auch von der anderen Seite der psychoanalytischen Begegnung erzählen wollte:

dem dynamischen Kontakt in der Kurztherapie und der Bedeutung, die sie haben kann. Jennys dramatische Geschichte ist das Echo auf andere unglaubliche Ereignisse, die die Moralgesetze unserer Gesellschaft überschreiten und uns zwingen, den Glauben an eine gemeinsame Moral neu zu beurteilen. In der Kurztherapie kommen die psychologischen Dimensionen zum Vorschein: der Versuch des Individuums, mit einem traumatischen Erlebnis zurechtzukommen, der brutale Zusammenbruch der Unschuld, die Art, wie die erzwungene Konfrontation mit persönlichen Werten eine bestimmte Art emotionalen Wachstums befördert.

Über Carols und Marias Streit um Geld wollte ich schreiben, weil er, außerhalb der Therapie erzählt, nur seltsam und unverständlich scheinen würde, hier aber zeigt sich, wie auf den ersten Blick unbedeutende Differenzen manchmal problematischer sein können als eine große Angelegenheit wie etwa Carols Affäre. Was ein kleines, unbegreifliches Mißverständnis zu sein scheint, kann Probleme symbolisieren, die das Paar unbedingt lösen muß, wenn es in seine Beziehung vertrauen will.

Die Geschichten sollen zeigen, was in der Therapie Veränderung ermöglicht. Darüber gibt es durchaus konkurrierende Ansichten (Förderung, Engagement, Interpretation, Interpretation der Übertragung, historische Rekonstruktion), so wie es verschiedene psychoanalytische Schulen gibt und Theorien nicht nur über psychische Entwicklung, sondern über das Wesen der analytischen Beziehung, was eine Interpretation konstituiert, die Funktion von Abwehr und so weiter. Freudianer analysieren besonders gern die Abwehr, Kleinianer interpretieren lieber die dahinter versteckte Angst und Aggression.

Der theoretische Ausgangspunkt in diesem Buch ist zu zeigen, was im Geist einer Psychotherapeutin vor sich geht, während sie mit einer Patientin arbeitet. Die meisten praktischen Analytiker haben die Theorie so gut absorbiert, daß sie ihnen zur zweiten Natur wird, die ihnen erlaubt, sich auf die Analysandin einzulassen ohne vorgefaßte Meinung darüber, *wie* die Therapie vorankommen sollte.

Theorie ist eine Struktur, die die Therapeutin befähigt, während problematischer und unbegreiflicher Zeiten der Patientin beizustehen. Sie hilft der Therapeutin zu durchdenken, was sie im Verlauf einer Therapie erfährt und lernt. Die Theorie stützt die Therapeutin, so daß sie sich auf die Person, mit der sie arbeitet, beziehen und sich um sie kümmern, mit ihr eine Beziehung herstellen kann. Diese Funktion der Theorie erklärt, warum nahezu alle Therapeutinnen gleich effektiv sind, denn wichtig sind die Beziehungsaspekte der Therapie, das Bemühen, die Patientin zu berühren. Theorie stützt die Therapeutin, wenn sie mit ihrer Patientin Bereiche betritt, die Angst und Schrecken wachrufen. Theorie hilft ihr, diese Gefühle auszuhalten.

Theorie ist zentral. Ohne Theorie oder eigene Gedanken dazu gibt es keinen Zusammenhang, werden Überlegungen weder bestätigt noch getestet, ausgebaut oder modifiziert. Theorie ist wie das Skelett, auf das Schicht um Schicht andere Systeme mit je eigenen Mechanismen gelegt werden und die Komplexität erzeugen, die nötig ist, um Menschen zu verstehen.

In meiner Entwicklung als Psychotherapeutin bin ich von vielen Theoretikern und psychoanalytischen Autoren beinflußt worden. Die Arbeiten von Freud, Fairbairn, Balint und Winnicott haben mich von Anfang an beeinflußt. Vieles ist über die Jahre zusammen mit Luise Eichenbaum entwickelt worden, wir haben über Gender, über das Wesen und den Ablauf der therapeutischen Beziehung zusammen gearbeitet. Wir beide schätzen zeitgenössische amerikanische AnalytikerInnen: Ogden, Searles, Bollas, Gill, Kernberg und vor allem Stephen Mitchell und die Beziehungsanalytiker Ehrenberg, Arons und Spezzano. In Großbritannien haben mich die Unabhängigen Analytiker, das Ehepaar Sandler und Malcolm Pines stark beeinflußt.

Am meisten aber habe ich von meinen Patientinnen gelernt, die mich provoziert haben, immer noch gründlicher und vielschichtiger über sie und über die Psychoanalyse nachzudenken. Beim Schreiben über die spezielle Arbeit der Therapie mußte ich komprimieren, was ich gelernt habe, aber ich hoffe, daß das, was dabei verlorengegangen ist, wenigstens zum Teil durch mein Beharren auf der Lebendigkeit kompensiert wird, die für die beiden Menschen in der Therapie existiert.

Psychoanalyse kann auch für die Therapeutin eine tief befriedigende Erfahrung sein. Es ist ein außergewöhnliches Privileg, so aus der Nähe an den Schmerzen, Kämpfen und Siegen einer anderen Person teilzuhaben. Die Entwicklung und den eigenen Anteil daran zu sehen, ist Quelle außerordentlicher Befriedigung.

Psychotherapie ist etwas Schönes und oft sehr Bewegendes. Innerhalb der therapeutischen Beziehung gibt es Zärtlichkeit, Aggressivität, Angst, Verzweiflung, Depression, Liebe, Hoffnung, Verlangen, Enttäuschung, Wut, Leidenschaft und Dankbarkeit. Die Themen einer Therapie – Betrug, Verlassenwerden, Vertrauen, Furcht, Neid, Zorn, Rivalität, Zweifel – und die Art, wie über sie nachgedacht wird, stellen die therapeutische Begegnung ins Zentrum unserer Erforschung subjektiver menschlicher Erfahrung. Ich hoffe, daß meine Geschichten eine Ahnung von der Einzigartigkeit dieser Beziehung und dieser Art der Untersuchung vermittelt haben.

Überlegungen und Fragen

In den Geschichten von Adam, Joanna, Belle, Edgar, Jenny und Carol und Maria wollte ich aus der Sicht, die ich am besten kenne, der der Therapeutin, beschreiben, was Therapie ist. Ich wollte zeigen, daß diese Arbeit auf unterschiedlichen Ebenen ungeheuer spannend ist. Die Probleme, die der Psychotherapeutin täglich präsentiert werden – ethische, klinische und emotionale –, halten ihr Herz und ihren Verstand gespannt und wach. Zum therapeutischen Beruf, der sich oft extrem langsam zu bewegen scheint, gehört die Beachtung von Details. Was gesagt wird und was nicht, was nicht gesagt werden *kann* und *wie* das Gesagte oder Nichtgesagte ausgedrückt wird – Ton, Nuancen, Gefühl, Schattierung, Farbe, Betonung – alles ist wichtig. Therapeutinnen müssen unentwegt die Grundlage in Frage stellen, von der aus sie sprechen und verstehen. Sie müssen analysieren, wie das, was sie hören, sie empfinden läßt. Ebenso wie die Patientin – vielleicht mehr – muß die Therapeutin ständig auf Draht sein.

Während die Patientin ermutigt wird, so offen wie möglich zu sprechen, zu sagen, was ihr während des Prozesses, der gleichzeitig frei assoziierend und reflektiv ist, in den Sinn kommt, hat die Therapeutin eine andere Verantwortung. Ihre Aufgabe ist es, in ihre Reaktionen einzubeziehen, was die Patientin mitteilt, was es bedeuten könnte, wie die Abfolge von Äußerungen, Pausen, Schweigen und die damit einhergehenden Gefühle anders ausgelegt werden können als in einem normalen alltäglichen Gespräch. Damit die Therapeutin über das, was sie hört, reflektieren und nachdenken kann, muß sie die emotionale Welt der Patientin betreten. Sie muß etwas von dem Schmerz, der Qual, der Kränkung, der Depression, der Wut, dem Neid, dem Haß, der Liebe, der Enttäuschung, dem Ärger, den Hoffnungen, dem Entsetzen und der Leidenschaft schmecken, die die Erfahrung ihrer Patientin ausmachen. Wenn die Therapeutin sich diesen Gefühlen nicht überläßt, kann sie nicht davon ausgehen, der Patientin eine lebendige

Beziehung anzubieten, in der die Niederlagen, Verwirrungen und Kränkungen ihres Lebens angesprochen werden können.

Jede Patientin, die in mein Sprechzimmer kommt, erzählt mir von sich, ihrer Familie, ihren Freundinnen und Freunden, Geliebten, Ehegatten und Kolleginnen. Ich versuche ihre vielen und oft unbewußten Motivationen und die möglichen Motivationen der Menschen in ihrem Leben aufzunehmen und zu verstehen. Ich versuche zu begreifen, welches Bild oder welche Geschichte die Patientin von sich und den Menschen, die ihre Welt bewohnen, hat. Ist es ein genaues, wenn auch notwendigerweise partielles Bild? Hat die Patientin eine Situation falsch gedeutet? Wenn ja, in welcher Art und warum? Hat die Patientin sich selbst falsch gedeutet? Wenn ja, wie und warum? Wenn nicht, welchen Sinn kann die Patientin aus ihrer Erfahrung ziehen?

Um wahrzunehmen, was in der Patientin vorgeht und wie sie das in Beziehungen ins Spiel bringt, betrachtet die Therapeutin auch die Beziehung, die zwischen ihr und der Patientin besteht. Die Therapeutin setzt die Parameter der Therapiebeziehung durch verabredete Zeiten (und gegebenenfalls Honorare). Sie verpflichtet sich, sich auf die Interessen der Patientin zu konzentrieren. Sie verspricht Kontinuität und Vertraulichkeit. Innerhalb dieser Struktur entwickelt sich die Therapiebeziehung. Die Therapeutin wird, wie jede andere bedeutende Figur im Leben der Analysandin, eine Person, die wichtig ist sowohl als die, die sie ist, wie als die, die sie für die Patientin darstellt.

Jede Beziehung, die wir eingehen, enthält (auch) vorgefaßte Meinungen darüber, wer die Person uns gegenüber ist und sein kann. Manchmal ist uns bewußt, was wir von der anderen erwarten, oft ist es das nicht. Anders als in anderen Beziehungen wird in der Therapie das, was von der anderen Person gewünscht, über sie fantasiert und ihr unterstellt wird, nicht als selbstverständlicher und undiskutierter Bestandteil der Beziehung genommen, sondern als wichtiger Teil dessen, was in der Therapie erforscht wird. Wenn Therapeutin und Patientin die Beziehung betrachten, die sich zwischen ihnen entwickelt, entdeckt die Therapeutin, daß sie in ihren Antworten und Reaktionen zumindest zu Teilen verkörpert, was aus der Sicht der Patientin das *Wesen* von Beziehungen ausmacht.

Wir alle kennen Situationen, in denen wir uns verhalten haben, wie wir es uns vielleicht nicht „ausgesucht" hätten. Dies gilt auch für die Therapeutin in der Therapie. Patientinnen bringen ausgewählte Aspekte von sich in die Therapiebeziehung und stimulieren bewußt und unbewußt Antworten in der Therapeutin. So kann es passieren, daß die Therapeutin in bestimmten Augenblicken sich in einer Rolle, Haltung, einer ganzen Serie von Reaktionen wiederfindet, die nicht ihre sind. Beim Auflösen dieser unerwarteten Reaktionen entdeckt die Therapeutin, daß sie sich innerhalb des höchst persönlichen Dramas der Patientin eingerichtet hat. Durch Dekonstruktion und Analyse findet sie einen Weg, die Schwierigkeiten und Probleme ihrer Patientin zu verstehen.

In der modernen Psychoanalyse gehört zu dieser Entdeckung, eine der Personen zu sein, die die innere Welt der Analysandin bewohnen, daß die Analytikerin ihre eigenen Assoziationen beobachtet und sie für sich reflektiert. Diese Hinwendung zu den mentalen Prozessen der Analytikerin während der Arbeit ist der größte psychoanalytische Fortschritt der letzten fünfzig Jahre. Therapeuten sehen, wohin die Spiele ihrer Patienten sie mitnehmen und daß auch über das, was in ihnen emotional wachgerufen wird, nachgedacht werden muß, um zu sehen, ob es weiterhilft. Wenn wir überall, wo Therapeuten zusammenkommen und über ihre Patienten reden, zuhören könnten, würden wir merken, daß ein Großteil der Diskussion sich um die subjektive Erfahrung der Therapeutin dreht. Wir würden Zeugin sein, wie Therapeuten über die Gefühle – negative, positive, gemischte Gefühle – reden, die ihre Patienten in ihnen wachrufen. Wir würden hören, was die Therapeutin *persönlich* mit diesen Gefühlen assoziiert. Wir würden überrascht entdecken, welche Bedeutung eine Therapeutin den Gefühlen, die eine Patientin in ihr stimuliert, als Teil der Diagnose zuschreibt.

Ich schreibe über diese Gefühle und Gedanken der Therapeutin für ein allgemeines Publikum, und mir ist klar, daß ich bei KollegInnen damit vielleicht Unbehagen erzeuge. Obwohl die Gefühle und Szenarien, die ich beschreibe – das, was wir Gegenübertragung nennen – ihnen vertraut sind, wären sie vermutlich glücklicher, wenn solche Diskussionen auf Fachzeitschriften begrenzt blieben. Einige mögen sich bloßgestellt fühlen und sich

Sorgen machen, ihre Patienten, aufgeschreckt durch das, was ich schreibe, könnten ihnen gezielte Fragen stellen. Je nach ihrer theoretischen Ausrichtung werden sie solche Fragen begrüßen und als etwas sehen, das der Therapie und der Therapiebeziehung nützt, oder entsetzt sein und argumentieren, daß die Reflexionen einer Therapeutin über ihre Patienten nur in Seminaren oder der Supervision angemessen behandelt werden können.

Allzulange war Psychoanalyse in Geheimnistuerei gehüllt, und obwohl ich die Sorge verstehe, analytische Praxis könnte falsch gedeutet werden, passen die alten Tabus nicht mehr zum gewachsenen Interesse der Gesellschaft an Psychotherapie und ihrer breiteren Verfügbarkeit. Wir können nicht über die Erfahrung der Therapeuten schreiben und verschweigen, was uns durch den Kopf geht. Vieles von dem, worüber Therapeuten während der Arbeit reflektieren, bleibt einer Patientin verborgen, weil es in einem bestimmten Moment nicht sinnvoll wäre, darüber zu sprechen. Aber für uns selbst müssen wir interpretieren, was unserer Meinung nach in der Therapiebeziehung auftaucht, damit die Therapie fortschreitet. Ein wenig von den persönlichen Überlegungen und den psychischen Zuständen, die eine Therapeutin während der Arbeit mit ihren Patienten erfährt, habe ich gezeigt.

Die Beziehung zwischen Analytikerin und Analysandin, die oft für eine Beziehung gehalten wird, in der die Analytikerin der Patientin erklärt, was ihre Träume, Assoziationen, unbewußten Ausrutscher und scheinbar irrationalen Aktionen und Reaktionen bedeuten, ist in Wirklichkeit eine Partnerschaft. Eine Partnerschaft in vielerlei Hinsicht. Die Patientin beeinflußt die Therapeutin und umgekehrt. Die Therapeutin lernt im Verlauf einer Therapie viel über sich selbst. Die Therapeutin entwickelt ihr Geschick in der Praxis. Die Therapeutin erweitert ihr Verständnis, wie die Psyche „tickt", durch Beobachtung ihres Anteils an der Therapie. Die Therapeutin lernt über Erfahrungen außerhalb ihres Lebens durch Eintritt in die emotionale Welt der Patientin.

Dieser intime Zutritt zu den Gedanken und Gefühlen, Entwicklungen und Veränderungen eines anderen Lebens gehört zu dem, was ich darüber vermitteln wollte, was Therapie ausüben heißt. Daß Therapie ein Ziel hat, macht diesen Zugang besonders bewegend. Wir werden Zeugen der Kämpfe von einzelnen, Familien, Paaren und Gruppen, die annehmen und verändern wollen, was sie in sich schwierig gefunden haben. Dieser Prozeß erweitert das Bild der Therapeutin nicht nur von der anderen Person, sondern von sich und ihren Grenzen. Therapie ist eine Situation, in der alle, die daran beteiligt sind, wachsen.

Vor allem anderen ist die Therapiebeziehung eine persönliche Beziehung. Eine Beziehung, die durch Vertraulichkeit von seiten der Therapeutin gebunden ist, und das ist auch der Grund, warum Therapeuten, die über Therapie schreiben wollen, durch eine Vielzahl von Widersprüchen immer wieder eingeengt werden. In dem Wunsch, was wir erfahren haben, mit anderen zu teilen – was auf einem fantastischen Reichtum an Details über das Leben, die Geschichte, Gefühle und den Therapieprozeß einer individuellen Patientin aufbaut –, müssen wir auswählen und maskieren und so natürlich das Individuum entstellen. Durch Selektion und Geheimhaltung wird aus der Patientin eine Fiktion. Daß wir die Details, die es identifizieren könnten, verändern, verzerrt nicht nur das Individuum – was wir erfahren haben und illustrieren wollen, wird dadurch auch weniger plausibel und weniger überzeugend.

Das gilt auch für die Fachliteratur. Was wir auch schreiben und wie sehr wir die Besonderheiten verändern, um die Privatsphäre der einzelnen zu schützen, das Ergebnis ist immer eine blutleere Karikatur des Reichtums und der Integrität der jeweiligen Person. In *Mein Leben als Mann* von Philip Roth verübt Peter Tarnapol, ein Autor, der bei Dr. Otto Spielvogel in Therapie ist, eine wütende Attacke auf seinen Analytiker, als er entdeckt, daß in einem Aufsatz in einer Fachzeitschrift aus ihm, dem amerikanisch-jüdischen Romancier, ein italo-amerikanischer Poet geworden ist.

> Natürlich ohne darauf hinzuweisen, daß einen halbwegs zivilisierten jüdischen Jungen als etwas zu verkleiden, das „italo-amerikanisch" genannt wird, eine gewisse Ignoranz in bezug auf sozialen und kulturellen Background offenbart, die sich sehr wohl auf die Psychologie und das Wertesystem einer Person auswirken. Und wenn wir schon dabei sind, Dr. Spielvogel, *ein Poet und ein Romanschriftsteller haben ungefähr soviel gemeinsam wie ein Jockey und ein LKW-Fahrer* (kursiv von S. O.).

Ich kann Dr. Spielvogels Probleme nachvollziehen. Ich kenne das Problem, wie eine Patientin anonymisiert werden kann, ohne ihr alles zu nehmen, was sie mich so großzügig gelehrt hat. Ich habe von einem bestimmten Individuum etwas außerordentlich Wertvolles und Tiefschürfendes gelernt und erlebe nun das absonderliche Gefühl, daß ich ihnen etwas wegnehme, wenn ich beim Schreiben mein Wissen und sie voneinander trenne. Aber so unbehaglich dies ist, fast noch tiefer empfinde ich mit Peter Tarnapols Bedürfnis, selbst zu definieren, wer er ist und was er an seiner Identität geändert haben möchte, wenn er in der Publikation eines anderen auftreten soll.

Für manche Autoren war die Lösung, ihre Patienten um Erlaubnis zu bitten, über sie schreiben zu dürfen. Auch da liegt ein Problem. Die Therapeutin hat ihre Sicht, die, wie partiell auch immer, legitim ist und verbreitet und diskutiert werden muß, damit die Psychoanalyse theoretisch vorankommt. Aber bei der Vorstellung, daß die Patientin oder Ex-Patientin zustimmen soll, ist mir unwohl. Ich bin nicht überzeugt, daß in diesem Zusammenhang das, was wir unter Zustimmung verstehen, tatsächlich gilt. Ich bin nicht sicher, daß eine Patientin oder Ex-Patientin wissen kann, ob eine solche Erlaubnis in ihrem Interesse liegt oder nicht bloß dem Bedürfnis der Therapeutin nützt. Und obwohl im normalen sozialen Umgang eine solche Erlaubnis relativ problemlos sein kann, im Kontext der Analyse müssen die Bitte, die Zusage, die Lektüre des Geschriebenen und so weiter genauso aufmerksam im Hinblick auf Motive, Gefühle und Einflüsse analysiert werden wie alles andere in der Therapie. So wie wir wissen, daß alles, was wir in der Therapie in einem bestimmten Augenblick erreichen, vorläufig ist und immer wieder revidiert werden kann, so kann auch die Zustimmung nur vorläufig sein – selbst wenn sie über mehrere Sitzungen, meinetwegen auch mehrere Monate diskutiert wird – sie ist deshalb ebenfalls der Revision zugänglich und bestenfalls, denke ich, eine Scheinzustimmung.

Ich habe eine ganze Weile in einer überregionalen Zeitung und einem Frauenmagazin regelmäßig Kolumnen geschrieben, dazu mehrere Bücher, außerdem habe ich zuzeiten das – extrem unwillkommene – Medieninteresse auf meine Praxis gezogen, daher weiß ich, welche Sorgfalt nötig ist. Leserinnen haben mir geschrieben, sie hätten sich in einem Artikel oder einem Buchkapitel wiedererkannt. Manchmal haben auch Patienten angenommen, daß ich über sie schreibe, auch wenn das etwas ist, woran ich im Traum nicht denken würde.

Die durch das Vertraulichkeitsprinzip entstehende Zwangslage und die Probleme, die es macht, ein Individuum oder ein Paar so zu fiktionalisieren, daß sich darüber schreiben läßt, haben mich dazu gebracht, Adam, Belle, Joanna, Edgar, Jenny und Carol und Maria zu *erfinden*. Die Therapeutin, die ihnen antwortet und die Begegnung mit ihnen gestaltet, ist konsequenterweise ebenfalls eine *Erfindung*. Während die Therapeutin dennoch einige Eigenschaften mit mir und meinen Kolleginnen gemeinsam hat, haben die Patienten mit realen Menschen, die meinen Rat gesucht haben, nichts gemein.

Als ich dieses Buchprojekt begann, stellte ich mir vor, in jeder Geschichte bestimmte Phänomene, die während einer Therapie auftreten können, vorkommen zu lassen. Ich stellte mir vor, über Patienten zu schreiben, deren Charakterstruktur eine der diagnostischen Kategorien enthielt, die Psychotherapeuten, Psychiater und Psychologen gebrauchen – Borderline, narzistisch, schizoid, depressiv, bulimisch usw.[1] Ich hoffte, so die Bandbreite dessen zeigen zu können, was die Therapeutin im Sprechzimmer und in sich vorfindet. Aber die Geschichten sind etwas ganz anderes geworden. Sie berichten einfach, was zwischen meiner Therapeutin und ihren Patienten passiert ist. Ich war nicht in der Lage, meine Charaktere dazu zu bringen, das zu machen, was ich wollte. Wie in der Therapie und im Leben handeln sie nach ihrer eigenen Logik und fordern und überraschen mich damit. Bei jedem Umblättern stellen sie die Therapeutin vor ähnlich verblüffendes Verhalten oder unerwartete Informationen wie die Menschen, die in der Realität meine Praxis aufsuchen.

Während ich das sage, merke ich, daß ich im Territorium der Schriftstellerin streune und wiederhole, was viele Erzähler über den Eigenwillen ihrer Figuren sagen. Unabhängig davon, daß eine Figur die Erfindung der Schriftstellerin ist und also notwendigerweise ihr Produkt, ein Ergebnis ihrer bewußten und unbewußten Denkprozesse, scheint die Figur eine Unabhängigkeit zu besitzen, vergleichbar der Beziehung zu einem Kind. Es ist beides: eins und doch getrennt.

Dieses überraschende Ergebnis war eine der Freuden (wie der Qualen) beim Schreiben des Buches. Es hat den Versuch, meinen fiktiven Patienten nahezukommen, ebenso herausfordernd, aufregend, ärgerlich und bezaubernd gemacht wie die Erfahrung in der Therapie.

Unübersehbare emotionale Wahrheiten transzendieren die Figuren, über die ich schreibe und die aus meiner Erfahrung destilliert sind. Die Situationen sind nicht so passiert, wie sie auf dem Papier stehen, aber die Beziehung zwischen emotionaler Wahrheit, Biografie und erzählerischer Wahrheit ist eine, die die Psychoanalyse genauso interessiert wie literarische Untersuchungen. Viele Schriftsteller, die Autobiografisches und Fiktionales schreiben, wollen Gefühlszustände authentisch ausdrücken und weniger die strikte Einhaltung der narrativen Wahrheit. Beim Beschreiben psychoanalytischer Psychotherapie aus der Sicht der Therapeutin habe ich die emotionale Wahrheit als Barometer benutzt und weniger die narrative.

Wegen der Methode, die ich gewählt habe, um die *Erfahrung* von Therapie zu vermitteln, bin ich immer wieder darüber gestolpert, daß meine fiktive Patientin etwas tat, womit ich nicht gerechnet hatte. Dann saß ich in der Klemme, denn mir fehlten die Informationen, die erklärt hätten, warum sie das und das getan hatte. In solch einem Moment mußte ich Kolleginnen und das Archiv des Wellcome-Instituts zu Rate ziehen. Offensichtlich ist das, was aus meinem Unbewußten in mein Schreiben mit einfließt, eine Brechung und Steigerung dessen, was ich in zwanzig und mehr Jahren klinischer Praxis aufgenommen habe. Es gibt ein paar unübersehbare Hinweise auf Erfahrungen in meinem Sprechzimmer. Aber selbst wenn ich analysieren könnte, woher meine Figuren kamen (was ich nicht kann), es hätte mir nicht geholfen, wenn ich über eine bestimmte Situation, die ich erschaffen hatte, spezifische Information brauchte.

Während ich an diesem Buch arbeitete, las ich im Freud-Museum in London eine gekürzte Fassung der Geschichte „Schritte im Dunkeln". Was ich nicht erwartet hatte, war, daß das Publikum, das zum größten Teil aus Kolleginnen bestand, Joanna diskutierte, als wäre sie ein tatsächlicher Fall. Es hörte sich an wie in einem Seminar. Zuhörer fragten, warum „ich" einen bestimmten Weg verfolgt hätte und nicht einen anderen, schlugen Interpretationen vor, die „ich" in Joannas Symptomen nicht erkannt hatte, und redeten alles in allem, als wäre Joanna eine reale Person, die Therapeutin eine reale Therapeutin und der Fall ein realer Fall. Das bestätigt meine Ansicht, daß ein fiktiver therapeutischer Bericht wahr klingen kann. Es eröffnet außerdem eine zusätzliche Möglichkeit, wie das Buch genutzt werden kann.

Die Beiträge des Publikums im Freud-Museum zeigen, wie subjektiv Therapie und Schreiben über Therapie ist und wie sie immer die Wahrnehmungen, Interventionen und persönlichen und theoretischen Vorlieben der schreibenden Therapeutin enthüllen. Jedes therapeutische Paar ist einzigartig und charakteristisch, zeigt die Persönlichkeiten der beiden Individuen und ihren gegenseitigen Einfluß. Therapie ist nie frei von den Werten, Vorstellungen und Konstruktionen der beteiligten Individuen und auf keinen Fall von den Vorlieben der Analytikerin. Die formen die Therapie, die deshalb von dem, was die Analytikerin verfolgt und betont, genauso beeinflußt wird wie von dem, was sie übersieht, ignoriert, verfehlt oder wegläßt.

In meinem Beruf und in diesen Geschichten bin ich an die Grenzen dessen gelangt, wohin unsere Theorie gegenwärtig reicht, und auf einige interessante theoretische Fragen gestoßen, die heute in zwei Bereichen gestellt werden: dem psychosomatischen und dem erotischen. Die Beziehung zwischen Körper, Geist und Sexualität (implizit, wenn nicht explizit in allen Geschichten) ist eine, in der neue Theorie sich entfaltet. Dieses neue Denken ist noch nicht hinreichend ausgearbeitet, um den Paradigmenwechsel zu zeigen, den Thomas Kuhn festgestellt hat, wenn ein neuer Konsens sich bildet, wie über physikalische Probleme nachgedacht werden soll, aber es ist auf dem Weg.

In der Psychoanalyse wird die alte Vorstellung, daß unsere Körper die Konflikte unseres Geists ausdrücken, gerade ergänzt durch eine Sicht, die zeigt, daß auf der einen Seite das Vorhandensein und Nichtvorhandensein körperlicher Integrität die Integrität des Geistes spiegelt, und auf der anderen Seite neurowissenschaftliche Forschungen bestätigen, daß unsere frühen Erfahrungen unsere Biologie und unsere Psyche prägen, weil die Nervensignale eine bestimmte Bahn wählen und keine andere.

Freuds Ausführungen über das Erotische sind von vielen revidiert worden, zum Beispiel von Ethel Person, Robert Stoller, Janine Chasseuget-Smirgel, Joyce McDougall, Otto Kernberg und Jacques Lacan; aber die Frage, was das Erotische ist, ist immer noch nicht beantwortet. Geist/Körper und Erotik werden eher als gegeben betrachtet und weniger untersucht. Ich möchte ein paar Überlegungen dazu äußern und hoffe, daß meine Kolleginnen sie aufnehmen und weiterführen. Dies ist kein Überblick über den Stand der Dinge, sondern eine Reflexion über Fragen, die in mir aufgetaucht sind, während ich über die Patientinnen in diesem Buch nachdachte.

Das Erotische

Freuds Ansicht, daß erotische Übertragungen alltäglich sind, wird in den Geschichten von Adam und Edgar bestätigt. Adam – der sein Bedürfnis nach Nähe sexualisierte, seine Abhängigkeitswünsche in Frauenverehrung verwandelte und in die Therapie kam, als sein Penis ihn im Stich ließ – und Edgar – dessen sexuelle Gefühle in der Therapie nicht untersucht werden konnten, weil er Angst hatte, sie könnten mißverstanden werden – repräsentieren zwei Typen männlicher Sexualität. Die Gewöhnlichkeit dessen, was in ihrer Therapie über Sexualität herauskam, bedeutet in gewisser Hinsicht, daß da theoretisch wenig zu erkunden oder zu verstehen ist. Ethel Persons Ansicht, Sexualität sei eine Säule männlicher Identität, beschreibt Adam hinreichend gut. Seine sexuelle Aktivität wird das Mittel, mit dem er Verbindung zu anderen herstellt und ein wackeliges Selbstbewußtsein stützt. Im Geschlechtsakt fühlt er sich am meisten als er selbst: getrennt und gleichzeitig auf der Suche nach der anderen, die ihn emotional und physisch bestätigt. Durch sein Bild von sich als Casanova identifiziert er sich und akzeptiert oder desavouiert seine Bedürfnisse. Aus seiner Sicht ist sein Penis das Beste an ihm, denn er bringt ihm und anderen Vergnügen. Bevor er Schiffbruch erleidet, zieht er sein Selbstvertrauen daraus, daß er etwas zu geben hat. Seine zwanghafte sexuelle Aktivität verdeckt eine Unmenge an Ängsten über seinen Platz in der Welt, seine Beziehung zu seiner

Mutter, seinem Vater und zu sich selbst. Sex wird zwar als besänftigend erfahren, enthält aber tiefe Feindseligkeit und Selbsthaß und ist seine Art, mit den Konflikten umzugehen, die er mit Bindungen hat.

Wir brauchen keine Theorie, um die Sexualisierung von Adams Hauptbeschäftigung zu sehen. Auch Edgars Sexualität wirft keine theoretischen Fragen über Maskulinität auf. Aber wenn ich an meine Arbeit mit Frauen und Paaren denke, dann gibt es sehr wohl Themen, die erklärt werden müßten, und obwohl ich keine Antworten habe, denke ich, daß sie interessante Fragen über das Erotische im allgemeinen und in Frauen im besonderen aufwerfen.

Zwei Phänomene haben mich veranlaßt, über diese Themen nachzudenken. Das erste entsteht aus dem Fehlen einer erotischen Gegenübertragung zwischen meinen weiblichen Patientinnen und mir, das übrigens auch Kolleginnen festgestellt haben, deren Arbeit ich supervisiere. Wir machen uns alle möglichen Gedanken über die sexuellen Anteile in einer Frau-Frau-Therapie und vor allem über ihre Ängste über sexuelle Gefühle, Fantasien und Wünsche, die im Therapieraum auftreten könnten, und dabei kommen diese Gefühle so gut wie nie vor. Das zweite Phänomen kommt aus meiner Arbeit mit einzelnen und Paaren, die Probleme mit der Aufrechterhaltung eines aktiven Sexuallebens in dauerhaften Beziehungen haben.

Obwohl ich alle meine Supervisees ermuntere, das Erotische zu beobachten und nicht zu übersehen, kommt eine störende sexualisierte Übertragung-Gegenübertragung zwischen Frauen seltener vor, als man erwarten möchte. Mich überrascht, wie selten die erotische Komponente in Therapiebeziehungen unter Frauen aktiv oder offen auftritt. Während meine Kolleginnen und ich mit einigen Männern, mit denen wir arbeiten, Liebe oder sexualisierte Übertragungen erleben, erfahren wir deren generelle Abwesenheit bei unseren weiblichen Patienten. Sie treten bei Frauen nur selten auf und dann meist bei Frauen, die bisexuell oder lesbisch sind.

Wenn ich das Zölibat in manchen langjährigen Beziehungen mit einbeziehe, die Abwesenheit erotischer Gefühle in der Therapie zwischen Frauen und das Verschwinden des Sex in langjährigen lesbischen Beziehungen, dann wird mir klar, daß ich nicht weiß, wovon wir reden, wenn wir von Sex sprechen.

Reden wir von Erotik? Und wenn ja, was ist das? Reden wir von den Beziehungen zwischen Frauen und Männern? Reden wir von den Umständen der Reproduktion? Versuchen wir zu verstehen, warum die Mehrzahl der Frauen heterosexuell wird? Reden wir über sexuelle Erregung: wie, wann und warum sie entsteht? Wo für Freud Sexualität in gewisser Weise – triebmäßig – gegeben war und psychisch nur konstruiert werden mußte, besitzt die moderne Psychoanalyse solche Sicherheiten nicht.

Man sollte annehmen, daß Freuds Entdeckung der Bedeutung kindlicher Sexualität noch wichtiger geworden ist, seit innerhalb der Therapie mehr und mehr über die frühe Kindheit (die prä-ödipale Phase) nachgedacht wird, aber ich sehe um Sex und Sexualität ein erstaunliches Vakuum. Dem entspricht das Vakuum um das Theoretisieren über Sex und Sexualität.

Ich sehe großes Interesse an der Bedeutung von Gender – wie wir psychisch zu Mädchen und Frauen, Jungen und Männern werden –, an Fragen über sexuelle Moral und klinische Praxis, über die psychische Bedeutung der Reproduktion, über die seelischen Wege sexueller Vorlieben. Ich finde meine Patientinnen und Kolleginnen mit Themen wie Bindung, Eifersucht, Verlassenwerden, Masochismus, schwindendes Begehren und Triebverlust beschäftigt. Aber alles in meiner Praxis deutet darauf hin, daß es in bezug auf Frauen ein ausdrückliches Verbot gibt, was Sex als solchen betrifft. Es gibt keine Daten über das erotische Leben meiner Patientinnen. Nancy Fridays vielgestaltig fantasierend reagierende Personen kommen in meiner Praxis nicht vor

Und doch würde Freuds Gedankengang – die qualvolle Entwicklung, in deren Verlauf ein Mädchen ihr eigentliches Begehren aufgibt und ihr aktives sexuelles Verlangen nach der Mutter ablenkt oder unterdrückt und empfänglich für ihren Vater und später ihren Mann wird – nahelegen, daß Psychoanalyse zwischen Frauen den Schmerz dieser Übertragung aufnimmt und ihrem sexuellen Begehren so etwas wie Legalität verleiht. Schließlich geht es in der Psychoanalyse darum, aufzudecken, was unterdrückt wurde. Aber entgegen allen Erwartungen wird in der Therapie zwischen Frauen selten etwas von der Erotik, vom sexuellen Aspekt dieser Beziehung sichtbar. Jedenfalls nicht bei heterosexuell orientierten Frauen.

Das hat mich neugierig gemacht. Wenn Erotik und Sexualität zuerst in der Mutter-Kind-Beziehung erfahren werden, wenn diese Beziehung unsere physischen Reaktionen organisiert und so zur Schablone für intime Beziehungen wird, wenn erwachsene Geschlechtlichkeit das physische Umfeld der Säuglingszeit und Kindheit in die Paarbeziehung überträgt, wenn Heterosexualität die Aushandlung komplexer intrapsychischer Wege einbezieht, warum sollten sexuelle Gefühle dann nicht nachdrücklicher, schneller und häufiger im Behandlungsraum auftauchen? Wie sollen wir ihr Fehlen verstehen? Was können wir über das Wesen der Sexualität, sexueller und erotischer Gefühle in und zwischen Frauen in der analytischen Beziehung aussagen?

Wenn wir akzeptieren, daß Hetero- wie Homosexualität Ergebnisse psychosexueller Entwicklung sind, können wir annehmen, daß in dem Aspekt von Übertragung und Gegenübertragung in der klinischen Beziehung es keinen signifikanten Unterschied zur erotischen Natur der Übertragungen von Frau zu Frau gibt. Ist das Erotische in Frauen so stark unterdrückt ist, daß es in Frau-Frau-Analysen nicht aufzutauchen vermag? Wenn es nicht unterdrückt ist, wie läßt sich dann die Vorstellung kindlicher Sexualität und von Sexualität in der Mutter-Kind-, Mutter-Tochter-Beziehung aufrechterhalten? Wie erklären wir dann Frau-Frau-Analysen, die in Übertragung/Gegenübertragung *tatsächlich* sexuell besetzt sind?

Wie kommt es, daß in der Analyse zwischen einer homo- oder bisexuellen Analysandin und einer heterosexuellen Analytikerin das Erotische in der Gegenübertragung ausgelöst, empfunden und erregt werden kann? Wenn es unter solchen Umständen so leicht gerufen werden kann, wie kommt es, daß es in heterosexuellen Frauentherapien so offensichtlich mühelos abwesend (oder unterdrückt?) ist? Wohin ist es verschwunden? Oder warum taucht es nicht auf? Was würde überschritten werden, wenn es auftauchte? Was würde gefährdet sein, wenn es sichtbar wäre? Was macht gleichgeschlechtliche erotische Gefühle im Behandlungsraum so gefährlich? Wird es als inzestuös erfahren, und wird die Nähe, die zwischen zwei Frauen entstehen kann, um den Preis der De-Erotisierung aufrechterhalten?

Vielleicht kommen wir in unserem Nachdenken weiter, wenn wir das Erotische als Besitz der menschlichen Gattung betrachten, als kollektive Fähigkeit, vergleichbar Sprache und Intelligenz. Sex, das Erotische – als Gegenstück zu Sex und Reproduktion – tritt in einem Beziehungskontext auf und ist beziehungshaft konstruiert. Wenn wir einen Moment die Analogie zwischen Sprache und Erotik akzeptieren, eröffnen sich Wege, die produktiv sein können.

Sprache entsteht innerhalb von Kultur, und Sprachaneignung wird besonders innerhalb der Mutter-Kind-Beziehung vermittelt. Daniel Stern und Colwyn Trevarthen haben die Proto-Sprachen gezeigt, die zwischen Mutter und Kind existieren, bevor das Kind selbst angemessen in die Symbolisierung eintritt. Proto-Sprache und Sprache sind Ausdrücke der Verbundenheit. Die Fähigkeit und das Bedürfnis, sich in Tönen zu verbalisieren, die Bedeutung tragen, spricht von der grundsätzlichen Beziehungsnatur der Sprache. Außerhalb von Beziehung benutzen wir Sprache nicht, und wir kommen nur durch die Internalisierung einer Beziehung dazu zu sprechen.

Sprache ist ein Instrument, Freude auszutauschen, Verständnis oder Mißverständnis zu schaffen, ein Werkzeug für Macht, Transzendenz und so fort. Miteinander schaffen wir Wörter und Ideen. Sprache ist der Weg, wie wir uns gemeinsam entwickeln und voneinander unterscheiden. Sprache ist ein Mechanismus, sich selbst auszudrücken und über sich selbst in einer Welt anderer Selbste zu reflektieren. Sprache kann schaden oder heilen, Nähe oder Distanz ausdrücken, Verbindung oder Trennung.

So ist es auch mit der Erotik. Sie wird in Beziehung wahrgenommen. Sie ist in der Beziehung ein Instrument, Freude auszutauschen, Verständnis oder Mißverständnisse zu erzeugen, ein Werkzeug für Macht, Transzendenz und so weiter. Gemeinsam erschaffen wir eine Sexualität durch Vereinigung, Verschmelzung oder eine Form getrennter Bindung. Wenn wir masturbieren, beziehen wir uns dabei auf eine innere Welt realer oder fantasierter Beziehungen. Erotik ist ein Mechanismus für Selbstausdruck und Selbstreflexion, kann verletzen oder heilen, Verbindung oder das Gegenteil ausdrücken.

Und an dieser Stelle fängt das Rätsel an. Die Schwierigkeiten einer Frau, ein Gefühl für ihr Selbstbewußtsein, für ihre Subjektivität ganz besonders als Mutter zu entwickeln, beeinflussen ihr erotisches Selbst. Das Erotische ist dann nicht integrierter Aspekt ihrer

Erfahrung, sondern ein Kunstprodukt. Wir könnten sagen, daß für viele Frauen Erotik nicht ein integraler Teil dessen ist, wie sie sich selbst erfahren, sondern ein Attribut, daß sie unter entsprechenden Umständen erschaffen. Für viele Frauen schließt diese Erotik, die je nach dem, was als weibliche Identität bezeichnet wird, kulturell geprägt ist, die Entwicklung einer authentischen Erotik aus.

Das Tabu weiblicher Subjektivität schränkt auch die Fähigkeit ein, sich als Mutter authentisch sexuell zu empfinden, und daß Sexualität und Erotik kein notwendiger Bestandteil ihrer Selbsterfahrung und ihrer Erfahrung als Mutter sind, sondern ausgeschlossen, dissoziiert, abwesend oder abgespalten, überträgt sich auf das Kind. Dessen Sexualität wird dadurch nicht gestört, sie schläft. Wenn in einer engen erwachsenen Beziehung oder in der Analyse eine Intimität auftaucht, die emotional das Umfeld früher Kindheit spiegelt, dann heißt das auch, daß Sexualität und Erotik gar nicht erst die Bildfläche betreten.

Um dieses Argument weiter zu verfolgen: Wenn in einer Frau-Frau-Therapie das Erotische nicht stimuliert wird, kann es gut sein, daß es gar nicht so sehr unterdrückt oder tabuisiert wird, sondern daß es nicht Teil der körperlichen Beziehung in der Kindheit war. Da die Sexualität einer Frau in der Mutterschaft bis vor kurzem geleugnet oder versteckt wurde, ist Sexualität für eine Mutter die Ursache großer Anspannung. Diese Anspannung überträgt sich von der Mutter auf die Tochter. Die Mutter versucht vielleicht, die Sexualität ihrer Tochter zu unterdrücken, wie sie ihre eigene unterdrückt hat. Oder sie findet keinen Weg, ihre Tochter zu einer Sexualität zu führen, die von Konflikt oder Angst frei ist, und untersagt sie ihr auf diese Weise, ohne es zu wollen.

Diese verbotene, versteckte Erotik in der Mutter-Tochter-Beziehung schafft die Voraussetzung für die Unmöglichkeit von Sex. Die Dinge, die die Entwicklung einer authentischen weiblichen Subjektivität verhindern, verhindern auch eine authentische Sexualität. Wir verstehen inzwischen einige Aspekte des Sexuellen, aber Erotik in einer engen und liebevollen Beziehung ist für viele schwer auszuhalten. Nicht aus Langeweile, sondern aus Angst vor den tieferen Vertrautheiten, die sich darin ausdrücken, und der Anspannung, innerhalb der Beziehung ein Gefühl voneinander als getrennten Individuen aufrechtzuerhalten.

Um die Beziehung zwischen Psyche und Körper neu zu formulieren und davon wegzukommen, der Geist sei das Primäre und der Körper nur der Mülleimer für das, was der Geist nicht fassen kann, habe ich die Entwicklung des individuellen Körperselbstgefühls betrachtet und Vorschläge gemacht, wie die Entwicklung des Körperselbst in Beziehungsbegriffen aussehen könnte.[2] Unsere Körper werden durch Kultur, Beziehung, Fantasie und im Umfeld der Bezugsperson-Kind-Beziehung genauso geformt wie unser Geist.

Der Körper ist wie der Geist auf viele Möglichkeiten ausgelegt, die sich genauso nuanciert entwickeln wie unsere Persönlichkeit. Ein Beispiel: In der Wildnis aufgewachsene, sogenannte wilde Kinder entwickeln sich körperlich nicht so, wie wir es mit dem Bild vom Menschen assoziieren. Wilde Kinder können nicht sprechen, kennen den aufrechten Gang nicht, essen anders, als wir es kennen, ihre Sexualität verstehen wir nicht.

Unsere Beziehungen beeinflussen unsere Körperlichkeit. Unter bestimmten Bedingungen bleiben bestimmte Möglichkeiten unentwickelt. Sehende Kinder blinder Eltern müssen lernen, die visuellen Stimulantien in die Muster sehender Menschen einzuordnen, sonst können sie nicht „sehen". Wilde Kinder können sehen, es ist also nicht so, daß wir uns ohne Beziehung überhaupt nicht entwickeln, aber der Katalysator für Entwicklung und die Form der Entwicklung sind beziehungsabhängig. Das wilde Kind sieht, weil es erforderlich ist. Das sehende Kind blinder Eltern lernt andere Sinne zu gebrauchen, deshalb muß es, wenn es sehen soll, dies außerhalb seiner Primärbeziehung lernen.

Ein Kind chinesischer Herkunft, das im Westen in einer westlichen Familie aufwächst, entwickelt Körpersprache, Gesichtsausdruck, Handbewegungen und Haltung eines europäischen Kindes. Sein Körper wird in der Beziehung geformt wie seine Psyche. Unsere Körper sind nicht nur das Ergebnis ihrer Biologie, sondern der bewußten und unbewußten Vorstellungen, die wir von Körpern in bezug auf Gender, Klasse und Ethnizität haben, und des emotionalen Umfelds, in dem sich das abspielt.

Während Biologie und Erbanlagen bestimmte Möglichkeiten ausschließen und andere unterstützen, bringt die Bezugsperson nicht nur ihre Vorstellungen über die Körperlichkeit des Babys mit, sondern ihren eigenen Körper, der Identifikation, Entwicklung eines Körpergefühls, Orientierung und so weiter zuläßt. Wenn wir dazu bedenken, wie ungemein körperlich das frühe Leben eines Babys ist, erkennen wir unmittelbar, daß sehr wenig über die physische Entwicklung des Kindes vorgegeben ist. Wie es gehalten, gewiegt, gewickelt, gefüttert, in den Schlaf gesungen wird und wie seine körperlichen Äußerungen interpretiert werden, das alles ist von größter Bedeutung. Was das Kind mitbringt, ist die Fähigkeit, sich bemerkbar zu machen und körperliche Bedürfnisse so gut es geht mitzuteilen. Das alles hat Folgen auch für die psychoanalytische Theoriebildung; eine Möglichkeit, einige dieser Vorstellungen zu erforschen, ist, die Körper in der Therapiesituation wahrzunehmen.

Der Körper der Therapeutin ist wie ihr Geist und ihr Herz Teil des Beziehungsfelds. Wie ich mich in meinem Körper fühle, was in mir auf körperlicher Ebene wachgerufen wird, die Körper-Gegenübertragung, der Körper oder die Körper, die ich in die Therapie einbringe, und die Gefühlswechsel zwischen den anwesenden Körpern sind enorm wichtig und extrem produktiv für Exploration und Reflexion, wie die Geschichte von Edgar zeigt.

Körper-Gegenübertragungen lassen sich auf drei unterschiedliche Weisen verstehen. Die Therapeutin kann in der Gegenübertragung die Bitte oder Forderung nach einer physischen Vorsorge spüren, die in der Entwicklung der Person vielleicht gefehlt hat. Das schlagendste Beispiel hierfür erlebte ich vor Jahren, als ich mit einer Frau arbeitete, die unter schwerer Kolitis (Dickdarmentzündung) gelitten und sich in ihrem Körper nie „zu Hause" gefühlt hatte, ihn geradezu haßte. Im Verlauf unserer Arbeit wurde ich mir meines Körpers sehr bewußt, der sich in den Sitzungen mit ihr wundervoll zufrieden fühlte, als wollte er gleich anfangen zu schnurren. Unsere Analyse dieses Phänomens ergab, daß die Frau einen verläßlichen, zufriedenen Körper brauchte und in mir wachrief, so daß sie ihren (gehaßten) Körper dekonstruieren und einen Körper entwickeln konnte, der sich nährend und gut anfühlte.

Zweitens kann Körper-Gegenübertragung als direktes Engagement einer Patientin mit dem Körper der Therapeutin gesehen werden. Es ist eine Möglichkeit, körperliche Qual in die Therapiebeziehung einzubringen, die dann zugegeben und erforscht und dadurch daß die Therapeutin sie akzeptiert, in den Körper der Patientin integriert werden kann. Was verborgen und ungeprüft war, kann so in der psychotherapeutischen Beziehung Gestalt annehmen und von der Patientin physisch und psychisch erfahren werden.

Ein Beispiel hierfür ist eine fünfunddreißigjährige Frau, die ihren Stuhl und ihren Körper so dicht in das hineinbewegte, was ich als *meinen* Raum betrachtete, daß ich mich erwischte, wie ich meinen Sessel zurückschob. Die Patientin rückte weiterhin näher, und ich merkte bei mir das Bedürfnis, abzurücken, zwischen uns die physische Distanz zu erzeugen, die ich zu meinem Wohlbefinden brauchte.

Das Stühlerücken zog sich über mehrere Sitzungen. Ich fühlte mich hinausgedrängt und als sollte ich erstickt werden. Mir war übel. Um meine Reaktion auf die Patientin und das, was sich physisch zwischen uns abspielte, zu verstehen, überlegte ich, was ich aus ihrer Kindheit an körperlicher Behandlung wußte. Sie hatte sich häufig erbrochen und ins Bett gemacht. Sie erinnerte sich, deswegen gescholten worden zu sein; später bekam sie Migräne.

Vieles von der symbolischen Bedeutung des Erbrechens, Bettnässens und der Migränen hatten wir verstanden, aber indem wir unsere Aufmerksamkeit auf den interpersonellen Raum zwischen uns lenkten, vermochten wir uns direkt auf die Probleme der Patientin zu konzentrieren, in und mit ihrem Körper zu leben. An einem bestimmten Punkt äußerte ich, sie schiene nicht zu wissen, wo ihr Körper begann und wo er aufhörte, und könne ihre Körperlichkeit nur im Zusammenstoß mit einem *anderen* Körper erfahren. In bezug auf andere war sie immer auf der Suche nach einer physischen Grenze, die sie zu ihrer machen konnte.

Das Stühlerücken der Patientin interpretierte ich als Versuch, physisch wahrgenommen zu werden. Meine Wahrnehmung, daß sie mich bedrängte und in mir das Bedürfnis weckte, mich zurückzuziehen, wies auf ihre körperliche Instabilität und ihre Angst vor körperlicher Bindung. Diese Interpretation machte den Weg frei für die Transformation des physischen Unbehagens und das Auftauchen eines Körpers in der Therapiebeziehung, der zugleich begrenzt war und Verbindung hielt.

Die dritte Möglichkeit ist, Körper-Gegenübertragung als eine Version der körperlichen Not zu betrachten, die die Patientin erlebt. Die Erschöpfung der Patientin kann Erschöpfung in der Therapeutin wecken. Die Therapeutin kann die körperlichen Symptome der Patientin fühlen und damit dem Zustand der Patientin näherkommen.

Unterschiedliche Erfahrungen mit Körper-Gegenübertragung haben mein Gefühl bestätigt, daß den Körper und seine Entwicklung aus dieser Perspektive zu betrachten, den Zugang zu neuer Theoriebildung öffnet.

Ich habe hier zum Abschluß Gedanken über zwei Themenbereiche geäußert, die sich mir in meiner Arbeit aufgedrängt haben. Obwohl meine Beobachtungen zur Erotik und Körperlichkeit noch keine neue Theorie ausmachen, geben sie doch die Richtung an, in die Psychotherapeutinnen gehen könnten, um unser Verständnis zu erweitern und unseren Befunden Sinn zu verleihen.

Ich wollte damit vermitteln, daß so wie in der therapeutischen Beziehung Interpretationen nicht in Stein gehauen sind, sondern jederzeit revidiert und verbessert werden können, auch die Theorie revidiert und weiterentwickelt werden kann. Psychoanalytische Untersuchung, ob in der Theoriebildung oder der Praxis, ist gekennzeichnet durch Fragen.

Anmerkungen

Zimmer mit Aussicht

1   *The Fifty-Minute Hour* von Robert Linder und *Sybil* von Flora Rheta Schreiber zeigen auf beeindruckende Weise wie eine Person mit therapeutischer Hilfe um ein menschenwürdiges Leben kämpft. Beispiele für psychotherapeutisches Geschichtenerzählen sind *Love's Executioner* von Irvin Yalom (dtsch. *Die Liebe und ihr Henker)*, *Welcome to My Country* von Lauren Slater *(Willkommen in meinem Land)*, *The Man Who Loved a Polar Bear* von Robert Akeret. Aus Patientinnensicht berichten Marie Cardinal, *The Words to Say It (Schattenmund)*, Hannah Green, *I Never Promised You a Rose Garden (Ich habe dir nie einen Rosengarten versprochen)*, Emma Thrail, *Retrospect: The Story of An Analysis*, und Nini Herman, *My Kleinian Home.*

Vampir-Casanova

1   Vgl. hierzu etwa Michael J. Tansey, „Sexual Attraction and Phobic Dread in the Countertransference", in *Psychoanalytic Dialogues* 4, 2, 1994; Jodie M. Davies, „Love in the Afternoon: A Relational Reconsideration of Desire and Dread in the Countertransference", ebd.; dazu auch S. Freud, „Beobachtungen über Übertragungsliebe", 1915.

2   Thomas Ogden, *Projective Identification and Psychotherapeutic Technique*, New Jersey 1982: „Wieviel von dem, was der Therapeut von der projektiven Identifizierung des Patienten begreift, sollte dem Patienten mitgeteilt werden? Die Fähigkeit des Therapeuten, nicht nur zu verstehen, sondern das auch klar und präzise zu verbalisieren, ist die Basis therapeutischer Effizienz... trotzdem kann die Interpretation des Therapeuten manchmal wichtig *für den Therapeuten* sein, aber für den Patienten nicht zum richtigen Zeitpunkt kommen. In diesem Fall sollte der Therapeut sie für sich formulieren, aber dem Patienten nicht mitteilen."

Belle

1   J. u. A. Sandler, „The Past Unconscious, the Present Unconscious and Interpretation of the Transference", in *Psychoanalytic Inquiry* 4, 1984; J. Sandler, „Countertransference and Role-responsiveness", in *International Review of Psychoanalysis* 3, 1976.

2 Die Vorstellung des signifikanten Augenblicks stammt von Lacan.

3 J. Butler, *Gender Trouble*, New York 1990 (dtsch. *Das Unbehagen der Geschlechter*).

4 S. Orbach, „Countertransference and the False Body", in *Winnicott Studies* 10, 1995.

5 D. W. Winnicott, „Ego Distortion in Terms of True and False Self", in *Maturational Processes and the Facilitating Environment*, London 1960 (dtsch. *Kind, Familie und Umwelt*).

6 ebd.

7 Viele Therapeuten würden das als störendes Eindringen sehen, die Vorwegnahme der Antwort der Analysandin auf eine unerwartete Unterbrechung, aber es war mir wichtig zu wissen, daß Belle meine Nachricht erhalten hatte.

8 So auch andere. Vgl. z.B. J. Sandler, *Projection, Identification, Projective Identification*, Madison 1987; W. R. Bion, *Learning from Experience*, London 1962; D. Stern, *The Interpersonal World of the Infant*, New York 1985.

Schritte im Dunkeln

1 Vgl. hierzu C. Bollas, „The Expressive Use of the Countertransference", in *The Shadow of the Object: Psychoanalysis of the Unthought Known*, London 1987 (dtsch. *Der Schatten des Objekts*); E. Levenson, *The Fallacy of Understanding*, New York 1972.

2 Man schätzt, daß 70 Prozent aller Brustkrebsfälle umweltbedingt sind.

3 E. Person, *By Force of Fantasy: How We Make Our Lives*, New York 1995.

4 Die Existenz des Messers, die Tatsache, daß es in meinem Zimmer war, erlaubte es mir, neugieriger zu sein, als wenn Joanna mir einfach nur gesagt hätte, daß sie sich ritzte. Indem ich das Messer annahm, übernahm ich auch die Verantwortung dafür. Sie hatte mir das Messer gegeben und war nun davon befreit.

5 Ronald Fairbairn beschreibt diesen schizoiden Mechanismus als vertikalen Schnitt im zentralen Libido-Ego; in *Psychoanalytic Studies of the Personality*, London 1952.

6 Wenn dissoziierte Zustände die Barrikaden durchbrechen, die die Psyche errichtet hat, um sie fernzuhalten, sind sie wieder so überwältigend, wie sie waren, als sie entstanden. Ein Mädchen, das systematisch mißbraucht wurde, kann damit „fertiggeworden" sein, indem sie „nicht da war", scheinbar ihren Körper verließ und von oben oder wie in einem Film zusah. Es ist, als teilte sich die Psyche und würde zur Beobachterin der Erfahrung. Diese beiden Aspekte – das Kind, dem etwas geschieht, und das Kind, das dem zusieht – werden anschließend voneinander getrennt/ dissoziiert. Wenn irgendein Stimulus diese eingefrorenen Zustände zwingt, sich zu zeigen, geschieht das in Form einer Vorstellung. Das Mädchen, nun die Erwachsene, zeigt einen der Aspekte der Erfahrung,

aber es ist nicht ihres; sie hat die Persona des Mädchens, das zuschaut, oder die Persona des Mädchens, das mißbraucht wird. Wenn diese beiden in der Therapie auftauchen, dann so, wie sie waren, als sie entwickelt wurden. Aufgabe der Therapie dabei ist, die emotionale Verbindung zu dem Leiden von damals zu ermöglichen.

7   R. K. Pitmann, B. A. van der Kolk, P. O. Scott, M. S. Greenberg, „Naloxone-reversible Analgesic response to Combat-related Stimuli in Post-traumatic Stress Disorders", in *Archives of General Psychiatry*, 47, 1990.

8   Diese und ähnliche Befunde helfen zu erklären, was physiologisch geschieht, wenn Patienten physisch verletzt werden – im Kampf oder weil sie sich selbst ritzen oder sich Gewaltsituationen aussetzen. Ein psychophysiologischer Aspekt dessen, was Freud Wiederholungszwang nennt, ist die Suche nach physischer Erleichterung. Während ein Trauma eine Person dazu bringen kann zu dissoziieren, können gleichzeitig ihre Selbstberuhigungsmechanismen eine Sensibilität entwickeln, so daß sie außer in extremen Streßsituationen inaktiv sind. Erst bei intensivem Streß reagieren die endogenen Opioide. Deshalb kann es durchaus sein, daß eine Person Streßsituationen vorsätzlich sucht, um ihre Endorphine zu stimulieren.

9   J. Bowlby, *Attachment and Loss*, London 1973 (dtsch. *Das Glück und die Trauer*).

10 Ich danke Penny Allen für diesen Hinweis.

11 F. Nakhla, G. Jackson, *Picking Up the Pieces: Two Accounts of a Psychoanalytic Journey*, London 1993; S. Orbach, „Extending and Reconsidering Winnicott's False Self to the False Body", in B. Kahr (ed.), *The Legacy of Winnicott*, London 1999.

12 Das Symptom elaboriert und symbolisiert, was wir normalerweise als unbewußte Prozesse verstehen würden.

13 S. Orbach, „Countertransference and the False Body", in *Winnicott Studies* 10, London 1995.

Dicksein ist das Thema

1   S. Orbach, *Fat is a Feminist Issue*, London 1978, dtsch. *Antidiät*, München 1980.

2   Einer der Grundsätze von *Antidiät* ist, Widerstände und Tabus in bezug auf bestimmte Nahrungsmittel abzubauen, um herauszufinden, welche Nahrungsmittel tatsächlich befriedigen. Bei niedrigem Blutzucker/Diabetes muß dieser Grundsatz modifiziert werden; das Prinzip aber bleibt: auf Hunger mit der Nahrung zu antworten, die schmeckt, statt wegzulassen und am Ende heimlich zu verschlingen, was als ungesund gilt.

3   In einer neuen Freundschaft gibt es viele Möglichkeiten, einander kennenzulernen, deshalb kann die gemeinsam verbrachte Zeit organischer genutzt werden kann, als es in den Grenzen einer therapeutischen Beziehung möglich ist..

4   Die Übertragung von Gefühlen der Patientin auf die Therapeutin ist wiederholt beschrieben worden. Alle Berichte sind plausibel, aber unvollständig. Die *Erfahrung* ist überzeugend, die *Erklärungen* bleiben inadäquat.

5   Die Annahme von Geschenken in der Therapie ist ein umstrittenes Thema. Die meisten TherapeutInnen werden das Geschenk interpretieren und zurückweisen oder die Patientin beschuldigen, die Therapie untergraben zu wollen. Vgl. S. Orbach, „Psychoanalysis in the Twenty-first Century and the Agenda for the Next Hundred Years", *Kongreß der Europ. Gesellschaft für kommunikative Psychotherapie*, London 3.6.1995.

6   J. Kareem/R. Littlewood, *Intercultural Therapy: Themes, Interpretation and Practice*, Oxford 1992.

7   A. Metcalf/M. Humphries, *The Sexuality of Men*, London 1985; A. Samuels, *The Father*, London 1985; ders., *The Plural Psyche*, London 1989; E. Person, „Sexuality as a Mainstay of Masculine Identity: Psychoanalytic Perspectives", in *Signs. Journal of Women in Culture and Society* 5, 4 1980; H. Formaini, *Men: The Darker Continent*, London 1990.

Zweimal Unschuld: zweimal Weisheit

1   Psychoanalyse ist zwar bekannt für Langzeittherapien fünfmal die Woche; nichtsdestotrotz unterhielt Winnicott in Paddington Green einen „Imbißstuben"-Beratungsdienst, wo er viele nur ein- oder zweimal sah und ihnen half, Prozesse wieder in Gang zu bringen, die aus dem Gleis geraten waren.

2   Diese Art Sorgen haben zugenommen, seit man sich Gedanken über „wiedergefundene Erinnerungen" macht. Zwischen dem, was erinnert wird, und der sogenannten „Realität" gibt es Platz für viele Fehler. Was ich damit sagen will: Wenn die Therapeutin zwischen einer Erzählung und den Affekten eine gewisse Dissonanz spürt, sollte sie die Spannung zwischen dem Aufnehmen des Berichts der Patientin und dem Helfenwollen, darüber gründlicher nachzudenken, nicht aus den Augen verlieren.

3   C. Bollas, *The Shadow of the Object: Psychoanalysis of the Unthought Known*, London 1987.

4   S. Orbach, „From Shoplifter to Drug Addict", *Guardian*, 18.3.1985; dies., „The Psychological Processes of Consuming", in *British Journal of Psychotherapy*, 10, 2, 1994.

Die Unmöglichkeit von Sex

1   Viele Male habe ich erlebt, daß in der Sitzung eine Frau den schweigend danebensitzenden Mann beschuldigt, sie zu tyrannisieren. Die Frau nutzt die Sicherheit der Therapie, und der Mann ist ruhiggestellt, so wird auf den Kopf gestellt, was sich normalerweise in ihrer Beziehung abspielt.

Deshalb ziehe ich immer wieder in Zweifel, daß das, was wir im Sprechzimmer sehen, die Wirklichkeit der Beziehung spiegelt.

2   L. Eichenbaum/S. Orbach, *Outside In: Inside Out*, London 1982; dies.,
    What Do Women Want?, London 1983 (dtsch. *Was wollen die Frauen)*;
    dies., *Between Women*, London 1987 *(Bitter und süß. Frauenfeindschaft –
    Frauenfreundschaft).*
3   ebd.
4   E. Person, „Sexuality As a Mainstay of Masculine Identity: Psychoanalytic
    Perspectives", in *Signs* 5,4, 1990.
5   M. Mahler/A. Bergman, *The Psychological Birth of the Human Infant*, New
    York 1975.
6   S. Freud, „Drei Versuche über Sexualität", 1905.
7   S. Freud, „Beobachtungen über Übertragungsliebe", 1915.
8   Als Freud über Übertragungsliebe schrieb und die Analytiker aufforderte,
    sich der Liebe ihrer Eltern bewußt zu sein, wollte er auf ein Phänomen
    hinweisen, das die Analyse von Beginn an verfolgt: Die Patientin verliebt
    sich in die Analytikerin, und die nimmt diese Liebe real, statt in ihr ein
    Objekt der Analyse zu sehen.

Überlegungen und Fragen

1   Wörter, die in Alltagsgesprächen oft eine ganz andere Bedeutung haben.
2   S. Orbach, „Working with the False Body", in A. Erskine/D. Judd (Hg.),
    The Imaginative Body, London 1993.

Die Psychotherapeutin Susie Orbach war 1976 eine der Mitbe-
gründerinnen des Frauentherapienzentrums in London. Sie hat eine
therapeutische Praxis, schreibt über Psychoanalyse, weibliche Psychologie, Eßprobleme, Therapie und Politik und unterrichtet an der
London School of Economics. „Fat is a Feminist Issue" erschien
unter dem Titel Antidiätbuch 1979 im Verlag Frauenoffensive.

Susie Orbach

Antidiätbuch
Über die Psychologie der Dickleibigkeit
die Ursachen von Eßsucht

aus dem Englischen von Inge Wacker
162 Seiten
ISBN 3-88104-052-8

Antidiätbuch II
Eine praktische Anleitung
zur Überwindung von Eßsucht

aus dem Englischen von
Cornelia Holfelder-von der Tann
192 Seiten
ISBN 3-88104-137-0

Susie Orbach geht davon aus, daß Eßsucht und Dicksein nicht mit
mangelnder Selbstdisziplin und Willenskraft zu tun haben, sondern
eine entschiedene und beabsichtigte Handlung sind und bewußt
oder unbewußt etwas über das eigene Leben aussagen. Frauen
werden eßsüchtig, weil sie dick sein wollen. Trotz aller damit verbundenen Leiden wird Dicksein als Lösungsmoment in einer schwierigen Konfliktsituation angesehen.
Susie Orbachs Therapieansatz zielt darauf ab, daß Frauen sich die
auf die „Fettschicht" übertragenen Eigenschaften wieder aneignen.

Frauenoffensive

„Das Ziel feministischer Therapie ist nicht Anpassung,
sondern Veränderung."

Betty McLellan
Lust auf Glück
Die Überwindung der Psychoppression

aus dem Englischen von Elisabeth Brock
220 Seiten
ISBN 3-88104-295-4

Betty McLellan plädiert für eine Therapie, die aktives gesellschaftliches Engagement als Voraussetzung hat, um den Bedürfnissen der Frauen individuell wie kollektiv zu entsprechen.

Stephanie Dowrick
Zu zweit allein
Über Nähe und Distanz

aus dem Englischen von Maja Ueberle-Pfaff und Susanne Höbel
360 Seiten
ISBN 3-88104-261-X

Nähe und Distanz
Das Selbsthilfe-Therapiebuch

aus dem Englischen von Elisabeth Brock
260 Seiten
ISBN 3-88104-273-3

Wunden heilen – erkennen, was hemmt und was antreibt – neue Handlungsmöglichkeiten erschließen – die Kommunikation mit anderen verfeinern – die Selbstakzeptanz steigern – sich aktiv in der Welt erfahren: Das sind bei allen Therapieformen richtige Ziele und auch die Ziele dieser Selbsttherapie. Geführte aktive Meditationen, kreatives Schreiben und Malen und andere für Gedanken und Gefühle, Körper und Geist hilfreiche Therapieformen kann jede für sich, aber auch gemeinsam mit anderen anwenden.

Frauenoffensive

Waltraud Dürmeier u.a. (Hg.)
Wenn Frauen Frauen lieben
und sich für Selbsthilfe und Therapie interessieren

260 Seiten
ISBN 3-88104-196-6

Diese erste deutschsprachige Veröffentlichung zum Thema „Lesbische Frauen und Psychotherapie" reicht von den theoretischen Grundlagen über die therapeutische Praxis bis zur Selbsthilfe. Sie wendet sich an Frauen, die sich mit therapeutischen Methoden befassen; an Frauen, die in Therapie waren oder sind oder eine Therapie suchen; an lesbische und nicht-lesbische Therapeutinnen, die sich für ihre lesbischen Klientinnen verantwortlich fühlen.

Sabine Marya
Schmetterlingsfrauen
Ein Selbsthilfebuch für Frauen
mit multipler Persönlichkeit

280 Seiten
ISBN 3-88104-313-6

Schwerpunkte sind: Akzeptanz der inneren Persönlichkeiten, Teambildung, Abbau destruktiver Verhaltensmuster durch die Förderung der positiven Anteile im System, Schaffung von sicheren inneren und äußeren Orten, Aufbau einer positiven Beziehung zu den inneren Kindern, Ermunterung zu liebevollem Umgang miteinander.

Sheila Ernst/Lucy Goodison
Selbsthilfe Therapie
Ein Handbuch für Frauen

aus dem Englischen von Ruth Sutter
375 Seiten
ISBN 3-88104-122-2

Ein Überblick über verschiedene Therapieformen und eine kritische Überprüfung ihrer Anwendungsmöglichkeiten. Dazu Anleitungen zum Aufbau von therapeutischen Selbsthilfegruppen und 140 Übungen aus den verschiedensten Bereichen.

Frauenoffensive